dèle des riches, *Appui des indigents, Exemple immortel des sublimes vertus.*

Cette lettre, tout considéré, a été rendue à M. de Voltaire, quoiqu'elle ne portât pas son nom, comme le seul à qui toutes ces qualités pussent convenir. Bien des gens qui ne seront pas d'accord qu'elles soient toutes méritées, & il semble que le suscripteur lui eût pu donner des louanges moins équivoques & plus délicates, sans compromettre la vérité.

Les ennemis de M. de Voltaire prétendent que c'est lui-même qui s'est adressé ou fait adresser la lettre ; ils appuient cette conjecture sur l'invraisemblance qu'elle pût venir d'ailleurs que des petites maisons, sur la fureur insatiable qu'a ce grand homme de faire parler de lui, & sur mille petites ruses de la même espece qu'on sait, à n'en pas douter, qu'il a employées plusieurs fois avec une impudence aussi grossiere.

2 *Novembre* 1769. *Dieu & les Hommes, Œuvre Théologique, mais raisonnable, par le docteur Oberu, traduit par Jacques Aimon.* Tel est le titre d'un volume in-8°. de 104 pages, qui repaît en ce moment la curiosité des incrédules. En effet cette œuvre prétendue théologique, n'est qu'une œuvre du diable, & n'en est que plus courue. Le fond, très-rebattu, est enrichi des graces du style, & les connoisseurs y reconnoissent la touche du philosophe de Ferney. Cet auteur infatigable a voulu donner sans doute matiere à une nouvelle abjuration pour l'année prochaine, lorsqu'il fera ses pâques avec la ferveur dont il édifie le public depuis deux ans.

4 *Novembre* 1769. L'arrangement de la ville

au sujet de l'opéra n'est pas encore fini, quoiqu'il soit arrêté. Bien des gens présument que malgré ces premieres dispositions, il n'aura pas lieu de la maniere dont on a parlé. On remue fortement auprès du corps municipal pour changer cette administration, qui n'opéreroit rien de mieux que du temps où elle a eu lieu déja. On sent qu'un magistrat & des échevins tirés du commerce, ou d'autres états du tiers-ordre, ne peuvent apporter dans cette manutention les dispositions nécessaires à bien régir une machine aussi compliquée, & qui exige dans le directeur une réunion de connoissances presqu'impossible. D'un autre côté, les nouveaux proposés n'ont pas un mérite plus transcendant que leurs deux anciens confreres. D'ailleurs, les encouragements qu'on leur offre pour exciter leur industrie, sont trop foibles, trop incertains, trop éloignés. Ces réflexions, qu'on propose à la ville & sur lesquelles on appuie, excitent une grande fermentation à ce bureau & il est essentiel de bien débuter. Les opéra exécutés à Fontainebleau cette année, n'ont pas fait honneur à ceux qui en ont fait le choix, & les ballets mêmes, genre où nous excellons aujourd'hui, n'ont pas répondu à ce qu'on avoit lieu d'attendre. C'étoit le cas où MM. le Breton & Trial auroient pu réparer le mauvais goût qu'on leur reproche.

8 *Novembre* 1769. On a parlé de la fermentation qu'avoit occasioné, il y a près de trois mois, le panégyrique de St. Louis prêché à la chapelle du Louvre devant MM. de l'académie Françoise, par M. l'abbé Couturier, chanoine de Saint-Quentin. L'orateur avoit été obligé de se disculper pardevant M. l'archevêque, & se

MÉMOIRES SECRETS
POUR SERVIR A L'HISTOIRE DE LA RÉPUBLIQUE DES LETTRES EN FRANCE,

DEPUIS MDCCLXII JUSQU'A NOS JOURS;

OU

JOURNAL D'UN OBSERVATEUR,

CONTENANT les Analyses des Pieces de Théatre qui ont paru durant cet intervalle ; les Relations des Assemblées Littéraires ; les notices des Livres nouveaux, clandestins, prohibés ; les Pieces fugitives, rares ou manuscrites, en prose ou en vers ; les Vaudevilles sur la Cour ; les Anecdotes & Bons Mots ; les Eloges des Savants, des Artistes, des Hommes de Lettres morts, &c. &c. &c.

TOME CINQUIEME.

. . . . *huc propius me,*
. . . . *vos ordine adite.*
Hor. L. II, Sat. 3, ⱽ. 81 & 82.

A LONDRES,
CHEZ JOHN ADAMSON.

M. DCC. LXXXIV.

MÉMOIRES
SECRETS
Pour servir a l'Histoire de la République des Lettres en France, depuis MDCCLXII jusqu'a nos jours.

ANNÉE M. DCC. LXIX.

1 *Novembre.* IL s'est trouvé à la poste une lettre ayant pour suscription : *Au Prince des Poëtes, Phénomene perpétuel de gloire, Philosophe des Nations, Mercure de l'Europe, Orateur de la Patrie, Promoteur des Citoyens, Historien des Rois, Panégyriste des Héros, Aristarque des Zoïles, Arbitre du goût, Peintre en tout genre, le même à tout âge, Protecteur des Arts, Bienfaiteur des talents ainsi que du vrai mérite. Admirateur du génie, Fléau des persécuteurs, Ennemi des fanatiques, Défenseur des opprimés, Pere des Orphelins, Mo-*

flattoit d'avoir fait revenir ce prélat des impreſſions fâcheuſes qu'on lui avoit données contre lui. D'ailleurs ce diſcours imprimé avoit eu pour cenſeur M. Riballier, ſyndic de la faculté, docteur très-connu par ſon attachement à la ſaine doctrine, & par le zele ardent avec lequel il a combattu les erreurs répandues dans le roman de *Béliſaire* de M. de Marmontel. Au moment où M. l'abbé Couturier s'y attendoit le moins, il vient d'être interdit de la chaire par le prélat, à raiſon d'hétérodoxie, & ne pourra prêcher l'avent à l'égliſe des freres de la charité, ainſi qu'on l'avoit annoncé.

11 Novembre 1769. En attendant qu'on puiſſe reprendre le grand ouvrage de paver en marbre le reſte de l'égliſe de Notre-Dame, on travaille à différentes décorations particulieres : on eſt occupé aujourd'hui à relever la fameuſe épitaphe de M. l'abbé *de la Porte*, qui ſervira de pendant à celle du cardinal de Noailles. Ce chanoine eſt célebre dans le chapitre par ſes bienfaits à l'égliſe, & par ſon zele à la ſervir ; c'eſt lui qui ſur la fin du regne de Louis XIV fut trouver ce monarque, lui repréſenta que le vœu de Louis XIII, ſon prédéceſſeur, concernant le rétabliſſement du chœur de Notre-Dame, n'étoit pas encore rempli, & offrit à S. M. de faire les avances néceſſaires pour mettre au moins en train ce projet. Louis XIV ſe rendit à ſes ſollicitations, & l'abbé de la Porte répandit cent mille écus de ſes fonds, qui ont depuis été rendus à ſa famille. Il eſt de l'intérêt du chapitre de ne point laiſſer dans l'oubli un ſi bel exemple, & de rappeller des faits auſſi intéreſſants, tous détaillés dans ſon épitaphe.

12 Novembre 1769. On écrit de Rome qu'on

a frappé une estampe allégorique & tout-à-fait plaisante. Elle représente le pape dans un berceau, qu'agite doucement M. le cardinal de Bernis; & au bas il est écrit : *il a beau faire, il me berce, mais il ne m'endormira pas.* On a attaché cette pasquinade, suivant l'usage, à la statue de Marforio. Elle n'a pas besoin de commentaire. L'auteur de la lettre, à cette occasion, imagine une nouvelle charge, non moins vraie; ce seroit de représenter le cardinal dans le berceau, & le pape caressant le poupon & l'endormant véritablement

14 *Novembre* 1769. On a répandu dans le monde une autre pasquinade contre le très-saint pere, dans le goût de celles qu'on s'est souvent permises à Rome, adressée à Marforio. Elle a pour titre: *Lettre très-canonique de M. l'abbé Francœur, licencié en théologie, au pape Clément XIV, ci-devant volontaire dans la légion de François d'Assise, collecteur des impôts divins & recruteur d'ames.* C'est une satire de la conduite du pape, depuis son exaltation, tant à l'égard du duc de Parme, qu'avec les princes de la maison de Bourbon, au sujet des jésuites. C'est aussi une espece de réponse à la lettre de sa sainteté au roi, dont on a parlé dans le temps, & qu'on regarda dèslors comme un trait de politique d'autant plus adroit qu'il portoit tout le caractere de l'ingénuité & de la bonhommie. Cette facétie, qui ne peut sortir de la plume d'un bon catholique, n'a pas même le sel de la plaisanterie pour les indévots.

14 *Novembre. Assemblée publique de l'académie royale des inscriptions & belles-lettres.* Monsieur le Beau, secrétaire, a ouvert la séance en

déclarant que M. Zavetti, bibliothécaire de Saint-Marc à Venise, avoit remporté le prix remis depuis plusieurs années, dont le sujet étoit : quels furent les noms & les attributs divers de Saturne & de Rhée, chez les différents peuples de la Grece & de l'Italie ? Quelles furent l'origine & les raisons de ces attributs ?

Il a ensuite annoncé que l'académie proposoit pour sujet du prix qui dut être distribué dans l'assemblée de pâque 1771, & qui sera double de celui qu'elle avoit déja proposé pour 1770, attendu que les mémoires qui lui ont été envoyés n'ont pas rempli ses vues : d'examiner quels ont été depuis les temps les plus reculés jusqu'au quatrieme siecle de l'ere chrétienne, les tentatives des différents peuples pour ouvrir des canaux de communication, soit entre diverses rivieres, soit entre deux mers différentes, soit entre des rivieres & des mers, & quel en a été le succès ?

Après cette annonce M. de Guignes a lu une préface servant d'introduction au *Chou-King*, un des livres sacrés des Chinois, qu'il se propose de traduire. On connoît la constance infatigable de ce savant laborieux, qui continue à nous familiariser avec tout ce que la littérature qu'il cultive a de plus curieux & de plus relevé.

A cette lecture a succédé celle d'un mémoire de M. Bouchaud, sur les différentes sortes de testament qui avoient lieu chez les Romains avant la loi des douze tables.

M. l'abbé Ameilhon, après cette lecture, a entretenu l'assemblée de quelques réflexions critiques sur une épreuve usitée anciennement, appellée *l'épreuve à l'eau froide*. Cette épreuve consistoit à mettre l'accusé dans un volume d'eau assez étendu : s'il surnageoit, il étoit censé convaincu ; s'il plongeoit au fond, il étoit déclaré innocent. L'auteur rend raison pourquoi cette épreuve singuliere se faisoit ainsi, & comment il arrivoit que contre les regles ordinaires le prodige s'opéroit plutôt en faveur du criminel que de l'innocent.

La séance a fini par un mémoire de M. l'abbé Bellot sur les villes Eleutheres sous la domination Romaine, & sur leur différence d'avec les villes Autonomes.

15 *Novembre* 1769. *Assemblée publique de l'académie royale des sciences.* Avant de commencer la séance, M. Grand-Jean de Fouchy, secretaire, a fait part au public d'une nouvelle qu'il a cru devoir l'intéresser, il a annoncé qu'un vaisseau venu de la Havane avoit apporté la nouvelle que les académiciens envoyés dans l'ouest du globe pour observer le passage de Vénus sur le disque du soleil le 3 juin de cette année, & surtout M. l'abbé Chappe, étoient arrivés le 17 mai à la côte de la Californie : ce qui donnoit lieu d'espérer qu'ils avoient été à temps pour remplir leur destination.

Après cette annonce le même académicien a lu *l'éloge de* M. *de l'Isle*, astronome mort l'année derniere. La vie d'un savant n'est autre chose d'ordinaire que le récit de ses travaux & de ses ouvrages : celle de M. de l'Isle, très-remplie, fournissoit au panégyriste une longue énumération de cette espece dont il n'a omis aucun détail. On n'y voit de remarquable que son séjour en Russie, qui fixé d'abord à quatre ans, fut prolongé successivement jusqu'à 22 ans. En sorte que cet astronome presque le doyen de l'académie, s'y trouva comme étranger à son retour, & vit toutes les places occupées par ses éleves. Un pareil oubli jeta de l'amertume sur le reste de ses jours & peut-être en abrégea la durée. Quoi qu'il en soit, il a enterré avec lui un nom célebre dans les fastes des sciences, & sur lesquels trois grands hommes ont répandu un lustre qui ne s'effacera jamais. On doit savoir gré à monsieur de Fouchy d'avoir été sobre d'ornements dans cet éloge, & de l'avoir réduit à la simplicité du sujet. Du reste, il le termine, suivant son usage, par une description trait pour trait de la figure de son héros, par le détail de ses qualités toujours excellentes, & de sa mort très-religieuse.

Pendant que l'orateur se reposoit, M. le Monnier prit la parole, & fit part à l'assemblée d'un mémoire d'astronomie contenant une comparaison d'observations faites en Europe du passage de Vénus & de celles faites à St. Domingue : il paroît différer en plusieurs choses du sentiment des autres astronomes sur le phénomene principal, & il conclut par un rapprochement de la parallaxe du soleil.

Après ce mémoire peu intéressant pour le public, heureusement court & fort mal lu, M. de Fouchy a continué par l'*éloge de M. Ferrin*, médecin fameux pour son système sur la voix, qu'il prétend être un instrument à vent & à corde. Cette idée plus ingénieuse que solide, fit beaucoup de rumeur dans le monde savant ; elle occasiona à son auteur quantité de répliques, & M. Diderot entr'autres chercha à le couvrir de ridicule dans son roman des *Bijoux indiscrets*. Depuis cette époque, la plus intéressante de la vie du docteur, on n'y trouve rien de remarquable que sa mort : il étoit grand praticien & fut frappé d'apoplexie comme il étoit en consultation chez un malade ; il périt ainsi au lit d'honneur &, pour ainsi dire, les armes à la main ; il étoit grand anatomiste ; mais il n'a pas beaucoup écrit, & les mémoires de l'académie sont peu chargés des siens.

A cet éloge a succédé un mémoire d'économie rurale de M. Daubenton & débité par monsieur d'Alembert, il roule sur de nouvelles expériences de l'académicien, pour appuyer son système concernant le parquage des bêtes à laine. Il veut qu'on les parque pendant l'année entiere : tout ce qu'il a tenté à cet égard a parfaitement réussi. Il propose pour l'hiver un parc artificiel, composé d'un terrein enclos de deux murs & de deux claies. L'utilité de cette façon d'élever les troupeaux de moutons est de former ces animaux plus vigoureux, de procurer à leur toison de meilleures qualités, & de rendre leurs chairs plus délicates & plus saines. Les inconvénients sont nuls, puisque toutes choses égales, il meurt moins de brebis, & même d'agneaux, dans les troupeaux conduits de cette maniere, que dans ceux régimés suivant l'ancienne routine. M. Daubenton a fait disséquer presque tous les agneaux morts dans l'hiver : il n'a rien trouvé qui indiquât que le nouveau genre de vivre eût occasioné la perte d'aucun. Du reste, ce savant patriote n'a pas encore perfectionné son système, qu'il ne met en pratique que depuis peu de temps, & il continuera à faire part au public de ses heureuses découvertes & de ses utiles instructions. Les spectateurs enchantés du zele de l'académicien ont donné à son mémoire tous les éloges qu'il méritoit.

Celui de chymie, du Sr. Cadet, roulant sur la nature & les qualités de la bile, n'a pas produit la même sensation.

17 *Novembre* 1769. Un enfant posthume né en Bretagne après le terme ordinaire, a donné lieu de renouveller en justice la question des naissances tardives. M. Bouvard, médecin fameux de la faculté, a écrit contre la possibilité du phénomène. Il lui a été répliqué par M. Petit, qui a soutenu l'opinion contraire avec beaucoup de chaleur. Il s'est élevé entre ces docteurs une querelle personnelle, qui a dégénéré bientôt en injures. La victoire paroissoit restée à M. Petit; mais son adversaire vient de répandre trois lettres en date du 1 novembre, qui renversent au gré des connoisseurs tout le triomphe du vainqueur. On voit avec peine qu'elles soient assaisonnées ou plutôt surchargées d'invectives dignes des athletes littéraires du seizieme siecle. Il est fâcheux que ce genre de combattre, proscrit aujourd'hui du monde poli, se soit encore conservé dans les écoles.

18 *Novembre* 1769. Les comédiens François sont dans une grande perplexité sur leur transmigration aux Tuileries, & sur la construction de leur nouvelle salle. Un jeune architecte, nommé Liégeon, vient de leur proposer un autre plan, qu'ils goûtent beaucoup. Il semble parer à tous les inconvénients, il ne les oblige point à se déplacer, il n'est à charge ni au public, ni au roi, ni à eux-mêmes; en un mot, il réunit une infinité d'avantages. L'artiste veut construire la salle au carrefour de Bussy, en coupant à chaque angle deux maisons, qui sont presque toutes vuides & de peu de valeur. Il se procure tout de suite un emplacement très-commode, formant une place

circulaire & fournissant une multitude de débouchés. Par ce moyen les comédiens continueroient à jouer où ils sont, jusqu'au moment où le nouveau théatre seroit construit. Il porteroit en diagonale sur leur terrein d'aujourd'hui; en sorte que de leurs loges & de leur foyer actuels ils déboucheroient tout-à-coup dans la salle moderne. On est surpris qu'ils hésitent encore à recevoir un projet si peu frayeux & qui remplit tous les points à desirer, l'essentiel sur-tout pour eux, qui est de ne pas quitter leur possession & d'avoir toujours pignon sur roue.

19 *Novembre* 1769. On a parlé l'année derniere du concert exécuté par les virtuoses pour les éleves des écoles gratuites de dessin; institution dont on est redevable au magistrat patriote qui préside à la police de cette ville, à laquelle il donne sans cesse de nouveaux encouragements : il est question d'un concert de cette espece, affiché pour le mercredi 22 de ce mois, jour de sainte Cecile, patrone de la musique & des musiciens. M. Garinies est à la tête de cette sorte de souscription des talents ; & M. de Chabanon, de l'académie des belles-lettres, mais plus renommé encore par son goût pour le violon, a composé un petit divertissement, dont il a fait les paroles & la musique, qu'il a consacré au profit de l'établissement nouveau. On ne doute pas que l'assemblée ne soit nombreuse & brillante, & que les grands seigneurs & les gens riches ne déploient en cette occasion toute leur magnificence.

19 *Novembre.* On vient de faire une plaisanterie, intitulée le *Credo* d'un amateur du théatre. Elle roule sur quelques anecdotes, dont il faut être au fait & qui sont très-connues de ceux

qui fréquentent les foyers, où cette facétie occasione sur-tout beaucoup de rumeur. Elle porte d'ailleurs sur M. de la Harpe, aujourd'hui compagnon travaillant sous le Sr. la Combe, entrepreneur du *Mercure*; ce petit auteur s'est chargé de la partie littéraire, & principalement de celle du théâtre, dont il prononce les jugements. Voici ce *Credo*.

« Je crois en *Voltaire*, le pere tout-puissant, le créateur du théâtre & de la philosophie.

» Je crois en *la Harpe*, son fils unique, notre Seigneur, qui a été conçu du comte *d'Essex*, est né de *le Kain*, a souffert sous M. *de Sartines*, a été mis à Bicêtre, est descendu aux Cabanons, le troisieme mois est ressuscité d'entre les morts, est monté au théâtre, & s'est assis à la droite de *Voltaire*, d'où il est venu juger les vivants & les morts.

» Je crois à *le Kain*, à la sainte association des fideles, à la confrairie du sacré génie de M. *d'Argental*, à la résurrection des *Scythes*, aux sublimes illuminations de M. de *St. Lambert*, aux profondeurs ineffables de madame *Vestris*. Ainsi soit-il! »

20 *Novembre* 1769. On commence à parler d'une production posthume de *Dumarsais* contre les *préjugés*. Il est arrivé de Hollande quelques exemplaires imprimés de cet ouvrage, un des plus formidables traités qu'on eût fait encore, à ce qu'on assure, contre la religion.

21 *Novembre* 1769. L'auteur du livre ayant pour titre *Dieu & les Hommes*, établit d'abord la perversité de la nature humaine, qui a donné lieu à l'idée d'un maître éternel qui nous voit & qui jugera jusqu'à nos plus secretes pensées, & prétend

que ce dieu a été reconnu chez toutes les nations civilisées. Il parcourt ensuite les anciens cultes &, en premier lieu, celui de la Chine, qui consiste principalement dans la morale mise en pratique & réduite à cette maxime : *adorez Dieu & soyez juste*. En parlant de l'Inde & des Brachmanes, il fait voir que la théologie de leur *Veidam* & celle de leur *Shafta*, livre de beaucoup antérieur au premier, a été imitée très-tard par les juifs & ensuite par les chrétiens, & que l'histoire de la chûte des anges, dont il n'est pas dit un seul mot dans l'ancien testament, & fondement de notre religion, n'est qu'une parabole indienne. Il jette un coup-d'œil rapide sur la théogonie des Caldéens, des anciens Persans & de Zoroastre, des Phéniciens, des Arabes, des Grecs & des Romains. Il conclut que toutes ces religions étoient d'une morale saine, parce qu'il ne peut y avoir deux morales; d'une métaphysique absurde, parce que toute métaphysique l'a été jusqu'à Locke; & pleines de rites ridicules, parce que le peuple a toujours aimé les momeries.

L'écrivain passe ensuite aux Juifs, il discute leur origine & les fait descendre d'une horde d'Arabes vagabonds, sujets à la lepre, qui venoient piller quelquefois les confins de l'Egypte, & qui furent repoussés dans le désert d'Horeb & de Sinaï, quand on leur eut coupé le nez & les oreilles. Il établit qu'ils n'avoient d'abord aucune religion déterminée : que la leur éprouva des changements continuels jusqu'au temps de la captivité : que leurs mœurs étoient alors aussi abominables que leurs contes étoient absurdes; que l'immortalité de l'ame n'est ni énoncée, ni même supposée dans aucun endroit de la loi Juive;

qu'elle est la seule dans l'univers qui ait ordonné d'immoler des hommes. Après des recherches savantes, si le pentateuque est de Moyse, si ce juif a existé, & s'il ne seroit pas le Bacchus de la fable, avec lequel il a beaucoup de ressemblance : après un parallele des événements de la fable & de l'ancienne histoire grecque avec ceux de l'histoire juive, qu'il veut n'être qu'un tissu de plagiats continuels, il parle de Jesus, qu'il fait naître, vivre & mourir juif, qui, suivant le critique, n'a jamais voulu fonder une secte nouvelle, qui n'a été que le prétexte de l'établissement du christianisme & jamais l'auteur, dont les disciples même ont été constamment Juifs, & qui n'a été divinisé que depuis.

Il fait une longue énumération des fraudes innombrables des chrétiens pour établir leur secte, qui ne dut ses progrès qu'à l'esprit apocalyptique répandu alors chez tous les peuples, à l'occasion des prédictions sur la fin du monde. Il montre une grande ressemblance entre les dogmes du christianisme, dont Jesus n'a jamais enseigné aucun & le système de Platon sur la trinité, l'immortalité de l'ame, la résurrection, le paradis, l'enfer & même le purgatoire. C'est donc du platonisme, mêlé au judaïsme, qu'est résulté le christianisme, qui a lui-même essuyé beaucoup de métamorphoses avant d'être au point où il est. Delà les querelles théologiques, qui donnent lieu à l'historien de faire un calcul malheureusement trop vrai des victimes immolées aux fureurs de ces persécutions, & dont par une réduction modérée il ne fait monter le nombre qu'à neuf millions quatre cent soixante-huit mille huit cents hommes. D'où il conclut que la moins mauvaise de toutes les religions est celle où l'on voit moins de dogmes & plus de vertus; & que la meilleure est la plus simple.

22 *Novembre* 1769. M. Robé est un auteur très-connu dans le monde par ses talents littéraires, par le genre érotique dans lequel il a excellé & par un fameux poëme *sur la vérole*, qui n'est pas encore imprimé, mais qu'il a lu & relu si souvent que tout Paris en est imbu. Depuis quelques années ce poëte revenu des égarements de la vie licencieuse, s'est jeté dans la dévotion; mais étant d'un caractere ardent, il s'est attaché au jansénisme, a donné dans les convulsions, comme le genre de secte le plus propre à alimenter son imagination exaltée jusqu'au fanatisme. Dans cette effervescence de zele, il a voulu tourner au au profit de la religion un talent trop profané jusque-là, il a entrepris depuis plusieurs années un poëme en cinq chants sur cette matiere auguste. Cet ouvrage passe pour achevé & doit s'imprimer bientôt. Un caustique a fait en conséquence l'épigramme suivante:

  Tu croyois, ô divin Sauveur!
  Avoir bu jusques à la lie,
  Le calice de ta douleur:
  Il manquoit à ton infamie
  D'avoir Robé pour défenseur.

24 *Novembre* 1769. Le concert annoncé pour mercredi dernier a eu lieu avec beaucoup moins d'affluence qu'on ne comptoit; il a été exécuté dans une salle des Tuileries, appellée la *Galerie de la Reine*. Beaucoup de virtuoses y ont déployé leurs talents; MM. Duport & Jason ont joué du violoncelle, M. Capron du violon, Mlle. Féel a

chanté, MM. le Gros, Durand & Richer ont contribué à la beauté du spectacle. On y a exécuté un divertissement de M. de Chabanon, ainsi qu'on l'a annoncé.

Ce divertissement consiste dans une scene pathétique entre la France & une multitude d'enfants sans secours, qui implorent son assistance; elle invoque le dieu des richesses. Apollon se présente; il reproche à la nymphe d'avoir recours à une divinité vile, méprisable & incapable de faire des heureux : il s'offre à initier dans les arts toute cette jeunesse; ce qui s'exécute. Les éleves sont enflammés de l'amour de la gloire, & le dieu leur montre les lauriers dont ils vont se couvrir.

L'allégorie ingénieuse est soutenue par une musique analogue, qui fait autant d'honneur aux talents de M. de Chabanon qu'aux qualités de son ame noble & sensible.

Il auroit été à souhaiter que dans une occasion comme celle-ci le zele de cet auteur eût été mieux secondé, & que les virtuoses du premier ordre eussent contribué à son acte de patriotisme. On auroit sans doute déterminé M. Geliotte à sortir de son repos pour une pareille occasion, & Mlle. le Maure, qui soumet à ses caprices jusqu'aux têtes couronnées, se seroit déterminée par l'impulsion de son cœur pour une aussi belle action.

On ne doit point omettre dans le détail de la fête M. Gariniès, à l'invitation duquel elle a commencé & elle continue à s'exécuter. Il étoit à la tête de la musique & en dirigeoit toute la machine. En reconnoissance de son zele pour le soutien de l'école gratuite de dessin, M. le lieutenant-général de police lui a accordé quatre places d'éleves.

M. le duc Chartres a honoré l'assemblée de sa présence.

26 *Novembre* 1769. Le livre de l'*Essai sur les préjugés , ou de l'influence des opinions sur les mœurs ou sur le bonheur des hommes*, ouvrage contenant l'apologie de la philosophie, *par M. D. D.* est la meilleure preuve qu'on puisse fournir des progrès de la raison humaine depuis quelques années, & de l'énergie qu'elle a acquise chez ceux qui ont réfléchi sur les discussions multipliées de la morale & de la physique, que des sages infatigables ne cessent d'agiter & de répandre.

On trouve dans ce traité complet sous le titre modeste d'*Essai*, ce que c'est que la vérité, son utilité, les sources de nos préjugés ; que la vérité est le remede des maux du genre humain ; qu'elle ne peut jamais nuire, l'excellence de la raison & les avantages qu'elle procure. On examine si le peuple est susceptible d'instruction ; s'il est dangereux de l'éclairer ; quels maux résultent, au contraire, de l'ignorance des peuples. On établit que la vérité n'est pas moins nécessaire aux souverains qu'aux sujets : comment la corruption & les vices résultent des préjugés des souverains : quelles suites funestes a la vénération pour l'antiquité, c'est-à-dire le respect des hommes pour les usages, les opinions & les institutions de leurs peres : que les préjugés religieux & politiques corrompent l'esprit & le cœur des souverains & des sujets : que le citoyen doit la vérité à ses concitoyens. On définit la philosophie, les caracteres qu'elle doit avoir, le but qu'elle doit se proposer, ce que c'est que la philosophie spéculative : on découvre les motifs qui doivent animer le philosophe, quel courage doit lui inspirer la vérité. On parle de l'antipathie qui subsista toujours entre la philosophie & la superstition ; de l'esprit philosophique & de son influence sur les lettres & les arts ; de la cause des vices & des incertitudes de la philosophie ; du scepticisme & de ses bornes. On prouve que la philosphie contribue au bonheur de l'homme, & peut le rendre meilleur. Quelles sont les vrais causes de l'inefficacité de la philosophie: que la vraie morale est incompatible avec les préjugés des hommes ; & qu'enfin la vérité doit triompher tôt ou tard des préjugés & des obstacles qu'on lui oppose.

26 Novembre 1769. Les amateurs de l'opéra sont aujourd'hui calmés sur les craintes qu'ils avoient concernant Mlle. Arnoux. Cette actrice, par une audace sans exemple, avoit manqué à Fontainebleau si essentiellement à madame la comtesse Dubarri, qu'elle s'en étoit plainte au roi. S. M. avoit ordonné que Mlle. Arnoux fût mise pour six mois à l'hôpital ; mais madame Dubarri, revenue bientôt à son caractere de douceur & de modération, a demandé elle-même la grace de celle dont elle avoit desiré le châtiment, & a sacrifié sa vengance personnelle aux plaisirs du public, qui aime cette actrice. Le roi a eu peine à se laisser fléchir, & il a fallu toute l'aménité, toutes les graces de cette dame, pour retenir sa sévérité.

27 *Novembre* 1769. La cour & la ville vont voir successivement la nouvelle salle de l'opéra, en attendant qu'on y joue. On l'a illuminée déja plusieurs fois, & tout récemment pour Mde. la comtesse Dubarri, qui y a été introduite par M. le comte de Saint-Florentin. Elle étoit accompagnée de plusieurs seigneurs ; & cette dame, ainsi que sa suite, ont été enchantés de cet édifice.

28 *Novembre* 1769. Les camarades de Mlle. Ar-

noux, trop souvent en butte à ses sarcasmes, profitent de l'occasion de s'en venger, & ont eu grand soin de ne pas laisser ignorer son aventure de Fontainebleau. Elles l'ont répandue avec une charité merveilleuse; & toutes les fois que cette actrice paroît parmi elles, on lâche toujours un petit mot d'*hôpital*; ce qui humilie beaucoup cette superbe reine d'opéra.

29 *Novembre* 1769. On a découvert que l'auteur de la suscription emphatique, à la maniere orientale, d'une lettre adressée à M. de Voltaire, dont on a parlé, étoit un certain abbé *de Launay*. Cet abbé avoit été en Portugal, s'étoit insinué dans la confiance d'un frere du roi, au point qu'on avoit craint qu'il ne captivât trop sa bienveillance, & qu'il avoit été obligé de revenir en France, où il s'étoit soutenu par les bienfaits de ce prince, qui lui a même laissé une pension à sa mort, mais mal payée suivant l'usage. L'abbé a contracté beaucoup de dettes; il a été arrêté il y a quelques années, & est en prison depuis ce temps, dénué de ressources. Il s'occupe à écrire à tous ceux dont il espere obtenir quelque chose, & fait valoir de son mieux un assez méchant talent qu'il a pour la poésie. Il est connu sur-tout par deux épîtres, l'une *au chien du roi*, & l'autre *à M. l'évêque d'Orléans*.

29 *Novembre*. M. de Mairan, cet académicien connu de toute l'Europe savante, âgé de quatre-vingt-onze ans, s'est trouvé très-mal, il y a quelques jours, d'une indigestion, après avoir dîné chez M. de Fonterriere, fermier-général; on n'a pu le ramener chez lui tout de suite, & on lui a administré sur le lieu même les secours d'usage, qui ont procuré une double évacuation très-co-

pieufe. Un accident auffi grave avoit alarmé fur le compte de ce vieillard, mais il s'en eft très-bien tiré, & a recommencé à dîner en ville très-peu de temps après.

29 *Novembre* 1769. Le projet dont on a parlé concernant la nouvelle falle de comédie Françoife à conftruire, a été agité folemnellement à l'hôtel des acteurs François, devant eux & leur confeil, le famedi 25 de ce mois. Il a été unanimement adopté, & l'on n'a héfité de conclure fur le champ, que pour en référer aux gentilshommes de la chambre, fupérieurs immédiats de la troupe, & fans l'attache defquels ils ne doivent rien faire.

En conféquence les deux amateurs du théatre, qui par un zele vraiment patriotique fe mêlent de cette affaire, ont dreffé un mémoire pour être préfenté aux gentilshommes de la chambre, où ils expofent tous les avantages du plan en queftion, dont il réfulte d'abord un embelliffement pour ce quartier-là, par une place circulaire, prefque auffi grande que la place des Victoires & encore mieux percée, & par de plus grands débouchés qu'on procure aux environs, en coupant de nouvelles rues à peu de frais ou plutôt fans frais: enfuite on améliore de beaucoup la fituation des comédiens, on leur procure un terrein plus vafte, plus commode, d'une valeur beaucoup plus confidérable, & fans qu'il leur en coûte rien. On débarraffe la ville ou le roi des fecours qu'ils auroient été obligés de leur donner: enfin, le public jouira dans peu, puifqu'on ne demande que trois ans pour l'entiere confection du plan.

Ce qui doit encore mieux affurer fur la pureté des vues des fpéculateurs en queftion, c'eft qu'ils demandent à ne rien faire que fous les aufpices de M. de Sartines. On connoît toute l'intégrité & toute la fageffe de ce magiftrat, qui ne fe chargeroit pas de préfider à la befogne, s'il n'étoit certain de fon excellence.

30 Novembre 1769. L'académie royale de mufique a repris avant-hier *Dardanus*. Il a été remis avec les applaudiffements généraux de tous les amateurs. On l'a joué, comme il avoit été exécuté à Fontainebleau, c'eft-à-dire, avec les meilleurs acteurs & dans toute la magnificence des habillements de la cour. Le roi a bien voulu permettre qu'on en fît ufage pour le public. Mlle. Arnoux, qui a fenti toute l'importance dans ce moment-ci de réparer fa trifte aventure, en captant de plus en plus les fuffrages du public, & en fermant la bouche à fes ennemis, a redoublé l'intérêt de fon rôle par l'onction & l'intelligence qu'elle y a répandue.

1 *Décembre* 1769. La machine pour faire aller un chariot fans chevaux, eft de M. de Gribeauval; on en a réitéré derniérement l'expérience avec plus de fuccès, mais pas encore avec tout celui qu'il a lieu de s'en promettre : il eft queftion de la perfectionner. La machine eft une machine à feu.

1 *Décembre*. On a découvert près de Meulan une terre, dont on compofe une porcelaine qui va au feu le plus violent fans eau, & qui, jetée fur le champ dans de l'eau froide, ne caffe pas davantage. Cette trouvaille peut être d'un grand fecours. La pâte en queftion eft blanche & point chere.

3 *Décembre* 1769. M. le lieutenant-général de police a prié, il y a quelques jours, par un billet fort honnête, M. Bouvard de paffer chez lui à

l'heure de sa commodité. Ce médecin s'y est rendu & a affecté de croire que M. ou Mde. de Sartines étoient malades. Sur la déclaration du premier qu'il n'étoit pas question de cela, mais d'un libelle sanglant dont se plaignoit M. Petit, son confrere, le docteur a eu une longue explication, d'où il a résulté que M. Petit étoit l'agresseur, que le dernier n'avoit fait que répliquer, qu'il tenoit sa défense légitime & même indispensable; qu'au surplus, il ne se regardoit pas comme le justiciable de M. le lieutenant-général de police; il a refusé d'entrer en aucun accommodement à cet égard avec son confrere. Alors le magistrat lui ayant signifié qu'il alloit user de son autorité pour supprimer son livre, M. Bouvard a pris congé de lui, est allé sur le champ chez son libraire, a retiré tous les exemplaires restants; & quand on est venu pour exécuter les ordres de la police & saisir l'ouvrage, on n'a rien trouvé.

Ce petit véhicule fait merveilleusement bien à ses lettres, qui jusqu'ici n'avoient été lues & recherchées que par les gens de l'art: aujourd'hui toutes les femmes & les gens les plus frivoles veulent les avoir, par l'éclat que fait dans le monde l'aventure qu'on vient de raconter.

5 *Décembre* 1769. En 1755, un jeune éleve de l'école militaire de Berlin, nommé *Mingard*, âgé de seize ans, curieux d'assister au spectacle du roi, écrivit à M. de Voltaire, alors en Prusse & dans la confiance du prince, le billet suivant:

  Ne pouvant plus gourmander
  Le desir ardent qui m'anime,
  Daignez, Seigneur, m'accorder
  Un billet pour voir *Nanine*.

M. de Voltaire lui fit la réponse suivante :

>Qui sait si fort intéresser,
>Mérite bien qu'on le prévienne ;
>Oui, parmi nous vient te placer,
>Nous dirons tous qu'il y revienne.

En effet, l'enfant plut beaucoup, & dès le soir eut l'honneur de souper entre le roi de Prusse & M. de Voltaire. Le goût du jeune homme pour les lettres lui ayant fait perdre de vue celle de sa fortune, il est tombé dans la disgrace de sa famille, &, par une suite de catastrophes sinistres, s'est trouvé très-malheureux. Venu à Paris il s'y est conduit avec honnêteté, & n'a point oublié les sentiments de sa naissance & de son éducation. La hauteur de son ame l'a porté à avoir plutôt recours à des étrangers qu'à des parents dont il avoit à se plaindre. Un homme de lettres qu'il a eu occasion de connoître, a cru devoir en ce moment réveiller l'intérêt que M. de Voltaire avoit pris autrefois à ce jeune éleve d'Apollon : pour lui en rappeller le souvenir, il lui a envoyé les deux billets ci-dessus. Le philosophe de Ferney a répondu laconiquement ; mais par ce qui se passe depuis peu de temps, M. Mingard présume que cet apôtre de l'humanité a excité les sentiments de tendresse de la famille de l'enfant prodigue, & elle vient de lui procurer des consolations qu'il croit devoir à M. de Voltaire ; nouveau trait de bienfaisance qu'on se hâte d'annoncer au public.

6 *Décembre* 1769. Mlle. Clairon, aujourd'hui Mde. de la Sône, connue long-temps dans Paris comme maîtresse de M. le comte de Charolois, a eu deux filles de ce prince, qui, devenues grandes

font en état d'être mariées. On assure qu'elles sont charmantes, pleines de talents & très-propres à faire des passions. Un gentilhomme attaché à madame la princesse de Conti, est à la veille d'en épouser une. Cette princesse, pour rendre le mariage plus honorable, a bien voulu solliciter des lettres de légitimation, qu'elle a obtenues. Ces lettres-patentes ont été revêtues des formalités nécessaires, & les jeunes personnes s'appellent aujourd'hui *Mesdemoiselles de Bourbon*.

Madame de la Sône est digne, à bien des égards, de cette faveur, par son esprit, par ses graces, par la maniere distinguée dont elle vit & dont elle fait usage de la fortune que le prince lui a laissée, & par la bonne éducation qu'elle a donnée à ses filles. Elle demeure dans un couvent, avec toute la décence convenable à son état. Elle a rendu aujourd'hui le pain-béni à St. Nicolas-du-Chardonet, sa paroisse, dans toute la pompe possible.

M. Bouret, toujours inépuisable en fait de galanteries, a eu l'honneur de présenter à la fiancée une tabatiere très-riche, mais sur-tout précieuse par une miniature exquise, où il a fait représenter cette jeune bergere, cueillant des lys; allégorie ingénieuse pour la circonstance, & qui caractérise parfaitement le goût fin de ce courtisan délicat.

7 *Décembre* 1769. Extrait d'une lettre de Rome, du 20 novembre 1769.... Le Saint-Pere continue à s'occuper de l'administration intérieure de ses états, de la réforme des mœurs & des abus. Vous avez su qu'il avoit proscrit l'usage ridicule sur les théatres de cette ville de faire jouer les rôles de femmes par de jeunes garçons, & qu'il avoit remis le sexe en possession de toutes ses fonctions

à

à cet égard. Il vient d'abolir une coutume plus horrible & plus abominable : par une barbarie qui fait la honte de tous ses prédécesseurs, on outrageoit la nature dans de jeunes enfants, & on les dressoit dans ce malheureux état à remplir les fonctions de musicien à la chapelle des papes. On se procuroit ainsi des voix claires & argentines, qui flattoient les oreilles de ces souverains, & pour leur plaisir on avoit consacré une horreur qu'on ne devroit lire que dans l'histoire des tyrans de Rome. Sa sainteté aime beaucoup la musique, mais encore plus l'humanité ; & pour suppléer à cette espece de chanteurs appellés *Castrati*, elle a permis de prendre des femmes dans les musiques d'église. Un pareil trait fera bénir à jamais le pontificat de Clément XIV : il est adoré & sur-tout du sexe, qu'il fait sortir de la nullité à laquelle l'avoient réduit ses prédécesseurs.

8 *Décembre* 1769. On assure que M. le comte de Saint-Florentin a vivement réprimandé le docteur Bouvard sur la maniere dure & brutale dont il a traité son confrere, M. Petit ; que cette conduite a fait grand tort à la cour au premier, & que cela pourra l'exclure de succéder à M. Senac dans sa place. Au surplus, elle ne doit pas être vacante si-tôt, puisqu'il se porte beaucoup mieux. M. de Vernage est aussi sur les rangs pour le remplacer.

10 *Décembre* 1769. M. l'abbé Couturier, dont on a rapporté les tracasseries, qui lui ont été suscitées par ses ennemis auprès de M. l'archevêque, a eu le bonheur de faire revenir de sa prévention ce prélat très-entêté ordinairement. L'interdiction a été levée bientôt, & l'orateur en question a prêché le premier dimanche de l'avent dans l'église de la charité, pour laquelle il étoit désigné. Sa disgrace

paſſagere eſt un véhicule de plus à ſa réputation, & l'on s'empreſſe d'aller entendre ce prédicateur cenſuré, avec la même avidité qu'on recherche un livre défendu & qui ſe vend ſous le manteau.

13 *Décembre* 1769. On a parlé depuis long-temps des mouvements que M. de Voltaire s'étoit donné pour faire rendre juſtice à la famille des *Sirvens*, ces malheureux pere & mere, accuſés d'être auteurs du meurtre de leur fille, & condamnés comme tels par contumace au parlement de Toulouſe. Ils ont eu le courage de ſe rendre en cette ville, de faire juger la contumace, & ils ont été déclarés généralement innocents : on les a remis en liberté & en poſſeſſion de tous leurs biens, confiſqués au profit du roi par le domaine, ſuite néceſſaire de l'arrêt.

Cet événement, qu'on doit principalement aux ſoins & aux réclamations de M. de Voltaire, aſſure de plus en plus à ce poëte philoſophe une place parmi les bienfaiteurs de l'humanité. On ne doute pas que M. Elie de Beaumont, avocat célebre au parlement de Paris, & qui a paſſé pluſieurs mois de l'été & de l'automne à Ferney, n'ait beaucoup contribué à éclairer & à faire juger l'affaire : on ne doute pas non plus que M. *de Vaudreuil*, le nouveau premier préſident du parlement de Languedoc, n'ait verſé dans ce tribunal l'eſprit de tolérance dont eſt animé le magiſtrat en queſtion, & qu'il n'éteigne tout-à-fait le feu du fanatiſme, qui n'avoit que trop éclaté dans la malheureuſe affaire des *Calas*.

14 *Décembre* 1769. C'eſt avec douleur que les amateurs du théâtre Italien, qui avoient conçu les plus grandes eſpérances ſur le compte du ſieur

Gretry, ce Pergolese de la France, voient que ce musicien est sur le point d'être moissonné à la fleur de son âge. Il est attaqué de la poitrine, & son genre de vivre ne contribue pas peu à aggraver son état. On convient assez également qu'il étoit fait pour faire une révolution dans la musique de ce théâtre, dont les coryphées ne paroissent que des gens médiocres auprès de cet auteur.

15 *Décembre* 1769. Vendredi dernier, à l'opéra, un spectateur du parterre s'enthousiasmoit sur la danse vigoureuse & hardie de mademoiselle Asselin, une des coryphées du théâtre lyrique. Son voisin la déprimoit au contraire, & la trouvoit détestable. Chacun soutenoit son avis avec opiniâtreté & y resta suivant l'usage. A la derniere reprise, le détracteur de la danseuse s'écria qu'il falloit être bien bête pour l'admirer; son adversaire lui dit: « jusqu'ici, Monsieur, j'ai cru que c'étoit à Mlle. » Asselin que vous en vouliez: je vois très-bien » à présent que c'est à moi, & vous allez m'en » faire raison. » Ils sortent, ils se battent, sans s'être jamais connus ni vus qu'en ce moment, & l'agresseur reste mort sur la place. Il se trouve par les informations que c'est un M. *Hooke*, officier, parent d'un *Hooke* connu par une aventure à peu près semblable, qui lui arriva au concert spirituel, qui fit beaucoup de bruit dans le temps, & qui ne s'est terminée qu'après plusieurs combats arrivés en divers endroits entre les deux contendants.

Au surplus cette catastrophe releve merveilleusement la réputation de mademoiselle Asselin. Toutes ses camarades la regardent avec envie, & voudroient bien compter dans les fastes de leur histoire quelques combats singuliers de cette espece.

16 Décembre 1769. M. l'abbé Ribaillier, docteur de Sorbonne, syndic de la faculté de théologie, si connu par ses démêlés avec messieurs de Marmontel & Voltaire, & sur-tout célèbre par les sarcasmes dont ce dernier l'a criblé. Il a la vue très-mauvaise : un plaisant a supposé qu'il l'avoit entiérement perdue en travaillant à la censure de *Bélisaire* ; & que réduit à prendre un chien pour guide, il avoit choisi celui de ce Héros dans son malheur. En conséquence on a gravé l'abbé Ribaillier conduit par l'animal, ayant au col un collier, sur lequel on lit ces vers :

    Passant, lisez sur mon collier
    Ma décadence & ma misere :
    J'étois le chien de *Bélisaire*,
    Je suis le chien de *Ribaillier*.

17 *Décembre* 1769. Extrait d'une lettre de Châlons, le 14 décembre 1769.... Il y a toute apparence que madame la dauphine passera par ici ; il n'y a cependant encore que des présomptions. Quoi qu'il en soit, on vient toujours d'ériger une nouvelle porte en forme d'arc de triomphe, par où entrera cette princesse, si elle prend la route de Strasbourg. On a nommé à compte cette porte *la porte Dauphine*. Elle est magnifique, elle a 50 pieds de haut & doit être enrichie de médaillons & de bas-reliefs relatifs à l'événement du mariage de monsieur le dauphin. C'est le sieur Pigale qui est chargé de ce travail. Le monument en question coûtera 30,000 livres, quoique les pierres aient été apportées par corvée des divers endroits de la province dont on les tire. Cela n'a pas accom-

modé le paysan, mais Châlons s'en embellit beaucoup. Notre intendant, M. Rouillé d'Orfeuil, ne cesse de travailler à rendre cette ville très-belle, d'infame qu'elle étoit.

Si madame la dauphine passe par ici, monsieur l'archevêque de Rheims se propose d'y venir jouir de son droit de pairie, qui est d'embrasser à la joue la princesse, droit qu'il ne pourroit faire valoir lorsqu'il la recevra à la tête de son clergé.

17 Décembre 1769. Les partisans du *Pere de famille* font valoir deux événements qui se sont passés à la comédie Françoise, hier jour où l'on jouoit ce drame. Le premier, est celui d'une femme, qui, au moment où le jeune homme défend l'épée à la main sa maîtresse qu'on veut enlever, a été si vivement saisie, qu'elle en a jeté les hauts cris, qu'elle est tombée en convulsions & qu'il a fallu la tirer de sa loge; en sorte que le spectacle a été interrompu pendant quelque temps.

Le second, est la fureur avec laquelle le parterre, lorsqu'on est venu annoncer la reprise d'*Hamlet* pour mercredi, s'est récrié: *point d'Hamlet! le Pere de famille!* & cela à plusieurs fois.

Il paroît que les comédiens n'ont point eu égard aux réclamations du parterre, puisqu'*Hamlet* est annoncé sur l'affiche pour mercredi. On dit que le cinquieme acte est refait & sera neuf absolument.

18 Décembre 1769. Extrait d'une lettre de Pologne, du premier décembre 1769..... Vous connoissez M. le comte Oginski, grand général de Lithuanie. Vous connoissez l'étendue de ses lumieres & les graces de son esprit. On peut renvoyer ceux qui voudroient en voir un échantillon à l'article *Harpe*, qu'il a fourni au *dic-*

tionnaire Encyclopédique. Il vient de faire une action qui le rendra encore plus précieux & plus immortel que tous les ouvrages qu'il pourroit composer. Il a entrepris de faire à ses frais un ouvrage de la plus grande utilité pour la province de Lithuanie : c'est un canal de communication entre les rivieres *Jasiolda* & *Szezara*, par le moyen duquel les productions du fertile district de *Pinsko*, qui n'avoient point de débouché, en auront un pour être envoyées à Konigsberg, parce que la riviere *Szezara* se décharge dans le Niemen, qui porte les bateaux dans ce port. Ce canal de communication aura environ douze lieues d'étendue, & un assez grand nombre d'écluses. Il est déja avancé de plus de moitié, & il coûtera plusieurs millions à monsieur Oginski, qui en fait le sacrifice à sa patrie.

21 *Decembre* 1769. M. l'abbé Vatry, pensionnaire de l'académie des inscriptions & belles-lettres, est mort le 16 de ce mois. Il étoit infirme depuis long-temps & la tête ne faisoit plus de fonctions ; c'étoit un des plus savants hommes de l'Europe dans le grec, qu'il avoit professé au collège royal.

21 *Decembre*. Les comédiens François ont repris hier *Hamlet*. Le cinquieme acte, quoique tout neuf, n'a pas paru moins mauvais que le précédent. L'auteur, à un dénouement trivial & usé, a substitué une catastrophe ridicule & absurde. Tous les personnages y semblent autant de marionnettes, dont le poëte retarde ou accélere les mouvements à son gré. Le tyran sur-tout y complete parfaitement son caractere, du plus insigne, du plus plat & du plus sot coquin qu'on puisse voir. Il faut travailler pour la troisieme fois à refaire ce

cinquieme acte, qui dépareille abfolument les autres, où il y a au moins quelques belles chofes.

22 *Décembre* 1769. On a envoyé de Breft les vers fuivants, faits fur la mort de *Gordon*. Ils paroiffent récapituler en bref toute la trame de ce fatal événement. Il faut favoir qu'il s'eft plaint d'avoir été excité par le comte d'Harcourt, ambaffadeur de la cour de Londres à la cour de France, non à incendier le port de Breft, comme on a dit, mais à en reconnoître la fituation, à en examiner tous les détails, pour en profiter au befoin. Quant au fage magiftrat, on connoît aifément qu'il veut parler de M. *de Clugny*, intendant de Breft & préfident de la commiffion.

 Un perfide vieillard abufa ma jeuneffe,
 Un fage magiftrat confondit mes projets,
 Une mort héroïque expia ma foibleffe,
 Un peuple généreux me donna des regrets.

24 *Décembre* 1769. Le triomphe du docteur Petit fur le docteur Bouvard n'a pas été long; ce dernier a eu recours à monfieur le chancelier, & ce chef fuprême de la juftice a fait révoquer l'ordre de la police qui avoit arrêté le débit de l'ouvrage de ce médecin contre fon confrere; il fe vend aujourd'hui publiquement: mais ce qu'on avoit prévu malheureufement pour monfieur Petit eft arrivé, & ce véhicule produit un débit étonnant du livre.

25 *Décembre* 1769. On a déja parlé du procès pendant pardevant le chef de la librairie, entre les libraires & M. Luneau de Boisjermain. On a réfumé les diverfes prétentions des deux parties

B 4

& sur-tout les deux mémoires de Me. Linguet, ce Démosthene de nos jours, qui réfute ceux des libraires avec autant de solidité que d'éloquence & de feu. Ces derniers viennent de fournir une réplique, & c'est à cette occasion qu'un anonyme a répandu une brochure intitulée: *Avis aux gens de lettres*. Après une exposition nette & précise du sujet, l'auteur fait rapidement quelques notes sur la défense nouvelle des libraires, & prouve qu'ils ne sont pas heureux en réparties. Non content de cela, il les suit pas à pas, il montre que conduits par l'avidité ils marchent toujours entre l'injustice & l'extravagance. Il examine & discute séparement chacune de leurs prétentions & en fait voir palpablement l'indécence. Il termine son écrit par des réflexions générales, qui naissent naturellement de son sujet. Il se plaint que la France, étant le pays du monde où les lettres soient le plus florissantes, soit en même temps le pays où ceux qui les cultivent, soient traités le plus défavorablement. Il les peint avec non moins de vérité que d'énergie, gémissant sous le joug des libraires, travaillant en vils esclaves au champ fécond de la littérature, tandis que ces maîtres durs recueillent tout le fruit de leurs sueurs, & vivent à leurs dépens dans l'abondance & dans le luxe. Il compare les procédés des libraires de France & de ceux de Londres envers les auteurs, & il en fait voir l'énorme différence à la honte des premiers. Il cite l'exemple d'une *histoire de Charles V*, en cinq volumes, dont le manuscrit a été vendu par monsieur Robertson quatre mille guinées; tandis que l'*Encyclopédie*, ce vaste dépôt de toutes les connoissances humaines, ce monument, qui seul forme une bibliotheque entiere, qui a rapporté plus de deux millions de gain aux libraires, n'a valu à monsieur Diderot, entrepreneur, directeur, & sur-tout seul architecte de cet immortel édifice, que cent pistoles de rentes viageres. Il finit par une péroraison vigoureuse, où il exhorte les gens de lettres à secouer un joug aussi honteux que tyrannique, pour s'aider mutuellement dans l'impression & le débit de leurs ouvrages, & pour donner des secours aux jeunes gens qui entrent avec du talent dans la même carriere. Il sonne le tocsin même à l'égard des seuls amateurs, fait craindre le dépérissement du goût & des lettres, si l'on ne met un prompt remede à la rapacité dévorante des libraires, sang-sues des auteurs, & qui se gorgent impitoyablement de leur sang.

27 *Décembre* 1769. *Mémoire de* Gordon *à ses Juges.*

Monsieur & Messieurs,

Vous êtes peres, vous tous, peres heureux ; vos enfants ne vous sont pas enlevés, vous leur êtes conservés. Le mien, pere de treize, nous fut enlevé dans sa trente-huitieme année. Je n'en avois alors que 12 : quelle perte pour moi ! Ma mere me reste encore : veuve à 32 ans, elle se retira dans une maison de campagne, déterminée à y passer le reste de ses jours avec ses cinq filles. Les soins de l'éducation de nous autres furent confiés à nos plus proches parents. Ma faute, ou, si vous voulez, mon crime, n'est pas l'effet d'un tempérament vicieux, suite souvent d'une éducation négligée, mais d'un malheur (1) qui m'avoit obligé

---

(1) Pour avoir tué un homme dans une rixe.

de venir en France. Milord *Harcourt* promit à ma sollicitation de me remplacer dans mon ancien régiment: il se prévalut de cette conjoncture, en me proposant ce fatal voyage. Mon peu d'expérience me laissa séduire, ma reconnoissance me le fit entreprendre. Figurez-vous en milord Harcourt un homme de soixante ans, décoré de toutes les beautés de la vieillesse: en lui je voyois un homme de naissance, lieutenant-général de nos armées, ambassadeur en France & mon protecteur. Que de prévoyance n'auroit-il pas fallu pour appercevoir la chaîne de malheurs qui devoient s'ensuivre? Et sous quelles couleurs ne me présenta-t-il pas sa proposition? Il me fut impossible d'éviter son piege.

Je n'ai, hélas! que peu à espérer du côté des loix, elles ne regardent que les fautes. J'ai toujours espoir en vous, vu que l'état ne peut souffrir aucun préjudice de tout ce que j'ai fait. De plus, je déclare n'avoir jamais eu intention de former aucunes liaisons ici: c'est le cruel hasard qui me les a fait trouver.

Mitigez donc, s'il se peut, la sévérité des loix: permettez que je vous rappelle encore une fois que j'ai une mere, & que je vous représente l'honneur d'une famille nombreuse; elle est noble: & s'il faut mourir, ne me faites pas souffrir d'ignominie; laissez-moi agir en liberté & je saurai éviter la honte. Enfin, pour derniere grace, que je meure avec mon écharpe militaire, & qu'on la fasse tenir ensuite à mon frere.

29 *Décembre* 1769. Outre *l'avis aux gens de lettres*, dont on vient de parler, il avoit paru dans l'affaire de M. Luneau de Boisjermain avec les li-

braires, un troisieme mémoire, sous le titre de *derniere réponse signifiée & consultation pour le sieur Luneau de Boisjermain contre les syndic & adjoints des libraires de Paris.* Dans ce mémoire, encore plus vigoureux que les précédents, l'auteur a su répandre un intérêt dont on ne croiroit pas la matiere susceptible, & qui d'une cause particuliere en fait une générale avec tous les gens de lettres, par le détail des vexations que ces derniers en éprouvent continuellement & qui deviendroient de plus en plus odieuses, si on les laissoit empiéter sur eux comme ils le prétendent. On sait que depuis long-temps ils affectent envers eux une dureté & un despotisme qu'il grossit, & les a déja couvert du ridicule qu'ils méritent, dans la *chartreuse*, où il dit en décrivant les entours du college des jésuites & de la rue St. Jaques :

Où trente f... d'imprimeurs
Donnent froidement audience
A cent faméliques auteurs, &c.

L'avocat, dans le mémoire en question, plus approfondi que les premiers, remonte à l'origine des libraires, qui avant la découverte de l'imprimerie étoient dans la plus humiliante, la plus servile dépendance des gens de lettres, entiérement aux ordres & aux gages de l'université. On les appelloit alors *Stationarii*, c'est-à-dire entréposeurs, comme servant précisément & uniquement au courtage des livres peu communs alors. Elle avoit sur eux le droit d'inspection, de correction, & elle en usoit. Il réfute victorieusement leur assertion, par laquelle ils prétendent n'être pas comfondus avec les autres especes de négoces, & distinguer dans la librairie une partie purement matérielle qu'ils dédaignent, & une partie purement spirituelle qu'ils s'approprient. Il fait voir, au contraire, qu'ils n'occupent qu'un rang très-peu distingué dans l'ordre des vanités sociales, qu'ils sont exclus de l'échevinage de Paris, espece d'apothéose bourgeoise, à laquelle peuvent être admises des communautés de marchands, au dessus desquels ils voudroient s'élever; & qu'enfin le souverain lui-même les a assimilés quelquefois aux états méchaniques les plus vils.

Mais ce qui doit sur-tout les confondre & les couvrir de confusion, c'est une table jointe à cet écrit, par laquelle il est démontré que les libraires, tous frais faits pour le dictionnaire Encyclopédique, montant à 938,291 liv. 2 f. 6 d., ont gagné 2,444,204 liv. 17 sous 6 deniers, &c. dont 634,307 liv. 4 f. qu'ils ont pris de trop aux souscripteurs. Ceci n'est point, au reste, une récrimination inutile & hors d'œuvre, puisque M. Luneau de Boisjermain étoit un des souscripteurs de l'Encyclopédie, & qu'il a déja entamé une procédure juridique contre les libraires, pour se faire restituer la somme qui lui a été prise de trop.

Après ce mémoire savant & éloquent de Me. Linguet, suit une consultation de dix jurisconsultes, en date du 15 novembre, tous du même avis & donnant entiérement gain de cause à M. Luneau. Le procès est toujours en délibéré pardevant M. le lieutenant-général de police.

30 *Décembre* 1769. M. le marquis le Monnier rentre de nouveau en lice contre M. de Valdahon, à l'occasion de Mlle. le Monnier, qui depuis qu'elle est majeure lui a fait des sommations respectueuses

pour époufer fon amant, dont la conftance a été mife à de fi rudes épreuves. Tous les papiers publics ont parlé fi fouvent & d'une façon fi intéreffante du procès célebre qui dure depuis fept ans entre ce premier préfident de la chambre des comptes de Dole, & le moufquetaire gris, qu'on s'en fouvient fûrement & que les cœurs tendres font encore affectés de cette hiftoire romanefque. On blâme généralement l'opiniâtreté de M. le Monnier, qui par des mémoires infâmes a cherché à rendre odieux & méprifable un homme eftimé publiquement.

La fille vient de répandre un mémoire en réponfe aux horreurs débitées par M. le Monnier, où elle eft obligée par fa pofition cruelle de défendre un amant contre un pere. On y retrouve l'avocat difert qui a déja fait d'autres mémoires dans la même caufe: il a traité cette matiere plus en romancier qu'en jurifconfulte: plus de mots que de chofes, plus de phrafes que de raifons conftituent le fond de cet ouvrage, qu'on trouve fur toutes les toilettes, & qui y aura plus de fuccès que fur le bureau des juges.

M. L'Oifeau de Mauléon termine cette apologie par une lettre à Mlle. le Monnier, en date du 5 décembre, où après avoir donné à entendre avec autant de vanité que d'indécence, qu'il lui a prêté fa plume gratuitement, il déclare que devenant maître de la chambre des comptes de Nancy, les ufages de l'ordre des avocats & ceux de la compagnie ne lui permettent pas de figner ce mémoire ; qu'en conféquence il le remet entre les mains d'un ancien confrere. Ce dernier, après un bout de confultation fort plate, datée du 10 décembre, adopte l'ouvrage du fieur L'Oifeau & figne le mémoire.

31 Décembre 1769. Lettre d'Alexandre Gordon à Sir Charles Gordon, son frere. C'est avant mon dernier moment, cher Charles, que je prends la plume pour te faire part de mon fort. Je suis condamné à perdre la tête sur un échafaud entre 4 & 5 heures, ce 29 novembre après midi. Ma seule consolation en ce moment terrible est de n'être pas coupable des crimes que l'on m'a imputés, & d'avoir arraché des larmes de mes juges mêmes. Depuis l'existence des loix, jamais arrêt aussi cruel n'a été rendu contre qui que ce soit. En effet, si j'avois été coupable des crimes dont un Anglois nommé *Stuart* m'a accusé, à quel supplice les juges m'eussent-ils donc condamné ? Je suis le plus infortuné de tous les hommes. Les deux personnages que j'avois cru mes amis m'ont trompé ; ils m'ont toujours flatté de pouvoir obtenir ma grace ; ils m'ont empêché d'intéresser en ma faveur la noblesse d'Angleterre, d'Ecosse & d'Irlande J'ai été condamné, non pour avoir eu le projet d'incendier tous les ports de France, parce que mes juges n'ont pu prouver un si horrible crime, mais pour avoir pris des mesures avec deux hommes ici apostés pour me séduire (1), pour avoir plusieurs détails

---

(1) Ceci a trait à deux *moutons*, en termes de métier, c'est-à-dire à deux hommes, que M. de Clugny avoit excités à paroître entrer dans les projets de Gordon, pour mieux les connoître, & à gagner sa confiance, pour le trahir ensuite plus sûrement. Cet intendant avoit écrit à la cour dès les premiers soupçons qu'il eut sur le compte de l'Anglois ; & le ministre lui répondit de le faire veiller, de ne témoigner aucune inquiétude & de s'y prendre de façon à acquérir des preuves plus sûres de ses desseins.

de ce port, lorsque je serois en Angleterre. Le moment fatal approche, cher frere ! j'entends dans les escaliers les gardes qui viennent me chercher. Je te demande en grace, cher Charles, de consoler ma tendre mere : il m'est impossible de finir ma lettre pour elle. Mes pleurs effacent chaque mot que je trace. Embrasse tous mes parents & dis-leur que je meurs innocent. Remercie mon oncle *Pierre Gordon* pour tous les soins qu'il a pris. J'ai heureusement obtenu d'être exécuté avec toutes les marques militaires. M. de Clugny, mon juge, m'a promis de t'envoyer mon écharpe : elle te sera envoyée teinte de mon sang innocent. Quel motif, cher frere, pour t'exciter à une juste vengeance. Je laisse la plume pour aller à l'échafaud. Oh ! mes adorables & tendres sœurs, je ne vous verrai donc jamais, je ne vous reverrai plus.... Cet arrêt est mille fois plus terrible que la mort. Adieu, cher frere, mon frere, mon ami, dans une demi-heure je ne ne suis plus.

ANNÉE M. DCC. LXX.

1 *janvier* 1770. La *Rosiere de Salenci*, cet opéra comique disgracié à la cour, & dont on avoit dit beaucoup de mal lorsqu'il a paru pour la premiere fois à la comédie Italienne, suivant l'usage de ce théatre n'a repris que plus fortement, depuis, au moyen de quelques retranchements, de changements, de corrections. Le public enchanté de la docilité du sieur Favart, a trouvé que cela faisoit un excellent effet, qu'il avoit eu tort de condamner si promptement un grand maître.

3 *Janvier* 1770. M. Rose de Chantoiseau, ancien directeur du bureau général d'indication, premier auteur des *restaurateurs*, & célebre par diverses autres inventions qui indiquent son génie & la fertilité de ses ressources, vient de répandre aussi un prospectus, qui n'est encore qu'une esquisse d'un projet dont on parle dans le public depuis quelque temps, mais qui n'avoit pas reçu toute sa forme. Il a pour titre : *L'Ami de tout le monde, ou Précis d'un plan de banque générale du crédit public, sociale & commerçante, de confiance & de ressource dans les besoins de l'état, proposée pour la liquidation des dettes d'un état, le soulagement des peuples, l'agrandissement du commerce & le tombeau de l'usure.*

L'auteur propose son plan, comme un moyen très-simple & peu dispendieux pour liquider les dettes de l'état, sans établir aucun impôt, pour subvenir & satisfaire avec autant de rapidité que d'efficacité aux besoins *pressants* de la France, à ses engagements *passés, présents & à venir*, & finalement enrichir le roi & soulager ses sujets.

Il voudroit pour cela qu'en établissant sa *banque générale de crédit public*, on y fondât un certain nombre déterminé de billets de crédit, qui y seroient relatifs, remboursables au trésor royal tous les ans par quart, au *prorata* chacun de sa valeur représentative.

Il entend qu'il seroit expressément énoncé par l'édit de création que ces billets ne pourroient être refusés dans *aucun cas* par le créancier, du débiteur qui s'en trouveroit titulaire, aux offres & conditions expresses par le débiteur de supporter en son propre & privé nom la perte d'un pour cent, c'est-à-dire, d'environ deux sous par piftole par chaque *mutation* de propriété.

Il prétend que par ce moyen il n'y auroit plus de *répercuffion* à craindre dans le commerce de la part de l'état, qui acquitteroit alors fur le champ fes *fourniffeurs*, les *fourniffeurs* leurs *fabricants*, les *fabricants* leurs *créanciers*, &c.

Suit un développement du plan propofé, où, pour rendre fon idée plus fenfible, cet écrivain politique met fous les yeux un même exemple préfenté fous deux points de vue différents. Il en réfulte qu'en fuppléant à l'efpece numéraire par la création des nouveaux billets de crédit propofés, l'état feroit dans le cas en effet de liquider toutes fes dettes, fuivant l'objet de l'auteur, fans établir *aucun nouvel impôt*, fans *altérer les finances*, & fans rien faire perdre aux créanciers, ou du moins en ne leur faifant effuyer qu'une perte *volontaire*, momentanée & *infenfible*; qu'il en provient un très-grand avantage pour chacun d'eux, par la jouiffance accélérée de leurs fonds.

On infinue d'ailleurs que les particuliers, obligés par des revers inattendus d'avoir recours aux *ufuriers* ou *prêteurs fur gages*, trouveroient bientôt dans une des branches de cet établiffement des fecours prompts & gratuits : M. Roze fe réferve de le mettre au jour en temps & lieu.

Au furplus, l'auteur, pour donner plus de confiance au miniftere, annonce qu'il a remis en 1764 fon plan à découvert fous les yeux de MM. les juges confuls & des fix corps affemblés, pour être *réfuté*, *contefté* ou *applaudi*, & qu'il ne craint point d'avancer que d'après quelques obfervations auxquelles il s'eft foumis, ils l'ont tous unanimement regardé comme le plus *économique*, le moins *équivoque* & le plus *avantageux* au public, qui leur eut encore été préfenté jufqu'alors. Mais il convient que l'exécution de ce plan exige une manutention particuliere, d'où dépend le fuccès des opérations, que la briéveté d'un profpectus ne lui permet pas de déduire.

Pour ne rien laiffer à defirer, M. de Chantoifeau a la bonne foi de fe faire les objections les plus fortes qu'il puiffe s'imaginer, ou qui lui aient été faites. Elles font au nombre de fix, & il établit les réponfes à côté.

A la fin fe trouve un modele des billets de crédit public, qui conftitue leur façon, & met fous les yeux le méchanifme de l'opération.

5 Janvier 1770. Il eft venu des lettres d'Efpagne pour demander les ftatuts des écoles gratuites de deffin établies à Paris, & l'on juge qu'on veut en former de femblables dans ce royaume; ce qui fait infiniment d'honneur à M. de Sartines, protecteur de cette inftitution patriotique.

6 Janvier 1770. On continue les quolibets fur M. l'abbé Terrai. On dit que le roi va payer toutes fes dettes, parce qu'il a trouvé un tréfor enterré (*en Terrai.*)

7 Janvier 1770. Un nouveau thermometre a été préfenté au roi le 10 décembre dernier, & en conféquence on lui a donné le nom de *thermometre royal à quatre tubes.*

11 Janvier 1770. Extrait d'une lettre d'un chanoine de l'églife de Paris, du 8 janvier 1770.....
M. l'archevêque vient de nous donner pour confrere un curé (monfieur Bergier) des montagnes de la Suiffe, qui a beaucoup écrit contre les

philosophes de nos jours. On le dit homme de génie. Je ne connois pas encore ses ouvrages, dont il a fait présent au chanoine en se présentant ; mais à son allure je gagerois que ce n'est point un homme de ce monde......

12 *Janvier* 1770. Extrait d'une lettre de Châlons en Champagne, du 8 janvier 1770....... Les médaillons, Monsieur, dont est chargé le sieur Pigal, doivent représenter, l'un Minerve, offrant aux spectateurs le buste de madame la dauphine ; l'autre, celui de monsieur le dauphin, soutenu par le dieu *Mars*. Ceux qui ont vu les dessins les trouvent admirables ; ils prétendent que l'ouvrage sera d'un goût exquis, & que les têtes sur-tout auront la plus exacte ressemblance, & seront d'une vérité noble & intéressante. Le reste consiste en ornements, en trophées, &c. Nous comptons toujours jouir de ce beau monument pour le passage de madame la dauphine.

13 *Janvier* 1770. M. l'abbé Soumille, associé correspondant de l'académie royale des sciences de de Paris, &c. s'est flatté de trouver encore une plus grande précision dans le thermometre de comparaison, dressé suivant les principes de feu monsieur de Réaumur, si renommé dans cette partie. En conséquence, pour faire connoître d'une maniere plus sensible les plus petits changements de chaleur & de froidure qui s'operent dans l'air, il vient d'en construire un à quatre tubes, rangés sur un même tableau, & réglés avec tant d'harmonie que chacun marque à son tour le quart de la température ordinaire, & cela sans confusion, puisqu'il n'y en a jamais que deux qui marquent à la fois, chacun de ces

tubes ceſſant de marquer lorſque ſon voiſin commence.

14 *Janvier* 1770. La chûte du ſaint pere, le jour de ſon entrée à Rome, a été célébrée par Marphorio. On a gravé une eſtampe, où ſa ſainteté eſt repréſentée tombant de cheval, comme St. Paul; & St. Ignace, qui en eſt le témoin, lui rappelle ce trait de l'apôtre & lui crie: *Clément ! Clément ! pourquoi me perſécutes-tu ?*

15 *Janvier* 1770. Les comédiens François ont donné ſamedi la premiere repréſentation *des deux Amis*, drame bourgeois de monſieur Caron de Beaumarchais, annoncé depuis long-temps ſous différents titres, tels que *le bienfait rendu, le marchand de Londres, la tournée du fermier-général,* &c. Cette piece, prônée d'avance avec beaucoup d'emphaſe, a attiré une affluence prodigieuſe, & madame la ducheſſe de Chartres l'a honorée de ſa préſence. L'auteur y a fait entrer des ſcenes ſi analogues aux circonſtances du jour, qu'il avoit excité une curioſité générale. C'eſt une double banqueroute qui fait l'intrigue du drame; mais le ſujet, défectueux en lui-même, a encore plus révolté par la maniere dont il a été préſenté. On y a pourtant trouvé des ſcenes heureuſes & produiſant le plus tendre intérêt. Quoique les ſpectateurs en général paroiſſent avoir proſcrit cette piece, elle a encore des défenſeurs. Elle a eu un ſuccès plus marqué hier, mais qu'on attribue à un redoublement de cabale. S'il ſe ſoutient, on en parlera plus amplement.

16 *Janvier* 1770. M. l'abbé Chauvelin, ancien conſeiller de grand-chambre & conſeiller d'honneur du parlement, eſt mort avant-hier âgé de

54 ans. Né avec une complexion foible, & disgracié de la nature, il étoit épuisé par les plaisirs & par le travail. Coryphée tour-à-tour du théatre & du janfénifme, il s'étoit fait une grande célébrité par l'audace avec laquelle il avoit attaqué le coloffe des enfants d'Ignace. Le fuccès de fon entreprife l'avoit rendu très-recommandable dans ce parti. On avoit frappé des médailles, des eftampes, toutes plus emphatiques les uns que les autres, pour célébrer fon triomphe. Depuis quelque temps cependant, il étoit dans une forte d'oubli, occafioné peut-être par fa mauvaife fanté : il étoit attaqué d'une hydropifie de poitrine. Dimanche matin il s'eft levé comme à fon ordinaire, à fix heures. A huit il a donné audience à fes médecins ; il plaifantoit avec eux, lorfqu'il lui a pris une foibleffe, dans laquelle il a paffé, fans qu'il ait pu recevoir les facrements. Il étoit ancien chanoine de Notre-Dame, & doit en conféquence être enterré dans la cathédrale.

17 *Janvier* 1770. L'académie royale de mufique a fait afficher qu'elle ouvriroit inceffamment fon nouveau théatre par l'opéra de *Zoroaftre*, fans affigner aucun jour. Sur le livre des paroles on a indiqué le 23, avec un petit avertiffement qui n'annonce pourtant pas la chofe comme fûre. Du refte, on a pris toutes les précautions poffibles pour que la curiofité de cette ouverture ne foit pas nuifible aux fpectateurs. On déclare fur l'affiche en queftion, que le nombre de billets de chaque efpece fera aux trois premieres repréfentations ; & pour éviter l'inconvénient du nouvel ufage, d'envoyer retenir fes places par des valets-de-chambre, ou des laquais, ou même des Savoyards,

on ajoute qu'on ne rendra l'argent à personne, *conformément aux ordres du roi.*

18 *Janvier* 1770. Extrait d'une lettre de Brest, du 10 janvier..... Une actrice attachée au theatre de cette ville, intéressante par sa figure & par ses talents, & plus encore par un cœur romanesque, dont on ne laisse pas de trouver des exemples parmi ces demoiselles, mais envers des sujets de qui le choix ne fait pas toujours honneur à leur délicatesse, s'étoit épuisée pour secourir un officier dont la fortune ne répondoit pas à la tendresse. Ce procédé généreux étoit fait pour lui concilier de plus en plus la bienveillance des officiers de terre & de mer..... Pour la dédommager d'un aussi noble sacrifice, les plus ardents avoient imaginé de lui accorder une représentation ; mais dans leur enthousiasme ils s'étoient contentés de comploter la chose entr'eux, & n'avoient pas pris les voies convenables, en s'adressant aux chefs. Ces jeunes gens, emportés par le feu de l'age, ont demandé cette faveur pour l'héroïne, par acclamation & en plein spectacle. Un pareil esprit de licence a déplu aux gens graves, & la représentation a été refusée. Les auteurs du projet, piqués, sont convenus entr'eux de ne plus aller à la comédie, de se tenir à la porte & de huer tous ceux qui entreroient : ce qu'ils ont exécuté. Par suite du désordre ils ont manqué à M. l'intendant & à madame l'intendante, personnes qui leur en imposent peu d'ordinaire. Les commandants les ont punis sévérement. M. de Clugny, de son côté, s'est piqué de générosité ; il s'est élevé au dessus de ces miseres, il a demandé la grace des coupables, a sollicité leur sortie, &, dans la crainte des suites funestes que pourroit avoir pour eux leur

étourderie, a exigé des chefs qu'ils n'écrivissent point en cour. Il a poussé l'honnêteté jusqu'à prier à souper les jeunes gens. On croyoit tout appaisé & terminé, lorsqu'il est arrivé des ordres du ministre aux commandants respectifs de se rendre à la cour. Ils ont été vivement réprimandés de n'avoir point informé de tout ce qui s'étoit passé, & ont reçu ordre de chasser de Brest la jeune actrice.... Voilà la récompense de son héroïsme.

19 Janvier 1770. La requête à tous les magistrats du royaume, composée par trois avocats d'un parlement, est un ouvrage grave, purgé de toutes les mauvaises plaisanteries que M. de Voltaire a trop prodiguées depuis quelque temps dans les agréables productions qu'il ne cesse d'enfanter dans sa retraite.

Cette brochure-ci, écrite avec autant de chaleur que d'onction, est une espece de sermon moral, ou de plaidoyer en faveur du peuple. Après une peinture aussi vraie que touchante des calamités accumulées sur cette nombreuse portion de l'humanité, il attaque la *Quadragésime* & les fêtes; division naturelle de ce petit discours.

Quant au carême, il fait sentir l'absurdité de l'arbitraire dans les commandements de l'église, de laisser un homme maître à son gré de prescrire les aliments qu'on mangera, & de forcer à jeûner & à faire maigre des malheureux ne mangeant presque jamais de viande & toujours mourant de faim. Il exhorte les magistrats à décider si la différence du sol n'exige pas une différence dans les loix, & si cet objet n'est pas essentiellement lié à la police générale, dont ils sont les premiers administrateurs.

Dans cette premiere partie donc, le peuple domande la permission de vivre. Dans la seconde, il demande la permission de travailler, par la suppression de ces fetes, dont M. de Voltaire prouve l'inutilité, l'indécence & le danger. Il prouve encore que la puissance législatrice, ayant seule institué le dimanche, c'est à elle seule à connoître de la police de ce jour, comme de tous les autres; qu'en un mot, l'agriculture doit dépendre des magistrats, & non du sacerdoce; que c'est aux juges qui sont sur les lieux à examiner quand la culture est en péril, & non à un évêque renfermé indolemment dans son palais.

10 *Janvier* 1770. M. de Voltaire n'a pu se contenir avec la même réserve dans la petite brochure, intitulée: *les Adorateurs*, ou *les louanges de Dieu: ouvrage unique de M. Imhof, traduit du latin*. Il ne l'a pas soigné avec autant de sagesse que la *Requête aux Magistrats*, & l'esprit satirique de l'auteur y perce à chaque page. Cependant il y a d'excellentes choses. Des deux Adorateurs dialoguant ensemble, l'un est un profond raisonneur, qui disserte en philosophe sur l'existence de Dieu, son essence, le monde, & toutes les autres questions abstraites qui divisent depuis si long-temps les écoles, sans qu'on ait acquis de plus profondes connoissances en métaphysique. L'autre, guidé par une ame vive & active, admire moins & sent davantage. Il s'embarrasse peu de connoître, il demande à jouir: il paroît être pénétré de reconnoissance d'être un être végétant, sentant & ayant du plaisir quelquefois. Mais cette même faculté, qui le rend si pénétrable à la joie, le rend susceptible aussi de douleur; & comme il y a plus de mal que de bien dans cet univers, il gémit, il se plaint, & voudroit trouver le remede à tant
de

de choses qui l'affligent. C'est alors qu'il se sent obligé d'avoir recours aux réflexions, aux raisonnements de l'autre, qui lui donne beaucoup d'arguments & aucune consolation réelle : il l'exhorte à se résigner & à espérer ; il croit que tout est nécessaire comme cela, & finit par lui dire que, s'il connoît quelque chose de plus positif de le lui apprendre. Il résulte pour morale de ce traité, d'après le développement de la façon d'être de chacun des acteurs, que la sensibilité est sans doute le don du ciel le plus funeste, & qu'on doit préférer d'ergoter en aveugle comme le premier adorateur, avec une ame froide & seche, à sentir & à se contrister, ainsi que le second, avec un cœur trop ouvert à toutes les impressions. M. de Voltaire, dans un ouvrage aussi court & aussi frivole en apparence, a concentré les connoissances profondes d'une infinité de traités de métaphysique & de physique, &c. enrichies de toutes les graces d'une imagination brillante.

20 *Janvier* 1770. Les représentations successives *des deux Amis* ont encore essuyé beaucoup de contradiction. Dans l'une, à l'occasion de *l'imbroglio* fort mal développé du drame, un plaisant s'est écrié du fond du parterre : *Le mot de l'Enigme au prochain mercure*. L'auteur a cependant été obligé de faire beaucoup de changements, qui répugnoient à son amour-propre, mais que les comédiens ont exigé.

21 *Janvier* 1770. Après tous les délais dont on a parlé, il paroît définitivement arrêté que l'académie royale de musique ouvrira son nouveau théatre vendredi prochain 26 du mois, par l'opéra de *Zoroastre*. Outre l'affiche raisonnée qui paroît depuis quelque temps, on voit aujourd'hui

un placard détaillé, qui prescrit l'ordre & la marche de toutes les sortes de voitures qui seront dans le cas de passer dans ce quartier-là, pour quelque usage que ce soit. La police semble avoir prévu tous les cas possibles, & chaque cocher s'y trouve instruit exactement de tout ce qu'il a à faire, soit en rentrant, soit en sortant. Tant de précautions, résultat du génie étendu & de combinaison de ceux qui président à cette partie, sont une preuve en même temps des difficultés de la circulation dans ce nouvel emplacement, & d'un vice local, toujours très-grand pour un pareil spectacle.

Quant à la salle même, il y a déja eu plusieurs répétitions auxquelles ont assisté beaucoup d'amateurs. Tout le monde n'est pas sorti également satisfait ; bien des gens craignent qu'il n'en résulte un mauvais effet pour les voix, mais c'est le temps seul qui puisse apprendre à quoi l'on doit s'en tenir à cet égard. La forme apparente du lieu n'est pas dans le même cas. Jusqu'ici on avoit donné beaucoup d'éloges à la nouvelle salle, parce qu'elle n'avoit été vue que par les amis de l'auteur, ou par les amis de ses amis, &c. Aujourd'hui, qu'on ne peut plus la défendre aux regards des censeurs & des envieux, on la critique beaucoup, on en détaille les défauts sans nombre, & l'on conclut que, telle supérieure qu'elle soit aux autres, elle est mesquine, sans goût & n'annonce qu'un génie très-étroit dans le sieur Moreau, son inventeur.

23 *Janvier* 1770. Il paroît un écrit, intitulé: *Réflexions sur les divers Ecrits qui ont paru sur la compagnie des Indes*. On l'attribue à monsieur de Godeheu, ancien directeur de la compagnie

des Indes. Il a sans doute été destiné à éclairer les actionnaires avant l'assemblée, & à les disposer à voter favorablement pour la continuation de leur commerce. L'auteur établit sommairement : 1°. Qu'on doit continuer le commerce de l'Inde, puisque cette suppression procureroit à nos rivaux tous les ans une supériorité de vingt millions : 2°. Que ce commerce ne pouvant se faire que par une compagnie, l'état doit la dédommager politiquement de ses pertes, tant qu'elle ne lui sera pas à charge d'une somme plus considérable que celle calculée ci-dessus.

Il détruit ensuite radicalement la brochure intitulée : *Balance des services de la Compagnie des Indes envers l'état, & de l'état envers la Compagnie des Indes*, en affirmant que l'auteur est coupable d'une grande ignorance des faits, puisqu'il cite comme réels des dons imaginaires de la part du roi, & qui n'ont jamais existé que dans les arrêts du conseil, par une convention de forme, essentielle aux circonstances.

23 *Janvier* 1770. Le sieur d'Auberval, un des coryphées de la danse du théâtre lyrique, vient de faire construire dans sa maison un sallon qui lui coûte environ 45,000 livres, & que tout Paris va voir. Il est admirable par le goût, l'élégance & la richesse de sa décoration & des ameublements. Il y a en outre un jeu de méchanisme, au moyen duquel on peut, quand on veut, en faire une salle de théâtre. On n'admire pas moins le travail d'une espece de vestibule en bas, qui se monte & se démonte en dix minutes, & qui s'établit dans la cour pour mettre à couvert toute la livrée des gens qui assisteront aux bals, objet principal auquel ce sallon est destiné. Il paroît que

plusieurs femmes de la cour & des seigneurs voulant s'exercer de loin à briller aux divertissemens qui doivent avoir lieu lors du mariage de M. le dauphin, ont imaginé de faire des répétitions chez le danseur en question; que de-là est venu l'idée de la construction de ce sallon, & que pour se dédommager des frais d'un tel etablissement, le sieur d'Auberval a eu la permission de donner des bals. Il répand dans le public un prospectus de la souscription, dont on y peut voir les détails. Les princes se proposent aussi de se servir de ce lieu pour répéter également les fetes qu'ils voudront donner. Plusieurs se sont fait ménager des loges en cet emplacement, & l'on attend avec empressement l'ouverture de la nouvelle école chorégraphique.

23 *Janvier* 1770. Au commencement de 1674, Louis XIV fit demander au corps de la mercerie un secours d'argent: on proposa à ce corps en récompense le premier rang parmi les six corps, le droit de donner tous les ans plusieurs sujets au consulat, & l'affranchissement d'une espece de servitude à laquelle son commerce étoit assujetti depuis quelques années.

Le corps chargea les gardes en charge d'offrir au roi 50,000 livres & d'accepter l'affranchissement de la servitude du commerce, mais de déclarer que content de son rang entre les six corps, & de l'usage établi pour le consulat, il prioit qu'il n'y fût rien changé.

Peu de temps après M. de Colbert annonça aux gardes en charge, &c. que le roi, content du zele que le corps avoit témoigné pour son service, leur *rendoit* les 50,000 livres, & leur donnoit deux mille écus pour faire prier Dieu pour fa majefté, décorer leur chapelle & boire à fa fanté.

En conféquence les gardes firent célébrer dans l'églife du Sépulcre les prieres de quarante heures pour S. M. & pour la profpérité de fes armes. Cela fe fit avec la plus grande folemnité.

Tous les jours il y eut au bureau une table de vingt couverts, à laquelle dînerent les prélats qui avoient officié & les prêtres de leur fuite. On manda toutes les pauvres familles des marchands, auxquelles on diftribua des aumônes.

Enfin, pour remplir entiérement les vues du roi, ils firent décorer la chapelle des marchands merciers par un tableau du celebre le Brun, qui fe voit au rétable du maître-autel du Sépulcre.

Le dernier jour des quarante-heures on apprit que la citadelle de Befançon s'étoit rendue le 12 mai. Dans les réjouiffances publiques pour cet événement, on fit un grand feu de joie devant la porte du bureau & de chacun des gardes en charge, chez lefquels il y eut jufqu'à deux heures après minuit table ouverte pour les honnêtes gens. Au dehors on diftribua des bouteilles de vin à tous ceux qui en voulurent, & on ne laiffoit paffer perfonne fans les faire boire à la fanté du roi.

Ces fêtes furent répétées pour la prife de Dole, rendue le 6 juin. Il y eut de plus au bureau une grande collation, à laquelle M. le lieutenant-général de police, M. le procureur du roi & les anciens gardes furent invités.

Pour tranfmettre les témoignages publics de leurs fentiments, pour S. M., les marchands merciers prierent M. de Santeuil de faire un poëme fur ce fujet; M. Corneille voulut bien le traduire.

C'est ce poëme & cette traduction qu'on vient de remettre au jour, sous le titre de *Poëme à la louange de Louis XIV, présenté par les gardes des marchands merciers de la ville de Paris*, avec une magnificence typographique digne du sujet.

On a placé en tête l'historique de l'anecdote ci-dessus, amplement détaillée dans un regiftre d'anciennes délibérations du bureau de la mercerie, & très-curieuse par le fond & par plusieurs circonstances, que le lecteur remarquera facilement. Quant au poëme, il est en aussi beau latin qu'on en pouvoit faire dans 17e. siecle. La traduction est de Corneille, comme on l'a observé, c'est-à-dire, qu'il y a de très-beaux vers, mais en général beaucoup d'incorrection, d'emphase & peu de sentiment.

24 *Janvier* 1770. Les comédiens Italiens donnent depuis quelque temps *l'Arbre enchanté*, comédie Italienne en cinq actes, avec grand spectacle & divertissement. Cette piece attire beaucoup de monde, & acheve de leur donner chambrée complete, même à leurs plus mauvais jours. Arlequin y joue un grand rôle, non par ses lazzis, mais avec sa baguette. Les yeux sont le seul sens qui s'y satisfasse. Il y a une multitude de magnifiques décorations : le jeu s'en exécute avec beaucoup de rapidité & de précision, & le machiniste est l'auteur qui retire le plus de gloire de cette comédie, qui n'est proprement qu'une optique.

25 *Janvier* 1770. Le fameux réglement concernant la circulation des voitures pour les six premieres représentations de l'académie royale de musique dans sa nouvelle salle, n'est pas seulement le résultat de quelques têtes subalternes de commis;

M. le maréchal duc de Biron, comme colonel des Gardes-Françoises, garde principale des spectacles de Paris; M. le comte de St. Florentin, comme secretaire d'état ayant le département de cette ville; & M. de Sartines, comme lieutenant-général de police, ont eu plusieurs comités sur cet objet, & le premier n'a pas dédaigné d'aller en personne visiter, à cheval, le local & tous les postes. Au moyen de tant de précautions & de l'activité patriotique du zele de ces messieurs, on se flatte que rien ne troublera l'ordre & la tranquillité des évolutions des carrosses.

26 *Janvier* 1770. Enfin la fameuse salle nouvelle de l'opéra s'est ouverte aujourd'hui, & au moyen des précautions multipliées qu'on avoit prises, le concours prodigieux des spectateurs & des voitures s'est exécuté avec beaucoup d'ordre. Une grande partie du régiment des Gardes étoit sur pied extraordinairement. Les postes s'étendoient depuis le Pont-Royal jusqu'au Pont-neuf, c'est-à-dire, environ jusques à un quart de lieue de l'opéra; ce qui ne pouvoit manquer d'opérer une circulation très-libre dans les entours du spectacle si couru; mais ce qui a gêné désagréablement tout le reste de Paris. La police n'a pas été si bien exécutée pour la distribution des billets. Outre le tumulte effroyable que l'avidité des curieux occasionoit, il a redoublé par la petite quantité qu'on en a distribué, soit du parterre, soit d'amphithéatre. MM. les officiers aux Gardes, les gens de la ville & les directeurs avoient accaparé la plus grande partie des billets. Cette interversion de la regle ordinaire a courroucé M. le comte de St. Florentin, qui, comme chargé du département de Paris, avoit donné les ordres les plus

justes à cet égard. Une autre supercherie n'a pas moins indisposé le public, c'est aussi la transgression de l'arrangement pour la quantité de billets, la cupidité en ayant fait lâcher beaucoup plus que le nombre fixé, le parterre s'est trouvé dans une gêne effroyable, & le premier acte, ainsi que partie du second, ont été absolument interrompus par les cris des malheureux opprimés. Indépendamment de ces raisons de mécontentement des spectateurs, la salle a essuyé beaucoup de critique; on a trouvé l'orchestre sourd, les voix affoiblies, les décorations mesquines, mal coloriées & peu proportionnées au théatre; les premieres loges trop élevées, peu avantageuses pour les femmes, le vestibule indigne de la majesté du lieu, les escaliers roides & étroits. En un mot, un déchaînement général s'est elevé contre l'architecte, le machiniste, le peintre, les directeurs & les acteurs; car cet opéra, très-beau en lui-même, a paru tout-à-fait mal remis. Il n'y a que les habillements & les danses qui aient trouvé grace & reçu beaucoup d'applaudissements.

28 *Janvier* 1770. Les comédiens François ont donné avant-hier la premiere représentation du *Marchand de Smyrne*, petite piece en un acte & en prose, avec ses agréments. Ces histrions avoient annoncé le drame en question avec les plus grands éloges, & l'un d'eux avoit osé assurer l'avant-veille, en plein foyer, qu'il auroit un succès prodigieux. Quoique le public soit partagé à l'égard de la piece, on paroît convenir généralement que c'est très-peu de chose, & qu'elle ne mérite pas l'annonce amphatique qu'en faisoient les acteurs. Elle est du sieur de Chamfort, jeune homme qui mérite quelqu'encouragement.

19 *Janvier* 1770. On vient de rendre public, par la voie de l'impression, tout ce qui s'est passé au parlement concernant la compagnie des Indes; savoir: 1°. La dénonciation de l'arrêt du 13 août, faite par un de messieurs, à l'assemblée des chambres, le 19 du même mois; ensemble son récit & ses réflexions: 2°. Le procès-verbal de ce qui s'est passé le 21, jour de l'interrogatoire des syndics, directeurs & députés de la compagnie des Indes, ainsi que des députés du commerce: 3°. Les représentations du parlement, ordonnées dans l'assemblée du 22 août, arrêtées le 31 dudit mois, & faites au roi de vive voix le 3 septembre 1769, par M. le premier président: 4°. Enfin la réponse du roi, du 3 septembre, dont M. le premier président a rendu compte le 4, & dont il a été fait regiftre par l'arrêté dudit.

Le ministere & l'administration sont également fâchés d'une publicité qui dévoile au grand jour des choses dont on auroit voulu dérober la connoissance au public, & aux actionnaires sur-tout, & dont par une réticence très-condamnable on avoit omis le détail dans le compte rendu à l'assemblée des actionnaires du mardi 23.

30 *Janvier* 1770. Les carrosses de madame la dauphine font la curiosité du jour. Les amateurs vont les voir chez le sieur Francien, sellier, où l'on doit les emballer incessamment pour les envoyer à Vienne. Ce sont deux berlines, beaucoup plus grandes que les carrosses ordinaires, mais plus petites que ceux du roi. Elles ne sont qu'à quatre places. Elles ont huit places. L'une est revêtue d'un velours ras cramoisi en dehors, où sont brodées en or les quatre saisons sur les principaux

C 5

panneaux, avec tous les attributs relatifs à la fête. L'autre est en velours bleu de la même espece, & représente les quatre éléments, en or aussi. Il n'y a aucune peinture dans tout cela; mais l'ouvrage de l'artiste est d'un fini, d'un recherché qui équivaut presque à ce bel art. Les couronnements sont très-riches : l'un des deux même paroît trop lourd. L'impériale est surmontée de bouquets de fleurs en or de diverses couleurs, dont le travail n'est pas moins précieux. Ils sont d'une souplesse qui les fait agiter au moindre mouvement, & les rend flexibles au gré du plus léger souffle. Le sieur Trumeau est l'auteur de toute la broderie, aussi élégante que magnifique; & M. le duc de Choiseul, comme ministre des affaires étrangeres, a ordonné ces superbes équipages, qui font infiniment d'honneur au goût de ce ministre.

31 *Janvier* 1770. Le carrosse de M. l'évêque de Tarbes ayant, dans un embarras, accroché & maltraité un fiacre, au point de ne pouvoir conduire une dame qui étoit dedans, le prélat, jeune & galant, après s'être confondu en excuses, a descendu de sa voiture, a déclaré à la dame qu'il ne souffriroit pas qu'elle restât à pied, lui a donné la main pour monter dans son carrosse, & lui a demandé où elle vouloit être conduite? Il s'est trouvé que cette personne alloit à l'hôtel de Praslin, chez le sieur Beudet, secretaire de la marine. Ce dernier est de la connoissance de l'évêque, qui a offert ses services à la dame auprès de ce commis, & a dit qu'il profiteroit de l'occasion pour le voir & la ramener chez elle. Arrivé à l'hôtel, monseigneur a donné la main à la dame, ce qui a beaucoup fait rire tous les domestiques; mais les éclats ont encore plus redoublé de la part des

spectateurs, quand on a introduit ce couple chez le sieur Beudet, qui, lui-même, auroit bien voulu éviter la publicité de cette visite...... Quoi qu'il en soit, l'évêque intrigué des ricanements, des chuchottements qu'il voyoit, a insisté pour en avoir l'explication, & l'on n'a pu lui dissimuler que la femme dont il s'étoit si charitablement chargé, étoit une certaine *Gourdan*, très-renommée par la qualité de surintendante des plaisirs de la cour & de la ville...... On sent bien que le prélat n'en a point demandé davantage, qu'il n'a point insisté pour la ramener, & que s'il l'est allé voir depuis, ç'a été dans le plus parfait incognito. Cette anecdote, qui paroît sûre, fait infiniment d'honneur à M. de Tarbes, dont les confreres n'auroient pas tous également méconnu cette célebre entremetteuse.

1 *Février* 1770. Les libraires répandent un mémoire à consulter pour les libraires associés à l'Encyclopédie, dans lequel ils demandent au conseil :

1°. Si les libraires associés à l'Encyclopédie ont rempli avec fidélité leurs engagements envers les souscripteurs ? Si leur conduite est pure & exempte de tout reproche, soit de la part des souscripteurs, soit de la part du public ?

2°. Si le contenu dans les pages 27, 28 & 30 d'un mémoire imprimé, ayant pour titre : *Derniere réponse signifiée & consultation pour le sieur Luneau de Boisjermain, contre les syndic & avocats des libraires de Paris*, forme une diffamation caractérisée & répréhensible ?

3°. Quelle est la voie que doivent prendre les libraires associés à l'Encyclopédie pour obtenir la réparation que le conseil estimera leur être due ?

A quoi huit avocats, par une consultation du 7 janvier, ont répondu :

Sur la premiere question, que la conduite des libraires associés à l'Encyclopédie envers les souscripteurs de cet ouvrage, est pure, exempte de tout reproche, & digne de bons & honnêtes commerçants.

Sur la seconde question, que le mémoire contre lequel réclament les libraires, contient une diffamation caractérisée & répréhensible en certains endroits ; qu'il n'est pas possible d'y faire à des commerçants des imputations plus graves, de leur porter des coups plus propres à les décréditer, & les outrager plus sensiblement.

Sur la troisieme question, que c'est à la procédure criminelle qu'ils doivent avoir recours, & que la route leur est tracée par les ordonnances.

2 *Février* 1770. M. Baculard d'Arnaud, accoutumé à traiter les sujets les plus lugubres, vient de faire paroître un drame, qui, sous des noms différents, n'est autre chose que la *Gabrielle de Vergy* de M. de Belloy ; & par une adresse singuliere il l'a gagné de vîtesse, & en inonde le public avant que son confrere se soit montré en lumiere. On prétend qu'il a assisté à la lecture de la tragédie de M. de Belloy ; que s'étant bien rempli du cannevas, des incidents & de la catastrophe de la piece, il n'a pas eu de peine à composer la sienne. Quoi qu'il en soit, outre le mérite de l'invention que M. d'Arnaud a par le fait, sans discuter dans quel cerveau le drame est né le premier, il a celui de la versification, qui, malgré la langueur & la monotonie qui y regnent, n'est point barbare comme celle de l'autre.

3 *Février* 1779. On vient de rendre publiques par

la voie de l'impression, les très-humbles & très-respectueuses représentations du conseil souverain du Port-au-Prince, concernant les milices. Ce sont ces représentations que les magistrats étoient occupés à lire & à arrêter, lorsque M. le chevalier de Rohan fit investir le palais & enlever douze de ces messieurs. Cette publicité ne peut que faire infiniment d'honneur aux magistrats intrépides, qui défendent avec autant d'éloquence que de raison les intérêts d'une colonie gémissante sous le poids du despotisme de deux gouverneurs successifs. On y peint de couleurs vives & énergiques leur administration effroyable & monstrueuse; on fait voir par-tout les droits des citoyens violés, la justice avilie & méprisée, les militaires substitués à la magistrature, & la force à la loi. Comme une pareille réclamation inculpe nécessairement de la façon la plus grave M. le comte d'Estaing & M. le chevalier prince de Rohan; qu'en rendant compte des faits il n'a pas été possible de ne pas jeter beaucoup d'odieux sur leurs personnes, cet écrit est recherché très-sévérement par la police; & la famille des Rohan sur-tout voit avec douleur le gouvernement d'un seigneur de sa maison voué à l'exécration générale des habitants de St. Domingue, exécration qui s'étendra jusques à la postérité la plus reculée.

4 *Février* 1770. A mesure que les opérations de M. l'abbé Terrai se développent, les malédictions publiques s'accumulent sur sa tête. Plusieurs malheureux d'entre le peuple osent dans leur désespoir se livrer contre lui, tout haut, aux plaintes les plus énergiques & aux résolutions les plus sinistres. Les magistrats patriotes, à portée de voir ce ministre, ne lui déguisent pas toute l'horreur

que leur inspirent la violence & l'arbitraire de ses dispositions. M. le président Hocquart se trouvant à dîner avec lui chez M. le président, sur ce que cet abbé, en parlant de ses opérations forcées, prétendoit qu'il falloit saigner la France, lui répondit vivement: *Cela se peut; mais malheur à celui qui se résout à en être le bourreau!*

Du reste, on en rit, on en plaisante à la manière françoise. Le jour de l'ouverture de l'opéra, où les premiers arrêts du conseil venoient de paroître, comme on étouffoit dans le parterre, qu'on y étoit dans une gêne effroyable, quelqu'un s'écria: *Ah! où est notre cher abbé Terrai? Que n'est-il ici pour nous réduire de moitié!*..... Sarcasme qui, sous l'apparence d'un mauvais quolibet, devroit être bien douloureux pour ce ministre, auquel il annonce que son image nous tourmente jusques aux lieux les plus agréables, & empoisonne même nos plaisirs.

5 *Février* 1770. M. Petit n'a pas voulu rompre le serment qu'il avoit fait de ne pas répondre au docteur Bouvard, quoique celui-ci l'en eût relevé. Mais il a adroitement mis sa cause entre les mains de M. le Preux, un de ses éleves. Par ce moyen il n'y court aucun risque. Si la réponse est foible, on saura toujours gré au jeune médecin d'avoir défendu son maître, & cela fera du moins honneur à son cœur. Si cet écrit est victorieux, tout l'honneur en reviendra à M. Petit, qu'on se doute bien avoir inspiré son apologiste. Cet écrit va paroître incessamment.

5 *Février.* On est toujours curieux de tout ce qui sort de la bouche de Mlle. Arnoux, le Piron femelle pour les ripostes & les saillies. M. Caron de Beaumarchais, l'auteur des *Deux Amis,*

dénigroit l'opéra actuel devant elle: *Voilà*, difoit-il, *une très-belle falle, mais vous n'aurez perfonne à votre* Zoroaftre. —— *Pardonnez-moi*, reprit-elle, *vos deux amis nous en enverront*.

6 *Février* 1770. *Inftruction du gardien des capucins de Ragufe à frere Pediculofo, partant pour la Terre-Sainte*. Tel eft le titre d'un pamphlet de M. de Voltaire, qui n'a rien de nouveau que le nom, & la tournure vive & piquante fous laquelle il réfume en 20 paragraphes, d'une maniere énergique & ferrée, les abfurdités, les horreurs & les infamies fans nombre dont il prétend que fourmillent les deux teftaments.

Dans un autre, qu'il appelle *Tout en Dieu*, & qu'il donne pour un commentaire fur Mallebranche, après avoir développé les loix de la nature, le méchanifme des fens, celui de nos idées, il prouve que Dieu fait tout; que toute action eft de Dieu; qu'il eft inféparable de toute la nature; & fon réfultat eft que le fyftême du pere de l'Oratoire n'eft autre chofe que le matérialifme, fi conforme au bon fens & à la plus faine métaphyfique. Il y a une érudition finguliere dans ce petit ouvrage, qu'il plaît à l'auteur d'attribuer à M. l'abbé *Tilladet*.

7 *Février* 1770. *Le Dépofitaire*, la nouvelle comédie en cinq actes, de M. de Voltaire, a été lue, il y a quelque temps, par le fieur Molé, à l'affemblée des comédiens, fans qu'ils fuffent quel en étoit l'auteur. Elle leur a paru fi baffement intriguée, fi platement écrite, qu'elle a été refufée généralement, & que plufieurs fe font permis des réflexions plaifantes. L'un vouloit la faire jouer chez Nicolet, l'autre aux capucins, &c. L'aréopage a été confondu quand le lecteur leur a appris

quel en étoit l'auteur : par respect pour ce grand homme, ils ont déclaré qu'ils la joueroient s'il l'exigeoit ; mais ils ont persisté à la trouver détestable ; & les amis de M. de Voltaire l'ont retirée.

9 *Février* 1770. *Dialogue sur le commerce des bleds.* On voit que la *pluralité des mondes* a servi de modele à cet ouvrage ; mais celui-ci surpasse l'autre de bien loin L'auteur y discute avec une finesse, une sagacité merveilleuse les questions les plus abstraites de l'économie politique. Il répand sur ces matieres des vues lumineuses & profondes, qu'il sait concilier avec toute la gaieté vive & brillante de l'homme du monde le plus frivole. Ses transitions sont heureuses, ses tournures vives & piquantes : il se joue de la matiere, & prouve trop bien qu'en fait d'administration, comme dans tout le reste, on peut, avec de l'esprit, soutenir également le pour & le contre : que ce n'est point par les principes d'une philosophie pédantesque & exclusive qu'on gouverne les états, & que le meilleur législateur est celui qui s'accommode aux temps, aux lieux, aux circonstances, & dont la sagesse versatile au gré des événements sait se soumettre aux choses, & non vouloir soumettre les choses à elle-même. Il paroît que ce traité est spécialement dirigé contre les économistes, dont l'écrivain adopte quelques idées, mais rejette l'esprit systématique. Il applaudit à la bonté de leur cœur, à l'honnêteté de leurs motifs ; mais il couvre d'un ridicule indélébile cette complaisance pour eux-mêmes, ce mépris injurieux pour leurs adversaires, qui regnent dans tous leurs ouvrages. Ces messieurs sont vivement affectés de ces dialogues écrits en style socratique, c'est-à-dire,

dont l'ironie fait la figure dominante. Ils se disposent à répondre, mais on doute qu'ils le fassent avec succès. M. l'abbé Galiani, secrétaire d'ambassade de Naples, est l'auteur des dialogues en question.

12 *Février* 1770. Les comédiens François se disposent à remettre au théatre *Athalie*, avec les chœurs & toute la pompe du spectacle. L'abbé Gauzergue, musicien estimé pour la musique d'Eglise, est chargé de refaire celle de cette tragédie. On doit commencer les répétitions dès ce carême, & l'exécution doit s'en faire à Versailles dans la nouvelle salle, pour le mariage de M. le dauphin.

13 *Février* 1770. Une jeune personne ayant écrit en vers à M. de Voltaire, ce patriarche du parnasse, reprenant sa lyre, a répondu par ceux-ci:

<blockquote>
Ancien disciple d'Apollon,
J'étois sur les bords du Cocythe,
Lorsque le Dieu de l'Hélicon
Dit à sa muse favorite,
Ecrivez à ce vieux barbon.
Elle écrivit. Je ressuscite.
</blockquote>

14 *Février* 1770. M. Luneau de Boisjermain dont on a rapporté la premiere contestation avec les libraires, vient de gagner contr'eux en la chambre de police du châtelet. La saisie faite sur lui a été déclarée irréguliere & nulle. En conséquence ses adversaires sont condamnés envers lui à cent écus de dommages & intérêts, mais on ordonne en même temps la suppression des expressions injurieuses du mémoire de Me. Linguet.

Reste à juger l'incident, plus grave que le fonds,

puisqu'il ne s'agit de rien moins que d'une action criminelle, intentée par les libraires associés à l'Encyclopédie, contre M. Luneau de Boisjermain, comme auteur d'imputations qui réunissent tous les caracteres de la diffamation la plus répréhensible, à l'occasion d'exactions dont il les accuse, relativement aux souscripteurs de ce dictionnaire. Ce second procès est pendant pardevant M. le lieutenant-criminel du Châtelet.

Au surplus, les libraires, quelque chose qui arrive, ne tendent pas moins qu'à ruiner ce malheureux auteur, par une manœuvre à laquelle il lui est presque impossible de se soustraire sans les secours les plus pressants; ils achetent toutes les créances qui se trouvent contre lui à Paris, & profitent de ces titres pour le traiter de Turc à Maure, & renverser de fond en comble l'édifice très-chancelant de sa fortune.

15 *Février* 1770. M. l'abbé Galiani, auteur des *Dialogues* dont on a parlé, *sur le commerce des bleds*, n'est plus secretaire d'ambassade de Naples. On prétend que le ministere, fatigué des lazzis continuels de cet abbé, d'une politique très-plaisante, sur le gouvernement, l'a obligé de retourner en Italie, en lui déclarant qu'il n'avoit rien à craindre du ressentiment de la France, & même en le pensionnant.

17 *Février* 1770. Le sieur Paulin, acteur de la comédie Françoise, est mort il y a quelque temps. C'étoit un médiocre acteur pour le tragique. Dans le comique il faisoit assez bien les rôles de paysan. On a su à sa mort qu'il avoit été bas-officier des invalides. En conséquence il a joui d'un honneur singulier pour un comédien, & a eu l'épée croisée sur son cercueil.

18 *Février* 1770. Le comédiens Italiens ont affiché pour demain la premiere représentation de *Sylvain*, comédie en un acte & en vers, mêlée d'ariettes. On annonce depuis long-temps avec les plus grands éloges ce drame, dont la musique est du sieur Gretry. L'auteur des paroles est monsieur Marmontel. Il est assez plaisant de voir le grave auteur de *Bélisaire*, après s'être consacré dans sa jeunesse à faire hurler Melpomene sur le théatre François, se livrer sur ses vieux jours à l'opéra comique. Il est vrai qu'on prétend qu'il n'est que le prête-nom de ce nouvel ouvrage, ainsi que de *Lucile*, dont les paroles passent pour appartenir constamment à M. le duc de Nivernois.

19 *Février* 1770. Il se répand un nouveau livre en deux volumes *in-8°*. petit caractere, qui a pour titre : *le système de la nature, par M. de Mirabeau, secretaire perpétuel de l'académie Françoise*. Ce traité, extrêmement proscrit, est *l'Athéisme prétendu démontré*. Ceux qui l'ont lu, le trouvent fort inférieur à la *Lettre de Trasibule à Leucippe*, qu'on sait avoir le même objet pour but. Les gens religieux gémissent de voir avec quelle audace & avec quelle profusion on répand aujourd'hui des abominables systêmes qui, du moins autrefois, restoient consignés dans des manuscrits poudreux, & n'étoient connus que des savants.

21 *Février* 1770. Il y a quelque temps qu'une novice du couvent de l'Assomption, à la veille de prononcer ses derniers vœux, se pendit en présence de ses pere & mere obstinés à forcer sa vocation. Du moins le fait a passé pour constant. M. de la Harpe, voyant que la nation se familiarisoit insensiblement avec toutes les horreurs, a fait de celle-ci un drame en trois actes, intitulé

la *Religieuse*. Comme une pareille piece ne pouvoit être jouée sur le théatre de Paris, l'auteur a eu recours à la protection de M. le duc de Choiseul pour la faire imprimer. Ce ministre lui a répondu par une lettre obligeante & ingénieuse: il s'y défend de lui accorder la grace demandée, qui dépend de M. le chancelier; mais il lui marque en même temps qu'il se retient pour son libraire, & lui envoie en conséquence mille écus à compte sur l'édition.

21 *Février* 1770. M. l'abbé Thierri, chancelier de l'église de Paris, &, en cette qualité, chancelier de l'université, a fait dimanche ce qu'on appelle la clôture de la licence de théologie. Un docteur lui a présenté tous les sujets de ce cours scholastique, & lui a demandé pour eux, suivant l'usage, sa bénédiction. Durant le cours de la cérémonie, le chancelier prononce un discours. Dans celui de cette année, M. l'abbé Thierri a inséré un pompeux éloge de M. l'archevêque de Paris; il l'a comparé à *Thomas Pecquet*, archevêque de Cantorbery. Ce parallele n'a pas plu à tout le monde. On a trouvé que ce n'étoit pas le temps de rappeller la fermeté, ou plutôt l'opiniâtreté d'un prélat, qu'on convient aujourd'hui avoir porté un peu loin les prérogatives ecclésiastiques contre les droits de la royauté.

Le lendemain, le chancelier a donné un grand repas d'étiquette à tous les *pantoufliers*; c'est ainsi que les abbés petits-maîtres appellent les docteurs & suppôts de Sorbonne.

23 *Février* 1768. On continue les quolibets: on dit que M. l'abbé Terrai est sans *Foi*, qu'il nous ôte l'*Espérance* & nous réduit à la *Charité*.

M. l'abbé Terrai, malgré les soins du ministere, a aussi des saillies. On raconte qu'un coryphée de l'opéra pour le chant, pensionnaire du roi, ayant été solliciter le contrôleur-général pour son paiement, il lui avoit répondu *qu'il falloit attendre ; qu'il étoit juste de payer ceux qui pleuroient, avant ceux qui chantoient.*

24 Février 1770. C'est une fureur pour entendre la lecture de la tragédie intitulée *la Religieuse*, de M. de la Harpe. On s'arrache cet auteur ; il ne peut suffire aux dîners ou soupers auxquels on l'invite, & dont ce drame fait toujours le meilleur plat. On assure qu'il est très-bien fait, & qu'on ne peut se refuser à s'attendrir jusqu'aux larmes à cette lecture intéressante. Les acteurs sont *le Pere, la Mere, la Religieuse, l'Amant* & *le Curé*. Quoi qu'il en soit, ces éloges de cotterie sont toujours suspects, & d'ailleurs M. de Fontenelle a devancé cet auteur pour l'invention, dans sa tragédie de *la Vestale* : même sujet que celui-là, traité d'une façon plus décente & plus susceptible d'être adapté au théatre.

25 Février 1768. La comédie Françoise doit donner sur le théatre de la cour aux fêtes du mariage de M. le dauphin, outre *Athalie*, dont on a parlé, la comédie de l'*Inconnu*, de Thomas Corneille, piece en cinq actes, avec spectacle & divertissements. C'est encore l'abbé Gauzergue qui doit en refaire la musique.

L'opéra exécutera *Castor & Pollux*, & *Persée*. Ce dernier a été réduit en quatre actes, & c'est M. Joliveau, ci-devant secrétaire perpétuel de l'académie royale de musique, aujourd'hui l'un de ses directeurs, qui s'est chargé du soin de réformer le poëme de l'immortel Quinault. On se doute bien que la musique de Lully ne sera point épargnée, & qu'il faudra renforcer de toutes parts cet ouvrage tombé en vétusté. On a déja fait sur le théatre des menus quelques répétitions de ce dernier opéra.

26 *Février* 1770. Si l'on est mécontent de la nouvelle salle de l'opéra, les curieux vont s'en dédommager en foule à Versailles & y admirer la magnifique salle qu'on vient d'y construire. Indépendamment du beau coup d'œil qu'elle présente, de sa coupe avantageuse & de la magnificence de son ensemble, le méchanisme de son intérieur offre des détails immenses & admirables à ceux qui s'y connoissent. On peut en faire également & promptement une salle de spectacle, une salle de banquet royal & une salle de bal. Le roi veut que cela ait lieu dès le premier jour. Toute cette partie du travail appartient au sieur Arnoux, ci-devant machiniste de l'opéra, mais qui malheureusement trop occupé de la salle de Versailles n'a pu donner ses lumieres pour celle de Paris, qui ne se ressent que trop de son absence.

28 *Février* 1770. MM. les chanoines de l'église de Paris, en reconnoissant dans M. l'abbé Bergier, leur nouveau confrere, toutes les qualités d'un bon prêtre, se plaignent qu'il ne soit pas un homme de ce monde, & qu'il n'ait rien de ce liant, de cette aménité qui constituent les agréments de la société. Sans discuter ce que peuvent valoir ces reproches, on se contentera de dire que M. l'archevêque de Paris ne tardera pas à mettre en œuvre ce savant laborieux. On présume que le projet du prélat est de s'en servir pour proscrire successivement & en détail cette

multitude de livres impies dont les presses étrangeres nous inondent sans interruption, & par des mandements, forts de preuves & de raisonnements, repousser les attaques des incrédules & défendre la foi des fideles, malheureusement trop ébranlée. M. Bergier a déja montré ses talents pour ce genre de combat contre M. de Voltaire, & les secours qu'il trouvera dans la capitale ne serviront qu'à le rendre plus propre à soutenir la belle cause qu'il défend.

2 *Mars* 1770. M. de Voltaire, pour préliminaire de la farce spirituelle qu'il se propose de jouer vraisemblablement pour la troisieme fois à pâque prochain, vient de se faire nommer pere temporel des capucins de la province de Gex. Ces bons peres, qu'il a tant baffoués, & sous le nom desquels il a fait paroître tant de brochures impies & scandaleuses, sont aujourd'hui sous sa protection. On sait que le devoir de cette place est de soutenir l'ordre, de le défendre. En conséquence il sollicite ordinairement les plus grands seigneurs de vouloir bien l'accepter. M. le comte d'Argenson étoit pere temporel des capucins de la province de France, & M. le marquis de Voyer, son fils, a bien voulu le remplacer. Le patriarche de la littérature vient d'apprendre la nouvelle en question à plusieurs de ses amis, & il en rit dans différentes lettres, où il en parle avec cette grace & cette légéreté qui lui sont propres.

3 *Mars* 1770. Le Vauxhall des Champs Elysées, ce vaste monument qui a essuyé tant de contradictions, repris & interrompu plusieurs fois, vient de reprendre enfin une nouvelle activité, au moyen d'autres souscripteurs que les entrepre-

neurs ont persuadé de la majesté, de l'utilité & de la sûreté de leur projet. On espere toujours que ce Colysée sera fini pour le mariage de M. le dauphin, & que la ville y donnera des fêtes à ce sujet.

Le peu de succès de celui de la foire St. Germain expose les entrepreneurs à perdre la plus grande partie de leurs fonds; mais le gouvernement, qui sent les avantages, & la douceur pour le public de ces voluptueux établissements, pour encourager leurs auteurs, accorde à ceux-ci toutes les facultés possibles, afin de ramener les amateurs refroidis. Ils ont imaginé une loterie, qui a commencé avant-hier. Au billet que l'on donne à la porte pour y entrer, & qui ne coûte qu'un écu, comme à l'ordinaire, on joint un numéro, jusqu'à la quantité de 1,200. Ces numéros auront part à un tirage & concourreront à la distribution de douze lots en bijoux, de la valeur en total de 600 livres, qu'on paiera en argent à ceux qui l'exigeront. Cette loterie doit se tirer à une heure fixe, quelque nombre qu'il y en ait en diminution, sans qu'il puisse jamais excéder celui de 1,200. Deux enfants feront le tirage en présence des spectateurs, & cette amusette sera un nouveau véhicule pour attirer les assistants, qu'elle occupera.

4 Mars 1770. Il paroît un mémoire imprimé sur *la construction d'un théâtre pour la comédie Françoise*, accompagné d'un plan. L'auteur de cet écrit, fort bien rédigé, adopte l'emplacement de l'hôtel de Condé, que va quitter le prince qui l'occupe. Le projet, loin de répondre à la grande idée qu'il présente, se réfute de lui-même. Il jetteroit dans une dépense très-considérable pour édifier un magnifique monument, où il seroit très-

difficile

difficile d'aborder pendant les grandes chaleurs, comme dans les grandes gelées, & ne feroit que gêner la circulation des voitures publiques qu'il veut éviter. On fait que c'est par-là que doivent déboucher les rouliers venant d'Orléans, & autres voitures de charge dont cette grande route abonde, & nécessités à ne passer alors que dans les rues adjacentes; les issues en seroient beaucoup plus resserrées & sujettes à des engorgemens dangereux. On est surpris que ces considérations n'aient pas frappé l'auteur du projet, qui semble un homme d'esprit. Celui de mettre la comédie au carrefour de Buffy, paroît réunir seul jusqu'à présent la commodité publique, l'utilité générale, & l'embellissement du quartier, sans nulle dépense pour l'état & pour la ville, & par une finance prise sur la chose même.

En attendant que le ministere se décide, la translation des comédiens François à la salle des Tuileries, sur le théatre où l'on jouoit l'opéra, est certaine. Ainsi l'on présume que les travaux à faire à la nouvelle salle d'opéra seront exécutés dans l'espace de trois semaines.

5 *Mars* 1770. M. l'archevêque de Rheims, président de l'assemblée du clergé, poussé par les prélats ses confreres, n'a pu s'empêcher de témoigner au roi la douleur du corps épiscopal, de voir, au moment où il alloit s'assembler, élever sous ses yeux, dans la capitale de la France, un monument à l'erreur & à l'irréligion, par la nouvelle édition qui s'y faisoit du *Dictionnaire Encyclopédique*, ouvrage contre lequel il avoit toujours réclamé, & anathématisé de tant de censures canoniques.

La religion de S. M. ne lui a pas permis de

refuser au clergé la justice qu'il lui demandoit. En conséquence la nouvelle édition de ce dictionnaire est arrêtée, & M. le comte de St. Florentin a fait déposer à la Bastille tous les exemplaires des trois premiers volumes de ce livre, déja imprimés.

On se flatte qu'après la dissolution de l'assemblée l'édition se reprendra, & l'on le présume par l'attention avec laquelle on conserve ce qui en est fait, & qu'on auroit dû brûler avec authenticité, si l'on eût voulu donner sérieusement satisfaction aux évêques.

7 Mars 1770. M. de Pompignan, évêque du Puy, répand depuis quelque temps un gros livre, servant d'apologie aux derniers actes du clergé, qu'il ne pourra défendre contre la poussiere & les vers, les seuls ennemis que cet ouvrage ait à combattre aujourd'hui. Quoi qu'il en soit, ce prélat veut leur rendre une nouvelle existence, & dans ce livre il établit contradictoirement à ce qui fut dit dans le temps, lors de leurs dénonciation & proscription par le parlement: 1°. Que les assemblées du clergé de France ne sont pas seulement des assemblées temporelles & destinées à satisfaire aux demandes d'argent du souverain, à l'assiette & à la répartition du don gratuit, qu'elles ont encore, & ont toujours eu pour objet, de traiter toutes les matieres de doctrine ou de discipline que les évêques jugent à propos d'y agiter : 2°. Que les magistrats ne sont nullement dans le cas de se mêler des refus de sacremens ; qu'ils ne pouvoient en connoître qu'à raison du déshonneur dans l'ordre civil, qui en résulteroit pour la réputation de l'excommunié; mais que cette tache est une tache invisible &

purement spirituelle, qui ne s'imprime que sur l'ame du pécheur, & ne flétrit en rien l'état & l'existence légale du citoyen: 3°. Que ce passage de Saint Paul: *Omnis potestas à Deo ordinata est*, a été cathégoriquement interprété auxdits actes; que c'est le sens véritable de l'apôtre & de l'église: &, par une rencontre assez bizarre, il se trouve que le prélat est d'accord avec les encyclopédistes.

Cet ouvrage, très-susceptible de la flétrissure du parlement, lui sera vraisemblablement dénoncé, & pourroit faire quelque peine à son auteur, s'il n'avoit eu la prudence de n'y pas mettre son nom. On croit que pour donner plus d'éclat à cette proscription, la cour n'en connoîtra qu'en présence de l'assemblée de nosseigneurs du clergé.

8 Mars 1770. Il y a dans Paris une petite rue, près la place des Victoires, qu'on appelle la rue *Vuide gousset*; un de ces jours on a trouvé ce nom effacé, & l'on y avoit substitué: *La rue Terrai*.

On voit des pasquinades de différentes especes, entr'autres, une caricature représentant un lievre avec un cordon bleu, après lequel court un levrier traînant une canne à bec-de-corbin. Sur le plan de derriere est un homme en simarre, avec un fusil à deux coups, qui paroît viser le premier & attendre successivement le second.

On a frappé aussi une estampe, où l'on remarque les fermiers-généraux à genoux, & M. l'abbé Terrai qui leur donne des cendres, avec l'inscription au bas: *Memento homo quia pulvis es, & in pulverem reverteris.*

9 Mars 1770. *Vers à madame la comtesse Dubarri, à l'occasion de sa division avec M. le duc de Choiseul.*

Déesse des plaisirs, tendre mere des Graces,
Pourquoi veux-tu mêler aux fêtes de Paphos
Les noirs soupçons, les honteuses disgraces ?
Ah ! pourquoi méditer la perte d'un héros !
  Ulysse est cher à la patrie ;
  Il est l'appui d'Agamemnon :
Sa politique active & son vaste génie
Enchaînent la valeur de la fiere Ilion.
  Soumets les dieux à ton empire.
Vénus sur tous les cœurs regne par la beauté :
  Cueille, dans un riant délire,
  Les roses de la volupté ;
  Mais à nos vœux daigne sourire,
Et rends le calme à Neptune agité.
Ulysse, ce mortel aux Troyens formidable,
  Que tu poursuis dans ton courroux,
  Pour la beauté n'est redoutable
  Qu'en soupirant à ses genoux.

10 *Mars* 1770. On a appris que M. l'abbé Chappe d'Auteroche, astronome, de l'académie des sciences, connu par ses travaux en ce genre, est mort en arrivant en Californie, pour y observer le dernier passage de Vénus sur le Soleil.

10 Mars 1770. *Sur l'association de M. le chantelier avec M. le contrôleur-général actuel.*

Maupeou, que le ciel en colere
Nomma pour organe des loix,
Maupeou, plus fourbe que son pere,
Et plus scélérat mille fois,
Pour cimenter notre misere,
De Terrai vient de faire choix.
Le traître vouloit un complice :
Mais il trouvera son supplice
Dans le cœur de l'abbé sournois.

10 *Mars.* Le sieur Luneau de Boisjermain, que les libraires associés à l'impression du dictionnaire encyclopédique ont attaqué au criminel, comme auteur de diffamation & de calomnie à leur égard, vient d'opposer à leur mémoire un mémoire à consulter, & une consultation signée de sept jurisconsultes. Cette affaire, devenue très-grave, est trop avancée pour qu'on puisse reculer de part ou d'autre.

12 *Mars* 1770. On vient d'imprimer très-furtivement sans doute, un *in-4°.* ayant pour titre : *Procédure de Bretagne,* ou *Procès extraordinairement instruit & jugé, au sujet d'assemblées illicites, discours injurieux, subornation de témoins, complot de poison & incident de calomnie.* C'est le recueil de toutes les pieces relatives à ce qui s'est passé dans cette province, depuis la publication du fameux tableau des assemblées secretes & fréquentes des jésuites & leurs affiliés à Rennes, qui parut à Paris au mois de novembre 1766, qu'un ministre fit passer au sieur Flesselles, alors intendant de Rennes, avec ordre de la part de S. M. de

vérifier les faits, & qui provoqua enfin le 17 mai 1767 une dénonciation en regle de M. le Prêtre de Châteaugiron, second avocat-général.

L'ouvrage est précédé d'un discours préliminaire, où le duc d'Aiguillon est représenté *comme l'ennemi implacable, l'instigateur & presque le bourreau des six exilés, un sujet indigne de la confiance de son prince, un chef de conjurés, un suborneur de témoins, le fauteur d'un projet d'empoisonnement, le complice, & peut-être même le premier auteur de ces crimes.* Tel est l'effroyable portrait par lequel on débute, & qui ne peut avoir été tracé que par une plume très-hardie.

12 *Mars* 1770. Madame la duchesse de Villeroy, très-renommée par son goût pour les fêtes & pour les spectacles, & d'ailleurs à même d'influer grandement dans cette partie, étant sœur de M. le duc d'Aumont, premier gentilhomme de la chambre, a fait préparer une espece d'opéra à machines, intitulé : *la Tour enchantée*, qu'elle compte faire exécuter pour le mariage de M. le dauphin. Elle a extrêmement à cœur de faire réussir ce spectacle, pour lequel elle se donne beaucoup de soins & entre dans les plus petits détails. On ne doute pas de la beauté, de la magnificence & du génie qui régneront dans cet ouvrage, presque tout entier de féerie. On croit que c'est M. de Sauvigny qui, inspiré par cette muse, a composé les paroles du poëme, la moindre chose de cette composition à grandes machines.

13 *Mars* 1770. Le mémoire pour le Sr. Luneau de Boisjermain, souscripteur de l'encyclopédie, est dirigé contre le Sr. Briasson, libraire, syndic des libraires & imprimeurs, ancien adjoint de sa communauté, & le Sr. le Breton, libraire, ancien

syndic de la même communauté, associé avec le Sr. Briasson, pour l'impression de l'encyclopédie.

Ce mémoire, extrêmement serré & précis, tend à prouver que le Sr. Luneau avoit un intérêt pressant à dire ce qu'il a dit; qu'il a eu droit de dire ce qu'il a dit; qu'il n'y a rien que de vrai dans ce qu'il a dit. Il demande en conséquence à son conseil :

1°. Si sa réclamation contre les libraires associés à l'encyclopédie est fondée?

2°. Si les phrases & les expressions de son dernier mémoire, qu'attaquent les adverses parties, forment une diffamation?

3°. Ce qu'il doit faire pour arrêter le cours de celle que la distribution du mémoire des libraires, & l'instruction de leur procès criminel forment réellement contre lui?

Suit la consultation du 30 janvier, signée de sept jurisconsultes, qui établit :

1°. Que le Sr. Luneau est fondé à répéter les sommes qu'il prouve avoir été payées de trop par lui.

2°. Que c'est sur-tout par les circonstances que doivent s'apprécier les phrases & expressions du mémoire du Sr. Luneau; qu'il est le premier outragé; qu'il n'a fait que rétorquer une assertion injurieuse; & que, quand même il auroit employé des expressions trop fortes, la voie criminelle ne pouvoit avoir lieu dans une affaire purement civile.

3°. Que le Sr. Luneau doit paisiblement laisser achever l'information; que quand les juges auront prononcé sur ce singulier genre de délit, que quand ils auront fait droit sur la demande en réparation & en dommages-intérêts que tout l'autorise à former, il poursuivra sa demande en restitution.

Ce mémoire, écrit avec beaucoup de sévérité, a été envoyé à tous les gens de lettres, & peut faire grand tort aux libraires associés à l'encyclopédie, dont il développe manifestement une exaction de 634,307 livres 4 sous, prise sur la totalité des souscripteurs, & qu'ils sont en droit de répéter. Elle est encore démontrée d'une façon plus précise dans une carte qui précede son mémoire, & qui fait toucher au doigt & à l'œil l'iniquité des auteurs de la souscription.

14 Mars 1770. M. Dupuy Demportes, auteur plus fécond que précieux de différentes pieces de littérature, vient de mourir. Il a écrit aussi sur la politique & sur quelques autres sciences.

15 Mars 1770. Extrait d'une lettre d'un jésuite de Bretagne, le 8 mars 1770. «.... Je ne sais ce que je vais devenir. Le parlement de cette province vient de rendre un arrêt foudroyant. Je ne puis prêter le serment qu'il exige ; je le regarde comme contraire à ma probité, à ma conscience, à mon honneur...... Il faut que je déguerpisse, & je ne sais où trouver un asyle. On dit qu'il y a quelques jésuites à Paris, qu'on y tolere. Marquez-moi si je puis m'y rendre, ou s'il est encore un coin de terre que je puisse habiter.... »

16 Mars 1770. Le jugement de M. de Sartines, comme commissaire du conseil en cette partie, entre le Sr. Luneau de Boisjermain & les syndic & adjoints de la librairie & imprimerie de Paris, rendu dès le trente janvier dernier, n'a pu être signifié que le 17 février, & n'est publié que depuis peu. Quoiqu'on l'ait déja annoncé en gros, comme il fait une grande sensation parmi les gens de lettres, on va le détailler dans toute son étendue.

Ce jugement ordonne main-levée pure & simple de la saisie faite sur le Sr. Luneau, le 31 août 1768, par les syndic & adjoints de la librairie, &c. Leur défend d'en faire de pareille à l'avenir ; de se transporter chez des particuliers domiciliés, sans une permission expresse de mondit Sr. de Sartines; & pour avoir fait ladite saisie, les condamne en 300 livres de dommages & intérêts, &c. lesquels seront compensés jusqu'à due concurrence, avec ceux à lui adjugés. Sur le surplus des demandes des parties, les met hors de cour & de procès; sauf à être fait par S. M. tel réglement qu'elle jugera nécessaire quant à la maniere d'exercer la commission en fait de librairie. Ordonne que le présent jugement soit imprimé & affiché, au nombre de cent exemplaires, aux frais desdits syndic & adjoints de la libraire.

C'est ce réglement que les auteurs attendent avec impatience, & qui doit désormais fixer leur sort, & leur servitude ou leur affranchissement des libraires.

18 *Mars* 1770. Hier s'est célébrée la messe du St. Esprit pour l'ouverture de l'assemblée du clergé. Cette cérémonie a été exécutée avec toute la pompe d'usage. C'est M. l'archevêque de Rheims qui officioit. M. l'archevêque d'Embrun a prononcé le discours : il rouloit sur la religion. Il a établi qu'elle seule pouvoit faire des hommes pour la société, des citoyens pour l'état. Il a rempli ce beau plan avec toute l'éloquence d'un grand orateur chrétien. Le sujet étoit d'autant mieux choisi, que depuis quelques années nous sommes inondés de livres où l'on prétend que la religion ne fait que des hommes atrabilaires, des citoyens

lâches, des hypocondres triftes ou des fanatiques féditieux.

On n'entroit que par billets à cette meffe, auffi curieufe qu'édifiante. La cérémonie du livre de l'évangile, que les prélats députés baifent au milieu du livre, & dont les députés du fecond ordre ne baifent que la couverture; celles des encenfements de chaque évêque, qui fe renvoie tour-à-tour le parfum, après en avoir pris la dofe; celle du baifer de paix qu'ils fe donnent fucceffivement à la joue droite; enfin la cérémonie fainte de la communion qu'ils reçoivent tous, fans exception, des mains de l'officiant; toute cette lithurgie forme un fpectacle bien capable de donner une grande idée de l'affemblée qui s'ouvre.

19. Mars 1770. *Mémoire pour le fieur Alliot fils, intervenant, demandeur & intimé, contre le fieur Alliot pere, fermier-général, appellant comme d'abus du mariage de fon fi's, défendeur à une demande en provifion.* Tel eft le titre d'un mémoire très-célebre de Me. Target avocat, où, après l'expofition très-rapide des faits, qui préfentent en fubftance un fils dénoncé par fon pere, un fils enfermé deux fois à faint Lazare, arrêté en pays étranger, détenu au Mont St. Michel, repris encore une fois hors du royaume, chargé de fers, confondu dans une prifon avec des fcélérats, jeté fur l'un des vaiffeaux qui portent le rebut de la fociété dans une ifle fauvage, il le peint comme rare, eftimable, intrépide, qui met fon devoir au deffus de tout & qui préfere l'honneur à la vie. L'auteur examine deux queftions : *le mariage du Sr. Alliot eft-il valable? Le Sr. Alliot pere doit-il nourrir fon fils?* Après avoir établi la validité d'un hymen

contracté par l'honneur, la seconde question n'en est plus une, & donne lieu à l'orateur de développer les traits de l'éloquence la plus nerveuse & la plus pathétique. La cause est extrêmement intéressante & attire l'attention du public.

20 *Mars* 1770. L'affaire singuliere dont on a parlé dans son origine, entre le Sr. Mouton, éleve d'architecture à Rome, & le Sr. Natoire, directeur de cette école, étoit pendante depuis long-temps au châtelet. Le temps nécessaire pour avoir les certificats & pieces justificatives pour établir les preuves auxquelles le Sr. Mouton avoit été admis, avoit allongé de beaucoup cette contestation. Les juges viennent enfin de prononcer en premiere instance. Le Sr. Natoire est condamné envers le Sr. Mouton à 20,000 livres de dommages & intérêts, à tous les frais & dépens. Permis au Sr. Mouton de faire afficher un certain nombre d'exemplaires imprimés de la sentence tant à Paris qu'à Rome, aux frais & dépens du Sr. Natoire, &c.

21 *Mars* 1770. Le Sr. Duclos, de l'académie des inscriptions & belles-lettres & de l'académie Françoise, est connu pour être extrêmement lié avec MM. de la Chalotais. On a parlé dans le temps de la chaleur qu'il mettoit à défendre en public les procureurs-généraux, & des craintes qu'il avoit inspirées à ses amis par ce zele inconsidéré. Il est parti depuis peu subitement pour se rendre à Xaintes, lieu de l'exil des magistrats. On croit que M. le chancelier a voulu employer cette derniere ressource pour négocier avec messieurs de la Chalotais, & les séduire, s'il est possible. Comme le Sr Duclos est un homme sans conséquence, en cas de refus, M. le chancelier pré-

tend qu'il ne sera pas compromis. Ceux qui connoissent le négociateur, peuvent juger par-là de l'embarras où se trouve le chef de la magistrature, pour avoir recours à cet homme turbulent, plus propre à brouiller qu'à pacifier, & dont le caractere n'annonce aucune des qualités nécessaires à une négociation aussi délicate.

22 *Mars* 1770. On prétend que M. de la Chalotais, prévenu de l'arrivée du Sr. Duclos, dès le premier instant qu'il l'a vu, lui a demandé s'il venoit le voir comme son ami, ou comme son tentateur? Qu'en la premiere qualité, il seroit le très-bien venu & pouvoit rester : qu'en la seconde, il ne vouloit ni ne pouvoit l'écouter..... Sur quoi la franchise de l'académicien ne lui a pas permis de dissimuler qu'il étoit chargé de le solliciter de la part de la cour, & de lui détailler les propositions qu'il avoit à lui faire d'après les instructions de M. le chancelier. A quoi M. de la Chalotais ayant absolument fermé l'oreille, le négociateur étoit reparti, comme l'huissier de Rennes, sans qu'on eût ouvert les paquets.

23 *Mars* 1770. Il y a dans l'intervalle des sessions des états de Bretagne une chambre de commissaires toujours subsistante à Tréguier, dont les fonctions sont de les représenter & d'agir comme ils feroient pour la conservation des droits de la province & des citoyens. Ces commissaires n'ont pas cru devoir être les seuls à garder le silence dans l'affaire de MM. de la Chalotais. Depuis la derniere réponse du roi à la députation du parlement, ils ont adressé des représentations à sa majesté en forme de mémoire, où ils réclament les deux procureurs-généraux de la ma-

nicre la plus ferme & la plus inftante. Ils y appuient principalement fur la contradiction des diverfes réponfes du roi à leur égard, qui les déclare innocents & les punit. Ces repréfentations, très-courtes, mais très-nerveufes, font fans contredit ce qu'on a écrit de plus fort en pareille matiere. Sans s'écarter du refpect dû au fouverain, ils ne lui diffimulent pas combien on a compromis fa juftice dans une affaire qui eft le comble de l'iniquité & de la tyrannie.

On écrit de Tréguier que les miniftres ont déclaré qu'ils fe donneroient bien de garde de montrer au roi ces repréfentations, qui pourroient extrêmement déplaire à S. M. & provoquer fon indignation contre les auteurs.

24 *Mars* 1770. Le fieur le Breton, premier imprimeur ordinaire du roi, revêtu de toutes les dignités de fon état, qui conduifent à la confidération & dénotent l'eftime d'une communauté, comme un des affociés à l'Encyclopédie a rendu plainte contre le fieur Luneau de Boisjermain pardevant monfieur le lieutenant-criminel, de ce qu'il a avancé dans le mémoire dont on a parlé. Sur fa plainte le fieur Luneau en a interjeté appel, comme auffi du décret prononcé contre lui. Le fieur le Breton vient de donner un précis des motifs de fa plainte, qu'il entend fuivre & qu'il a fait appuyer d'une confultation de huit avocats. De fon côté, M. Luneau foutient fon dire & prétend le prouver.

25 *Mars* 1770. M. l'abbé Trublet, archidiacre de Saint-Malo, vient d'y mourir, après avoir langui plufieurs années. Il étoit de l'académie Françoife, ou il avoit brigué une place pendant longtemps. Tout fon mérite confiftoit dans une grande

vénération pour Fontenelle & pour la Mothe. Il avoit fait plusieurs rapsodies, qui avoient donné lieu à ce vers caractéristique de M. de Voltaire :

Il compiloit, compiloit, compiloit, &c.

Ce vers l'avoit rendu plus célebre que ses œuvres.

26 *Mars* 1770. On a commencé des répétitions sur le théatre de Versailles, & l'on y a fait manœuvrer des chevaux de la petite écurie. On a dit qu'il étoit si vaste qu'il étoit question d'y faire paroître des escadrons entiers de cavalerie. *La Tour enchantée*, cette piece de féerie, pour laquelle madame la duchesse de Villeroy se donne tant de mouvement, prête à merveille à tout le spectacle imaginable, & donnera lieu de réaliser l'illusion autant qu'il est possible.

26 *Mars*. On prétend que l'auteur du placard affiché à la porte du contrôle-général, où il étoit écrit : *Ici l'on joue au noble jeu de billard*, a été arrêté, & que, pour entrer dans les vues de douceur & d'indulgence de M. l'abbé Terrai, on lui en a rendu compte ; mais que ce ministre avoit décidé qu'il falloit le laisser à la bastille jusqu'à ce que la partie fût finie.

27 *Mars* 1770. On a joint à la tragédie d'*Athalie*, qui doit être jouée à la cour pour le mariage de monsieur le dauphin, celle de *Tancrede*. On assure qu'on a choisi cette piece pour mademoiselle Clairon, & l'on continue à se flatter de la voir reparoître.

28 *Mars* 1770. M. de Monclar, procureur-général du parlement de Provence, avoit fait un mémoire pour établir les droits du roi sur Avi-

gnon & le comtat Venaissin. Ce mémoire étoit imprimé à Paris, & il en avoit déja transpiré quelques exemplaires : mais le saint pere, instruit de cet écrit, a demandé vraisemblablement qu'il ne soit pas répandu, & monsieur le duc de Choiseul en a fait porter toute l'édition au Louvre. Ce ministre a tellement à cœur de donner cette satisfaction à S. S., que M. Caperonnier, de la bibliotheque du roi, en ayant demandé un exemplaire pour y être déposé, M. le duc de Choiseul lui a répondu que cela ne seroit point.

Ceux qui ont lu cet écrit, assurent que c'est un détail très-circonstancié de toutes les manœuvres des papes pour extorquer ces domaines, & qu'on y dévoile des mysteres d'iniquité qu'il est de l'intérêt du saint siege de laisser dans les ténebres. Le fond est au surplus soutenu de toute la force d'un style plein & vigoureux ; ce qui rend le mémoire très-précieux par lui-même, indépendamment de sa rareté.

30 *Mars* 1770. On a trouvé ces jours derniers à Notre-Dame, affiché à la chapelle de l'abbé Grisel, arrêté dans le procès de Billard, où il se présente journellement une grande affluence de monde pour savoir de ses nouvelles, un écriteau portant ces mots : *relâche au théatre*. Ce quolibet sacrilege a fait frémir les premieres dévotes qui l'ont lu : on en a instruit le chapitre, qui a fait arracher l'écriteau, & on l'a déposé au greffe du bailliage, sans autre formalité.

31 *Mars* 1770. *Epître de monsieur de Voltaire, à un ami, sur sa nomination à la dignité de pere temporel des capucins du pays de Gex, & sur la lettre d'affiliation à cet ordre, qui lui a été écrite par le général.*

Il est vrai, je suis capucin,
C'est sur quoi mon salut se fonde.
Je ne veux pas, dans mon déclin,
Finir comme les gens du monde.
Mon malheur est de n'avoir plus,
Dans mes nuits ces bonnes fortunes,
Ces nobles graces des élus,
Chez mes confreres si communes.
Je ne suis point frere Frapart,
Confessant sœur Luce ou sœur Nice;
Je ne porte point le cilice
De saint Grisel, de saint Billard.
J'acheve doucement ma vie :
Je suis prêt à partir demain,
En communiant de la main,
Du bon curé de *Mélanie*.
Dès que monsieur l'abbé Terrai
A su ma capucinerie,
De mes biens il n'a délivré :
Que servent-ils dans l'autre vie ?
J'aime fort cet arrangement :
Il est leste & plein de prudence.
Plût à Dieu qu'il en fit autant
A tous les moines de la France !

1 *Avril* 1770. Il passe pour constant que M. le chancelier, à qui les représentations des commissaires de Tréguier, dont on a parlé, avoient été

adreſſées, les a renvoyées ſans les montrer au roi ; qu'il a écrit à ces meſſieurs, que le meilleur ſervice qu'il pût leur rendre étoit de ne point faire mention de cet écrit auprès de S. M. Cependant les auteurs n'en ont pas jugé de même, puiſqu'il en tranſpire des copies. Il paroît qu'elles font la plus grande fortune dans le public, & qu'on les regarde comme un chef-d'œuvre de logique & d'éloquence. On ſe les arrache, on les copie, on les multiplie de façon à ne point laiſſer périr ce beau morceau où ſont renfermés en bref tous les principes qui conſtituent le véritable état monarchique ; principes dont on s'eſt ſi fort écarté depuis quelque temps, qu'il ſont devenus un problême pour bien des gens. On attribue l'ouvrage à un avocat de Bretagne.

3 *Avril* 1770. M. Saurin, de l'académie Françoiſe, ayant adreſſé à M. de la Harpe des vers extrêmement fades & doucereux ſur ſa *Mélanie*, un inconnu a parodié ces vers & s'eſt ſervi des mêmes rimes pour préſenter l'inverſe des mêmes penſées.

Vers de M. Saurin.

Pour la ſixieme fois, en pleurant *Mélanie*,
Mon admiration ſe mêle à ma douleur :
Ton drame ſi touchant, tes vers pleins d'harmonie
Retentiſſent encor dans le fond de mon cœur.
    Pourſuivis ta brillante carriere :
Appellé par la gloire, on t'y verra voler.
Tu nous conſoleras quelque jour de Voltaire,
Si quelqu'un toutefois peut nous en conſoler.

Parodie.

J'ai lu plus d'une fois ta triſte *Mélanie*,
Et je n'ai reſſenti ni trouble ni douleur :

De tes vers si corrects la pesante harmonie
A frappé mon oreille & non touché mon cœur.
En vain tu poursuis ta carriere.
Sans ailes, à la gloire on ne peut pas voler,
Nous pleurerons long-temps la perte de Voltaire,
S'il ne reste que toi pour nous en consoler.

5 Avril 1770. M. le duc d'Aiguillon se trouvant chez le roi, on prétend que S. M. parut inquiete de sa santé, lui demanda s'il ne se portoit pas bien, & remarqua qu'il lui paroissoit jaune. On assure que le duc de Noailles, en possession de tout sacrifier à ses bons mots, dit : *Ah ! Sire, votre majesté voit toujours les gens bien favorablement, car le public le trouve bien noir.*

6 Avril 1770. Le sieur Darigrand est un avocat fort renommé dans son genre. Il est spécialement voué aux affaires qui intéressent les droits du roi, & c'est le fléau des fermiers-généraux. Comme il a été anciennement à leur service, il connoît tous les détours, tous les subterfuges, toutes les vexations du métier. Ce zele infatigable à combattre les traitants lui a fait beaucoup d'ennemis. Enfin il a été déféré à l'ordre, comme ayant prévariqué dans les fonctions de son état, comme coupable de s'être prêté à des choses illicites, comme susceptible de corruption, d'escroquerie, &c. Son affaire a été jugée mardi par ses confreres assemblés. Plus de cent ont persisté à le trouver innocent, malgré 13 qui le jugeoient coupable. La séance s'est terminée par reconnoître qu'il n'étoit point dans le cas d'être rayé du tableau, mais bien d'être rappellé par le bâtonnier à une délicatesse de sentiments, dont son éducation ou sa façon de penser ne lui avoient peut-être pas fait assez connoître l'importance, mais essentielle à la noble profession qu'il exerçoit.

7 Avril 1770. Il paroît très-furtivement encore, un *mémoire de M. le comte de Lauraguais sur la compagnie des Indes, dans lequel on établit les droits & les intérêts des actionnaires, en réponse aux compilations de M. l'abbé Morellet.*

L'ouvrage est précédé d'une épître dédicatoire au comte de Lauraguais même, où l'éditeur, après l'avoir encensé, lui avoue son larcin, & bénit l'infidélité faite à ce seigneur, en livrant au public ce mémoire, monument durable de son zele pour les actionnaires, & de son courage à défendre leurs droits & leurs propriétés.

8 Avril 1770. La défense du clergé par M. l'évêque du Puy, est extrêmement rare. M. le lieutenant-général de police ne laisse point percer d'exemplaires de cet ouvrage, qu'il sent devoir extrêmement déplaire au parlement. Au surplus, c'est peut-être la seule maniere de faire rechercher cet ouvrage sec & froid. C'est mal-à-propos qu'on a dit qu'il n'y avoit pas mis son nom; il y est très-parfaitement.

9 Avril 1770. Le livre de M. de Lauraguais est divisé en trois parties. La première est précédée d'une longue préface, où l'auteur distribue des coups de patte à droite & à gauche, avec cette vérité & cette légéreté qu'on lui connoît. Il y établit, entr'autres choses, un dialogue entre l'abbé Morellet & M. Boutin, qui couvre l'un & l'autre d'un ridicule complet. Ensuite il s'attache plus particuliérement à la réponse de l'abbé Morellet à M. Neker. Il la disseque phrase à phrase, & en fait la plus hideuse anatomie.

Dans la seconde partie, M. de Lauraguais donne un abrégé du système, des notes historiques sur la banque, & les édits du roi concernant la compagnie. Ces divers objets sont prouvés, appuyés, développés, 1°. du mémoire de M. Desmarets; 2°. de l'abrégé du système de M. Dulot; 3°. d'une suite de faits qui montrent la compagnie des Indes liée dès sa naissance à la banque, & d'où les actionnaires verront naître tout ce qui les intéresse. Dans le cours de cette partie, le terrible adversaire ne perd jamais son ennemi de vue. Il releve infatigablement ses bévues, ses erreurs, ses réticences, ses falsifications, ses contradictions, en un mot sa mauvaise foi soutenue, & son dévouement servile aux impulsions de M. Boutin.

Enfin la 3e. partie renferme *Discussion & résultat des droits des actionnaires*, qui en prouve la certitude & l'étendue, contradictoirement toujours aux assertions & aux preuves prétendues de l'abbé Morellet. L'auteur fait voir par le procès-verbal des réponses de l'interrogatoire subi au parlement le lundi 21 août, par l'administration de la compagnie & les députés du commerce, ensemble par les représentations de cette cour, concernant le même objet, que toutes les inductions qu'en tire cet écrivain en sa faveur, sont fausses & à son désavantage. Tel est le résumé de cet ouvrage fort rare, où l'ingénieux seigneur crible impitoyablement son adversaire des sarcasmes continus & toujours nouveaux. On pourroit peut-être mettre plus de logique dans un pareil écrit, mais sûrement moins d'esprit.

10 *Avril* 1770. Il y a une grande fermentation parmi les gens de lettres à l'occasion du projet sin-

gulier de quelques enthousiastes de M. de Voltaire, qui ont proposé de faire ériger une statue à ce grand poëte dans la salle nouvelle de comédie Françoise, qu'il est question de construire, sans que l'emplacement en soit encore arrêté. Ils ont cru que le monument dont on a parlé, seroit placé-là mieux qu'ailleurs, puisque ce lieu est le principal théatre de sa gloire. Ils ont toujours commandé à compte la statue au sieur Pigal. Elle sera en marbre, & l'on prétend que le marché est conclu à dix mille francs. On veut que cela se fasse par une souscription, ouverte seulement aux gens de lettres. C'est M. d'Alembert qui est chargé de recueillir l'argent. On ne doute pas que la somme ne soit bientôt complete.

11 *Avril* 1770. *Vers de M. de Voltaire à madame la duchesse de Choiseul, sur la suspension des travaux de Versoy, nouvelle ville, que M. le duc de Choiseul faisoit construire près de Geneve, comme on l'a annoncé il y a plusieurs années, & qui devoit se nommer* Choiseul-la-Ville.

Madame, un héros destructeur
N'est à mes yeux qu'un grand coupable;
J'aime bien mieux un fondateur:
L'un est un dieu, l'autre est un diable.
Dites-bien à votre mari,
Que des neuf filles de mémoire
Il sera le vrai favori
Si de fonder il a la gloire.
Didon, que j'aime tendrement,
Dont le nom vivra d'âge en âge,

La belle qui fonda Carthage,
Avoit alors beaucoup d'argent.
Si le vainqueur de la Syrie
Avoit eu pour surintendant
Un conseiller au parlement,
Nous n'aurions pas Alexandrie.
Envoyez-nous des Amphions,
Ou nos peines seront perdues :
A Versoy nous avons des rues,
Et nous n'avons pas de maisons.
Sur la vertu, sur la justice,
Sur les graces sur la douceur
Je fonde aujourd'hui mon bonheur,
Et vous êtes ma fondatrice.

12 *Avril* 1770. On a déja composé l'inscription pour la statue projetée de M. de Voltaire. Elle portera : *à Voltaire pendant sa vie : par les gens de lettres, ses compatriotes & ses contemporains.*

13 *Avril* 1770. La ville fait redoubler les travaux des préparatifs pour les fêtes qu'elle se propose de donner à l'occasion du mariage de M. le dauphin. On déblaie la place de Louis XV ; où l'on a dit que devoit être le feu d'artifice, & l'on met les deux gros pavillons en état de figurer par les ornements, avec l'illumination qu'ils doivent recevoir. Quant à celle des boulevards, il paroît qu'on a changé la forme dont elle seroit, qu'on y a substitué 360 lanternes à reverbere, qui donneront une clarté très-brillante. Cela s'accordera mieux avec la foire franche qui doit y durer neuf jours,

& garnir absolument le boulevard depuis la porte St. Honoré jusqu'à la porte St. Antoine ; ce qui donne lieu à un de ces quolibets dont le François assaisonne ses plaisirs & se console de ses disgraces. On sait que M. de Bernage, aux deux mariages de feu M. le dauphin, avoit fourni beaucoup de mangeailles au peuple, & entr'autres au second, avoit fait promener des chars avec des cornes d'abondance, d'où se jetoient les cervelas, les saucissons, &c. & autres rocambolles pour les gourmands. On dit que *celui-là avoit donné des indigestions, & que celui-ci donnoit la foire.*

14 *Avril* 1770. C'est dans une société particuliere qu'a été enfanté le projet d'ériger à M. de Voltaire la statue dont on a parlé, entre M. d'Alembert, l'abbé Raynal, &c. & autres enthousiastes de ce grand homme. La clause de n'admettre à la souscription que des gens de lettres François, est si expresse, que les particuliers même à la table desquels, dans la gaieté d'un champagne riant, ces messieurs ont proposé cette heureuse idée, ont l'humiliation de ne pouvoir en être, faute d'avoir quelque ouvrage, bon ou mauvais, à produire ; car on n'est pas difficile sur la qualité ni sur la quantité. Et il y a été arrêté que tous les membres de l'académie Françoise seroient tenus pour bons, quoique plusieurs n'eussent fait que d'assez mauvais discours de réception, Pigal, de son côté, s'anime & s'évertue pour produire un chef-d'œuvre digne du héros littérateur qu'il est chargé de transmettre à la postérité, & dont il espere à son tour être célébré dans quelque épitre. Il assure que si l'exécution répond à ses desirs, il se regardera comme le plus heureux des artistes ; mais que si l'ouvrage ne répond pas au

chef-d'œuvre qu'il imagine, il en mourra de douleur.

25 *Avril* 1770. Une cérémonie merveilleuse qui s'exécute de temps immémorial la nuit du vendredi au samedi-saint à la Sainte-Chapelle, a eu lieu à l'ordinaire, avec une affluence prodigieuse de spectateurs. C'est à minuit que se rendent en cette église tous les possédés qui veulent être guéris du diable qui les tourmente. M. l'abbé de Sailly, grand-chantre de cette collégiale, les touche avec du bois de la vraie croix. Aussi-tôt leurs hurlements cessent, leur rage se calme, leurs contorsions s'arrêtent, & ils rentrent dans leur état naturel. Les incrédules prétendent que ces énergumenes sont des mendiants qu'on paie pour jouer un pareil rôle, & qu'on exerce de longue main. Mais on ne peut croire que des ministres de la religion se prêtassent à une comédie si indécente. Tout au plus, peut-être, à défaut de vrais possédés, auroit on recours à ce pieux stratagême pour ne pas laisser interrompre la croyance des fideles, à un miracle subsistant depuis tant de siecles & si propre à les raffermir dans leur foi ébranlée de tant de parts aujourd'hui. Heureusement, les possédés sont si communs que sans doute il n'est pas besoin d'en préparer des factices.

16 *Avril* 1770. Il paroît un mémoire du sieur Billard, écrit avec ce même esprit de fanatisme qui semble être depuis long-temps le principe de toutes ses actions. En avouant ses malversations, il veut les justifier & rendre en quelque sorte le ciel son complice, par le bandeau épais que la providence, suivant lui, avoit jeté sur les yeux de ses supérieurs. Il assure que ses erreurs étoient si claires, que sans un miracle d'aveuglement

ment de leur part, il n'est pas de jour où ils n'eussent dû s'en appercevoir; que depuis plusieurs années il ne rendoit pas un compte, il ne présentoit pas un bordereau, qui ne déposât contre & n'administrât des preuves évidentes de ses infidélités. Il en conclut qu'il avoit droit de se regarder sous la garde de Dieu même, d'autant plus que sa distraction de deniers n'étoit pas pour favoriser le libertinage, pour fomenter des passions criminelles, pour afficher un luxe insolent, mais pour faire des charités, des bonnes œuvres, pour soutenir enfin les défenseurs & les martyrs de la religion. Ce mémoire manuscrit, dénué de toute citation des loix, ou d'avis de jurisconsultes, mais fort de textes de l'écriture sainte & de décisions des casuites, est dans un genre si singulier, qu'on seroit tenté de le regarder comme le fruit du loisir de quelque plaisant, s'il n'étoit soutenu d'un détail de faits & de particularités très-propres à lui donner le caractere de l'authenticité.

20 Avril 1770. L'académie royale de musique doit ouvrir son théatre par *Zaïde*, ballet en trois actes, précédé d'un prologue. La musique est de Royer, & les paroles sont de la Marre.

21 Avril. M. Boutin vouloit intéresser les intendants des finances, ses confreres, à demander justice en corps de la maniere outrageante dont un commissaire de la compagnie des Indes est traité dans le mémoire de M. le comte de Lauraguais, dont on a parlé. On ne sait si les autres se sont joints à l'offensé; mais sur les sollicitations faites auprès de M. le contrôleur-général, celui-ci a remis le livre entre les mains du roi, afin que S. M. pût en juger en connoissance de cause. Il paroît qu'elle a traité tout cela de bagatelle, puis-

Tome V.   E

que M. le comte de Lauraguais n'a point été à la Bastille, comme l'exigeoit M. Boutin, & que par les propos qu'on rapporte du roi à cette occasion, le plaignant n'est pas sans beaucoup de torts dans l'affaire qui a donné lieu à la sortie en question. Bien des gens même le regardent comme perdu sans ressource. Ce qu'il y a sûrement de fâcheux pour lui, c'est que l'éclat que fait à la cour cette querelle, donne au mémoire une publicité qu'il n'auroit pas eue. Depuis que le roi en a eu communication, tous les ministres, tous les princes, tous les grands seigneurs veulent lire cet ouvrage, qui jusqu'ici n'étoit intéressant que pour les actionnaires, & étoit très-peu répandu.

On écrit de Châlons qu'on avoit saisi un ballot de 1,100 exemplaires de ce mémoire, ce qui va le rendre fort cher dans ce pays ci.

Au surplus, ce qui justifie M. le comte de Lauraguais, même sur le procédé, c'est que le manuscrit paroît lui avoir été dérobé, avoir été imprimé sans son aveu, & qu'il ne se seroit certainement pas permis la licence sans exemple de laisser le nom de *Boutin* en toutes lettres, répété une infinité de fois dans le livre, s'il eût présidé à l'impression.

23 Avril 1770. Inscription pour la porte Dauphine du côté de l'Esplanade.

Augustissima Delphina,

Maria Ant. Jos. Joan. Austriaca,

Inter Civium plausus

Urbem ingredienti

Die Mensis Maii, Anno 1770,

Arcum hunc triumphalem
Ejus infignitum nomine
Senatus, Populufque Cathalaunenfis.

D. V. C.

Infcription du côté de la ville :

Porte Dauphine.

« Ce monument a été élevé par les soins de M. Rouillé d'Orfeuil, intendant de la province, lors du passage de madame la dauphine, mariée à Versailles le... du mois de mai 1770. »

Telles sont les deux inscriptions qu'on écrit de Châlons avoir été adoptées par la ville pour le monument dont on a parlé, & qu'on espere devoir être prêt au temps prescrit.

Ces inscriptions sont de la composition d'un chanoine, membre de la société littéraire de la même ville. On ajoute que M. l'abbé *Befchefer* (c'est son nom) s'est muni avant de l'approbation de MM. de l'académie des belles-lettres, qu'ils l'ont extrêmement loué de son talent pour le style lapidaire, & qu'ils n'ont rien trouvé à changer à sa production. On en est si-content, qu'on voudroit bien le déterminer à travailler aussi pour la nouvelle salle de comédie de la même capitale, & lever les scrupules qui l'arrêtent.

24 Avril 1770. Les comédiens François ont ouvert hier leur théâtre sur la salle des Tuileries, que quitte l'académie royale de musique. Cette translation, qu'on croyoit devoir être fort tumultueuse dans ce pays-ci, où tout fait époque & excite la curiosité, n'a eu rien d'extraordinaire, que beaucoup de critiques auxquelles elle a donné lieu. La différence du genre des spectacles exigeoit nécessairement du changement, & l'on a jugé digne de la magnificence royale de faire supporter ces frais par S. M. La précipitation qu'on a mise à ce bouleversement, peut seule excuser les restaurateurs de la salle. On leur reproche des bévues énormes de toute espece, mais sur-tout d'avoir rompu l'harmonie qui régnoit dans la distribution des loges, pour en augmenter le nombre; d'avoir reculé le théatre, ce qui produit l'effet le plus révoltant, prolonge trop la salle, & la rend très-sourde pour le fond de l'amphithéatre. Ce sont les Menus qui ont présidé à ces changements, de concert avec les comédiens, que l'intérêt seul a guidés. La fureur des petites loges fait dénaturer les formes les plus convenables, pour y substituer des commodités particulieres qui dégradent la noblesse du spectacle. On ne peut que plaindre les artistes, forcés de s'asservir à tant de petites prétentions, qui enchaînent les talents & les énervent.

24 *Avril* 1770. *Séance publique de l'académie des belles-lettres.* Aujourd'hui l'académie des inscriptions & belles-lettres a fait sa rentrée publique d'après pâque. Il n'y a point eu de distribution des prix, & l'on a seulement distribué un programme pour celui de la Saint-Martin 1771.

Il est question d'examiner *quels furent les noms & les attributs divers de Junon chez les différents peuples de la Grece & de l'Italie? Quelles furent l'origine & les raisons de ces attributs?*

M. le marquis de Paulmy, directeur, ayant donné le signal, M. le Beau, secretaire, a ouvert la séance par l'*Eloge de feu M. l'abbé Vatry, pensionnaire de ladite académie*. La vie de ce savant, peu féconde en événements & en ouvrages, ne fournissoit pas beaucoup à l'historien. Après un développement des progrès de son héros dans la littérature antique, il a pesé particuliérement sur la circonstance de cette vie, la plus intéressante pour le philosophe, & la plus affligeante pour l'humanité; c'est le tableau des ravages qu'une attaque d'apoplexie fit dans les organes de M. l'abbé Vatry, qui a survécu treize ans encore à cet accident, pendant lequel espace il éprouva plus de soixante rechûtes, sans être dans une imbécillité entiere, sans même avoir perdu aucune de ses connoissances, résultat principalement de sa mémoire. Il régnoit une telle confusion dans son cerveau, qu'il n'étoit plus maître de produire des idées & qu'elles sortoient malgré lui disparates & sous les formes les plus bizarres. Du François, du Latin, du Grec, &c. se plaçoient l'un à côté de l'autre. La tête de ce savant, en un mot, n'étoit plus qu'un vaste garde-meuble, d'où l'on tiroit alternativement des étoffes magnifiques & des guenilles.

A cette vie a succédé un *Mémoire* de M. le Roi, *sur la marine des anciens*. L'académicien n'a traité dans cette séance que celle des Phéniciens & des Egyptiens, les premiers navigateurs connus; car il n'a point voulu remonter jusqu'à l'arche de Noé, chef-d'œuvre d'une main divine, & auquel il ne faut pas comparer les foibles ouvrages des mortels.

M. de Chabanon a pris la parole après M. le Roi, & a lu *la traduction en prose de la huitieme Ode Pythique de Pindare*. C'est la suite de la tâche que s'est imposée l'académicien de mettre en françois cet auteur, qui auroit d'abord besoin d'être traduit dans sa propre langue. Malgré tous les soins de M. de Chabanon pour faire sentir une suite & une liaison dans le galimatias de son modele, on n'y trouve encore qu'un mélange disparate d'images & de morale, de descriptions & de préceptes, d'écarts fols & d'apophtegmes froids. L'auteur sent si parfaitement les défauts de son poëte, qu'il a encore ajouté des notes à son ode, pour en éclaircir le texte, vraiment intraduisible, qui fera moins de fortune que jamais dans ce siecle de goût méthodique & raisonné.

Un *Mémoire sur les édits des Romains, & sur l'influence qu'ils eurent dans leur jurisprudence*, étoit la production naturelle d'un professeur en droit, tel que M. Bouchaud, membre aussi de cette académie. Cette matiere, assez abondante pour fournir à un traité complet, ne pouvoit être embrassée toute entiere, à beaucoup près, dans une séance aussi courte. L'auteur s'est contenté d'agiter deux questions : Les magistrats seuls avoient-ils droit de rendre des édits chez les Romains? Ce droit étoit-il attaché à la puissance coactive, ou simplement au droit honorifique?

M. Dupuy a fini la séance par la lecture d'un mémoire d'une littérature infiniment plus agréable & à la portée de tous les auditeurs. Il est de M. l'abbé le Batteux. Ce savant, homme de goût en même temps, a entrepris de réunir ensemble les quatre poétiques faites dans les quatre âges les plus brillants pour les arts & pour les sciences ; celle d'Aristote, composée au siecle d'Alexandre ; celle d'Horace, au siecle d'Auguste ; celle de Vida, contemporain de Léon X; & enfin celle de Despréaux, écrite sous Louis XIV.

A la fin de cette lecture, M. de Paulmy ayant observé qu'il étoit près de cinq heures un quart, a dit qu'il étoit inutile de commencer autre chose, & a rompu la séance, qui, dans la regle, n'auroit dû finir qu'à cinq heures & demie.

25 Avril 1770. Assemblée publique de l'académie royale des sciences. L'académie royale des sciences a fait aujourd'hui sa rentrée d'après pâque.

Le sieur de Fouchy, secretaire, a commencé la séance par annoncer que l'académie n'avoit pas encore été assez satisfaite des mémoires qui lui avoient été envoyés pour le prix proposé d'abord pour 1768, & remis pour 1770, avec une somme double, dont le sujet étoit de perfectionner les méthodes sur lesquelles est fondée la théorie de la lune, de fixer par ce moyen celle des équations de cette planete, qui sont comme incertaines, & d'examiner en particulier si l'on peut rendre raison par cette théorie, de l'équation séculaire du mouvement moyen de la lune. Que cependant, comme il y avoit d'excellentes choses dans certains ouvrages, & que le principal défaut étoit de n'avoir pas suivi des méthodes assez astronomiques dans les objets proposés, l'académie, toujours juste, avoit adjugé la moitié du prix à un ouvrage dont les auteurs étoient conjointement les sieurs Euler, pere & fils; & que l'autre moitié seroit jointe au prix de 1772, pour lequel on proposoit de nouveau le même sujet qu'on avoit à cœur de discuter à fond & aussi parfaitement qu'il seroit possible.

Le même secretaire ajouta que l'académie

n'avoit publié depuis pâque 1769 que la seule description de *l'Art du Tailleur*, publiée par M. de Garfault.

Ensuite, la poitrine de l'orateur ne lui permettant pas de continuer, on a lu pour lui *l'Eloge du sieur Jars*, membre de cette académie depuis peu de temps, mais qui, par ses travaux, longs, soutenus & utiles, auroit mérité d'y être admis beaucoup plutôt. Il avoit beaucoup voyagé : il s'étoit adonné à l'étude des mines ; il étoit en tournée de visites de manufactures par ordre du gouvernement, lorsqu'il est tombé grièvement malade, & est mort au lit d'honneur, comme un héros sur la breche. Ce savant laborieux a eu le mérite rare d'être académicien, même après sa mort, & d'occuper les séances par plusieurs mémoires posthumes. Sa vie privée n'offroit aucun trait particulier ; c'étoit un homme modeste & obscur. L'historien, qui a souvent le défaut de prodiguer trop les fleurs sur les cendres des défunts, a écrit cet éloge avec une simplicité convenable au sujet, & avec la rapidité digne des courses de ce voyageur infatigable.

Alors M. Morand pere a pris la parole ; il a fait part à l'assemblée d'une suite historique de *Recherches sur les conformations monstrueuses des doigts de l'homme, & sur-tout sur les individus à six doigts.*

A cette lecture a succédé celle d'un mémoire du sieur Guettard, concernant un projet de donner une *nouvelle Géographie de France en cartes minéralogiques*.

Pour couper ces lectures seches & fastidieuses pour une grande partie des auditeurs, M. le marquis de Paulmy a lu l'éloge de M. le duc de

Chaulnes, membre honoraire de cette académie, toujours de la composition du sieur de Fouchy. Ce dernier est entré d'abord dans un grand détail des services militaires du défunt & de ses différents grades, acquis & mérités à juste titre. Toute cette partie historique, que peu de gens avoient présenté, a fait plaisir & a paru neuve à bien des égards. Ensuite l'orateur a traité plus particuliérement la partie savante de M. le duc de Chaulnes. Il a fait voir qu'il étoit aussi grand académicien que bon militaire, & que ses exploits scientifiques en temps de paix remplissoient à merveille le temps que lui laissoit la fin de ses expéditions belliqueuses. Ce seigneur s'étoit adonné sur-tout à la Chymie, à l'Histoire Naturelle. Il avoit composé un fort beau cabinet dans ces deux parties ; mais il ne s'en tenoit pas à l'ostentation & à la parade de la science, il produisoit aussi, & a enrichi les mémoires de l'académie de plusieurs ouvrages de sa composition.

Le panégyriste n'a point oublié de peindre les mœurs, le caractere, l'ame ferme & philosophique de son héros. Il n'a point dissimulé qu'il avoit essuyé des chagrins longs & vifs, qu'il avoit soutenus avec une constance peu commune, mais qui n'avoient pas moins pris sur son tempérament bien constitué & robuste, qui l'avoient miné insensiblement & l'avoient conduit au tombeau dans la force de l'âge.

Le sieur de Fouchy a élevé davantage le ton dans cet éloge : animé par son sujet, il y a répandu plus de graces & plus d'esprit que dans celui du sieur Jars. On eût seulement desiré qu'il eût fait une mention particuliere de madame la duchesse de Chaulnes, qui, par son attachement pour son mari, & plus encore par la profondeur de ses connoissances & la hauteur de son génie, pouvoit être louée dans ce temple des sciences sans qu'on y trouve à redire.

Le sieur Tenon a continué la séance, en lisant un écrit sur de nouvelles découvertes qu'il prétend avoir faites dans la conformation & l'usage des dents du cheval.

Quoique l'heure s'avançât, le directeur a permis au pere Pingré d'entamer la lecture de ses observations géographiques, astronomiques, pour l'examen des montres marines de nos artistes François, exécuté dans un voyage entrepris à cet effet sur un bâtiment du roi, dont les gazettes ont parlé dans le temps. Cette relation longue n'a point été achevée, & l'on a fermé la bouche à l'académicien environ après un quart-d'heure de lecture.

17 *Avril* 1770. M. l'abbé Nollet, membre de l'académie des sciences, très-renommé pour ses expériences de physique expérimentale, est mort avant-hier matin presque subitement.

19 *Avril* 1770. Il y a eu ces jours derniers sur l'ancien théâtre de la comédie Françoise une répétition d'*Athalie*, telle qu'elle doit être exécutée à Versailles, c'est-à-dire, avec les chœurs. Le bruit qui couroit depuis quelque temps sur Mlle. Clairon, s'est réalisé. Madame la duchesse de Villeroy a réinstallé elle-même dans ses fonctions l'actrice qu'elle avoit amenée avec elle, & les spectateurs ont vu avec la plus grande satisfaction reparoître cette divinité de la scene. On assure que dans cet essai, très-informe, elle a paru plus héroïque que jamais, & a développé une

majesté théatrale qui en a imposé à toute l'assemblée.

Les chœurs qu'on y a exécutés en musique, ne sont pas de l'abbé Gauzargue, comme on le comptoit. On croit qu'il n'a pas voulu y travailler, par quelques tracasseries assez ordinaires dans ce tripot. Quoi qu'il en soit, on y a adapté divers morceaux de musique, tirés d'opéra connus, & l'on se loue sur-tout d'un morceau d'invocation d'*Ernelinde*, qui a fait le plus grand effet.

Malgré le succès de Mlle. Clairon, les partisans de Mlle. Dumesnil ne sont pas moins vivement affectés du triomphe de la premiere. Ils se consolent par l'espoir que l'autre ne sera pas tout-à-fait exclue. Le bruit court que madame Dubarri veut être sa protectrice, & a demandé qu'*Athalie* fût jouée alternativement par les deux actrices.

D'un autre côté, on sait que Mlle. Clairon rentre au théatre, ce ne sera que pour faire les rôles de Mlle. Dumesnil; qu'elle ne se sent plus assez jeune pour ceux d'amoureuses, & qu'elle a profité de sa retraite pour étudier & raisonner tous ceux dont elle veut se mettre en possession.

2 *Mai* 1770. On écrit de Metz que M. de Valdahon, dont l'affaire se trouve attribuée à ce parlement, n'est pas jugé, comme on l'avoit annoncé; que ce n'est que le 8 ou le 10 de ce mois qu'on commencera à plaider; que ce qui peut avoir donné lieu à ce faux bruit, est un mémoire répandu depuis peu dans cette ville par M. le Monnier; que ce mémoire, très-volumieux, ne fait que répéter ce qui a été dit dans les précédents, mais qu'il est composé avec beaucoup plus d'a-

dreffe, & devient ainfi beaucoup plus dangereux ; qu'on y établit hardiment, comme prouvées, toutes les affertions avancées par M. le Monnier contre la naiffance de M. de Valdahon, & foutenues de faits qu'on donne comme démontrés; qu'on y fuppofe, non moins gratuitement, que M. de Valdahon a été reconnu féducteur par le parlement de Befançon, & condamné en cette qualité. D'où l'orateur tire des conféquences très-bien déduites, & fortifiées par des plaidoyers d'avocats-généraux, dans des efpeces approchantes, & qu'on veut affimiler en tout à celle-ci : que ce mémoire enfin pourroit faire paffer M. de Valdahon pour très-coupable aux yeux de gens qui ne font pas au fait du procès : mais qu'on attend avec impatience un nouveau mémoire de M. l'Oifeau de Mauléon, qui renverfera de fond en comble l'édifice calomnieux de l'avocat de M. le Monnier, que tout Metz, qui s'intéreffe fortement aux amants malheureux, eft dans l'attente de cette défenfe, d'autant plus qu'on y a une grande idée de l'éloquence de M. de Mauléon, qu'on fait avoir été indiqué à M. de Valdahon par Rouffeau, comme l'homme du barreau le plus propre à traiter *la queftion d'entrailles*.

5 *Mai* 1770. M. le duc de Villars, gouverneur de Provence, vient de mourir dans fon gouvernement. Ce feigneur, fils du maréchal de ce nom, n'avoit pas couru la même carriere & avoit bien dégénéré de la vertu de fes ancêtres. Il étoit taxé d'un vice qu'il avoit mis à la mode à la cour, & qui lui avoit valu une renommée très-étendue, comme on peut le voir dans *la Pucelle*. Du refte, il avoit beaucoup d'efprit ; il étoit homme de lettres, & membre de l'académie Françoife depuis

1734. Il étoit aimé dans son gouvernement, où il s'étoit fort bien comporté à certains égards.

7 Mai 1770. *Mémoires du Sr. Billard, Ecuyer, contre M. le Procureur du Roi.* Telle est la nouvelle défense qui paroît en faveur de ce fameux hypocrite, qui est signée du sieur Aubry, avocat, qui est imprimée & se répand par la famille de l'accusé avec la plus grande profusion.

Cet écrit, le même, quant au fond, que celui dont on a parlé, est tout différent dans la forme. On y établit, comme dans le premier, que la déroute du sieur Billard ne doit être attribuée ni à l'amour déréglé des plaisirs, ni à un luxe dépravé, cause trop ordinaire du renversement des fortunes. On ne lui reprochera point d'avoir abandonné des travaux nécessaires pour se livrer à des amusements frivoles; qu'il est avéré, qu'il est notoire, qu'il lui a été impossible de mener une vie plus modeste & plus frugale, plus retirée & plus laborieuse; qu'on ne reconnoît dans la conduite qui a précédé sa détention aucun des traits qui indiquent de la mauvaise foi, point de créances simulées, point de soustractions d'effets, de deniers comptants, ou de titres; point de cession ni de transports à des personnes préposées; qu'il a été libre de s'évader, mais que, loin de soustraire sa personne aux inquiétudes de ses créanciers, il a cru devoir les prévenir; qu'il leur a déclaré, dans un temps non suspect, sa résolution de se constituer prisonnier; que c'est à lui qu'on est redevable des différents éclaircissements de sa gestion; que, maître absolu de ses papiers jusqu'au moment de sa captivité, il les a conservés avec l'attention la plus scrupuleuse, & il a donné aux administrateurs des postes toutes les lumieres qu'ils pouvoient desirer; qu'en un mot, si sa conduite n'a pas été d'une fidélité aussi exacte, aussi integre que l'exigeoit la confiance de ses commettants, son cœur a toujours été pur, & il ne s'est pas permis le moindre déguisement, la moindre altération, la moindre précaution frauduleuse pour les empêcher de connoître sa situation.

Mais loin d'attribuer en fanatique cet aveuglement de ses supérieurs à une approbation spéciale du ciel, on a fait convenir le sieur Billard d'une premiere faute, très-grave certainement, mais qui ne dérive point d'une cupidité criminelle. Cette faute est, lors de sa nomination à l'emploi de caissier des postes, d'avoir emprunté des deniers de sa caisse pour le paiement de ses dettes, dans la certitude que cela ne feroit aucun tort à son service, qu'il a effectivement rempli sans le moindre retard pendant quatorze années, & dans l'espoir de recueillir des bénéfices d'entreprises, dont le produit, moralement assuré, devoit être plus que suffisant pour remplir ce vuide momentané. Et quelles entreprises? Des entreprises qui doivent procurer le bien public, & pour lesquelles seules il a toujours eu un attrait décidé.

Si le succès n'a point répondu aux espérances du sieur Billard, son défenseur, malgré cela, prétend que l'espérance seule de parvenir à l'extinction de ses dettes empêche le sieur Billard de succomber sous le poids de ses disgraces, & par un bilan qui présente un tableau fidele de son actif & de l'emploi de ses fonds, veut démontrer que ses vœux ne sont point chimériques.

Au reste : 1°. les circonstances qui ont précédé & accompagné la faillite du sieur Billard, écartent invinciblement l'idée d'une banqueroute frauduleuse : 2°. les deniers qu'il a placés dans des entreprises très-connues ne sont pas des deniers royaux, & les édits & réglements qui concernent les fermes sont étrangers à l'affaire présente : 3°. le crime de faux ne lui peut être imputé ; ainsi il n'existe pas de corps de délit, & tout l'édifice de la procédure extraordinaire est sappé par le fondement.

Ainsi le sieur Billard n'est point coupable de crimes qui l'exposent à subir toute la rigueur des loix ; il est dans le cas de tant de banqueroutiers qui se trompent dans des spéculations trop vastes ; de ces caissiers peu délicats, qui font valoir les deniers de leur dépôt ; pratique si usitée, si connue, qu'on regarde aujourd'hui comme imbécille tout homme qui ne saisiroit pas cette facilité pour augmenter sa fortune. Enfin, l'affaire considérée sous le point de vue d'une procédure extraordinaire, n'intéresse pas ses créanciers, ou plutôt le procès criminel qu'on lui suscite est un nouvel obstacle à l'acquittement de ses dettes. Réduit à l'impossibilité de suivre des entreprises dont il connoît seul la manutention & dont il a toujours dirigé les ressorts, il voit avec la douleur la plus amere ses créanciers exposés à perdre le fruit précieux de travaux & de dépenses qui n'ont jamais eu pour objet que sa libération.

Tel est le précis de ce nouveau mémoire, sur lequel on s'est étendu par l'éclat singulier qu'a fait l'étrange procès en question. Il est écrit avec beaucoup de sagesse & de modestie, & il intéresseroit en faveur du sieur Billard, si la haute dévotion qu'il affichoit n'eût semblé exiger de lui une probité d'un autre genre que celle des gens du monde ; une morale austere, conforme à celle de l'évangile, & qui n'est pas, à beaucoup près, celle qui l'a guidé, suivant son propre aveu.

Il n'est fait aucune mention de l'abbé Grisel dans cet écrit, au grand étonnement des lecteurs.

8 Mai 1770. Extrait d'une lettre de Châlons, du 4 mai 1770...... Nous attendons incessamment vos principaux acteurs de Paris, de la comédie Italienne & de la comédie Françoise, pour jouer devant madame la dauphine, *La Chasse de Henri IV*, & *Lucile*, opéra-comique. On craignoit que la cour ne désapprouvât le choix de la premiere piece, dont on assure qu'elle n'a jamais voulu permettre la représentation dans votre capitale; mais M. Rouillé s'est adroitement muni de l'approbation spéciale de S. M.

9 Mai 1770. Depuis quelques jours le bruit court que Mlle. Clairon ne fera point le rôle d'*Athalie*, quoiqu'elle l'ait déja répété; ce qui la mortifie infiniment. Mais elle paroîtra toujours dans le rôle d'*Aménaïde*. On assure que madame Dubarri a obtenu du roi qu'on ne feroit pas un passe-droit aussi injuste à Mlle. Dumesnil. D'un autre côté, madame de Villeroy se donne de grands mouvements pour empêcher ce nouvel arrangement. On connoît la passion extrême qu'a cette dame pour Mlle. Clairon, & combien elle est zélée pour empêcher que la délicatesse de cette actrice ne soit blessée en rien.

11 Mai 1770. Le plan de la nouvelle salle de comédie à construire à l'Hôtel de Condé, est passé au conseil & signé. Mais on croit que le défaut d'argent pourroit bien obliger d'en revenir à celui du carrefour de Bussi.

16 Mai 1770. Extrait d'une lettre de Châlons, du 12 mai...... Nous avons été tous enchantés de madame la dauphine. On a exécuté pour cette princesse, dans notre nouvelle salle de comédie, le drame de *la Chasse de Henri IV* & l'opéra comique de *Lucile*. Ce sont vos excellents acteurs de Paris qui ont joué avec le plus grand succès. La première piece a paru affecter vivement madame la dauphine, & son cœur sympathiser avec celui du bon prince qui en est le héros...... Du reste, la salle est charmante, & peu de provinces peuvent se flatter d'en avoir une pareille........

18 *Mai* 1770. On a joué hier pour premier spectacle à la cour l'opéra de *Persée*. On sait que les paroles sont de Quinault & la musique de Lully. Malgré toutes les précautions qu'on a prises pour renforcer cette derniere, il a paru singulier que pour début on assomme madame la dauphine, dont l'oreille n'a entendu jusqu'ici que les meilleurs ouvrages des grands maîtres d'Italie, d'un récitatif françois, que l'on sait être insupportable pour ceux qui n'y sont pas faits.

19 *Mai* 1770. Tous ceux qui sont entrés aux appartements le jour du mariage, & au festin royal sur-tout, conviennent qu'ils n'ont jamais vu de coup d'œil aussi miraculeux. Ils prétendent que toutes les descriptions qu'ils en feroient, feroient au dessous de la vérité, & que celles qu'on lit dans les romans de féerie ne peuvent encore en donner qu'une idée très-imparfaite. La richesse & le luxe des habits, l'éclat des diamants, la magnificence du local, éblouissoient les spectateurs & les empêchoient de rien détailler.

L'opéra de *Persée*, joué le lendemain jeudi, avec toute la pompe & toute la magnificence du spectacle, n'a point eu de succès. On a trouvé mauvais que le sieur Joliveau se fut avisé de changer le poëme de Quinault, ou plutôt de le profaner par ses corrections sacrileges. On sait d'ailleurs qu'il est essentiellement triste, & l'on a fort censuré le goût de ceux qui ont assisté au choix des spectacles, d'avoir préféré celui-ci, qui a répandu un ennui général sur toutes les physionomies. On a déja observé que le genre de la musique ne pouvoit affecter que désagréablement les oreilles de madame la dauphine, accoutumées jusqu'à présent seulement à la vivacité & à la légéreté de la musique italienne. On n'a pas trouvé que les ballets réparassent ce qui manquoit d'ailleurs, & les machines, qu'on avoit extrêmement vantées, n'ont point produit l'effet merveilleux qu'on s'en promettoit. En tout, l'exécution a été plus que médiocre.

21 MAI 1770. Le sieur Ruggieri, l'antagoniste de Torré depuis long-temps, s'est piqué d'une nouvelle émulation depuis le succès du feu de ce dernier. Comme il est chargé de celui que la ville se propose de faire tirer le 31 de ce mois à la place de Louis XV, il sent qu'il est de son honneur de renchérir sur l'ouvrage de son camarade. Ce qui sera fort difficile par l'étendue plus resserrée du local. Il ne peut se distinguer que par plus d'élégance & de propreté, sorte de caractere de ses feux, qui n'ont jamais été servis avec l'abondance, la chaleur, la rapidité de ceux de l'autre.

23 MAI 1770. On a fait hier à Versailles sur le magnifique théatre de la cour la répétition d'*Athalie*, dans toute sa pompe & telle qu'elle doit être exécutée aujourd'hui. C'étoit depuis quel-

que temps un problême si ce seroit Mlle. Dumesnil, ou Mlle. Clairon qui feroit le rôle. La derniere l'a emporté enfin, malgré l'énormité de cette injustice; mais on ne sait si la premiere ne sera pas bien vengée par l'indignation générale du public contre sa rivale, qui au demeurant a déclamé plus que senti son rôle. On n'en a nullement été content. On est partagé sur les chœurs, qui font un merveilleux effet au gré d'une partie des spectateurs, & qui refroidissent & affoiblissent l'action suivant d'autres amateurs. On se réunit plus complétement sur le spectacle & sur les décorations, qu'on assure être de la plus grande beauté & d'une vérité d'imitation admirable; sur-tout le dernier tableau a fait un effet prodigieux: cinq cents hommes sur la scene, débouchant par quatre côtés sur dix de front, ont présenté le coup-d'œil le plus imposant & le plus terrible.

24 *Mai* 1770. On raconte un bon mot de l'abbé Terrai au roi, qui indique dans ce ministre une présence d'esprit gaie, dont la nation ne peut qu'être fort aise par la bonne opinion qu'elle en doit concevoir du génie & des ressources du ministre, qui, s'il n'avoit pas devers lui de quoi se rassurer, ne seroit certainement pas plaisant. On dit que S. M. lui ayant demandé comment il trouvoit les fêtes de Versailles? *Ah*, *Sire*, a-t-il répondu, *impayables!*

25 *Mai* 1770. Aucun des spectateurs du feu de Versailles n'en est sorti satisfait. Il ne répond en rien à l'idée qu'on s'en étoit faite & au prospectus qu'en avoit distribué l'auteur. Cette girande de vingt mille fusées n'a produit aucune sensation, & a terminé le spectacle on ne peut plus

mal. On ne fait encore quelle récompense aura Torré : on parle de lui donner le cordon de St. Michel, honneur qui, comme on fait, est affecté aux talents.

27 *Mai* 1770. Voici exactement le portrait de madame la dauphine. Cette princesse est d'une taille proportionnée à son âge, maigre, sans être décharnée, & telle que l'est une jeune personne qui n'est pas encore formée. Elle est très-bien faite, bien proportionnée dans tous ses membres. Ses cheveux sont d'un beau blond ; on juge qu'ils seront un jour d'un châtain cendré : ils sont bien plantés. Elle a le front beau, la forme du visage d'un ovale beau, mais un peu allongé : les sourcils aussi bien fournis qu'une blonde peut les avoir. Ses yeux sont bleus, sans être fades, & jouent avec une vivacité pleine d'esprit. Son nez est aquilin, un peu affilé par le bout : sa bouche est petite ; ses levres sont épaisses, surtout l'inférieure, qu'on sait être la levre Autrichienne. La blancheur de son teint est éblouissante ; & elle a des couleurs naturelles qui peuvent la dispenser de mettre du rouge. Son port est celui d'une archiduchesse ; mais sa dignité est tempérée par sa douceur : il est difficile, en voyant cette princesse, de se refuser à un respect mêlé de tendresse.

30 *Mai* 1770. Les préparatifs du feu qui doit se tirer aujourd'hui, ont attiré quantité de curieux. Ils annoncent quelque chose de plus marqué que celui de Versailles, & dans son plan, beaucoup moins étendu, on y saisit un ensemble qui échappoit aux spectateurs dans l'autre. La principale décoration représente le temple de l'hymen, précédé d'une magnifique colonnade, dont les

gens qui veulent tout critiquer ont trouvé les proportions marquées. Ce temple est adossé à la statue de Louis XV. Il est entouré d'une espece de parapet, dont les quatre angles sont flanqués de dauphins, qui paroissent disposés à vomir des tourbillons de feu. Des fleuves, occupant les quatre façades, doivent aussi répandre des nappes & des cascades du même genre. Le palais est surmonté d'une pyramide terminée par un globe. Beaucoup de pieces d'artifice sont rangées autour de la décoration. Après la statue, & du côté de la riviere, est un bastion, dont les flancs contiennent le corps de réserve de l'artifice, & d'où sortira le bouquet, piece essentielle à une semblable fête, & qui doit ordinairement la terminer d'une façon à ne plus rien laisser désirer à l'admiration.

31 *Mai* 1770. Le feu d'artifice tiré hier à la place de Louis XV, a eu les suites les plus funestes. Outre la mauvaise exécution, un accident arrivé d'une fusée qui est tombée dans le corps de réserve d'artifice dont on a parlé, qui a fait partir le bouquet au milieu de la fête & qui a enflammé toute la décoration, a rendu ce spectacle fort médiocre. Le Sr. Ruggieri n'a pas profité des fautes de son antagoniste Torré, & n'a pas les mêmes excuses. Outre que son plan étoit beaucoup moins combiné que celui de l'autre, & n'exigeoit pas la même étendue de génie, c'est qu'il n'avoit pas éprouvé les mêmes contrariétés de la part du temps, & le ciel l'avoit favorisé entiérement.

L'accident survenu au bastion a été fort long, & comme on ne donnoit aucun secours au feu, bien des gens se sont imaginés que cet incendie étoit un nouveau genre de spectacle, qui en effet présentoit un très-beau coup d'œil, & éclairoit magnifiquement la place, pendant qu'on formoit l'illumination.

Mais pendant ce temps il se passoit une scene infiniment plus tragique. La place n'ayant, à proprement parler, qu'un débouché dans cette partie du tôté de la ville, & la foule s'y portant, indépendamment des voitures qui venoient prendre ceux qui avoient été invités aux loges du gouverneur & de la ville, pratiquées dans les bâtiments neufs, un fossé qu'on n'avoit point comblé, & qui s'est trouvé au passage de quantité de gens poussés par derriere, les a fait trébucher; ce qui a occasioné des cris & un effroi général. Trop peu de gardes ne pouvant suffire à contenir la presse, ont été obligés de succomber ou de se retirer; des filoux, sans doute, augmentant le tumulte pour mieux faire leurs coups; des gens oppressés mettant l'épée à la main pour se faire jour, ont occasioné une boucherie effroyable, qui a duré jusqu'à ce qu'un renfort puissant du guet ait rétabli l'ordre. On a commencé par emporter les blessés comme on a pu, & ce spectacle étoit plutôt l'idée d'une ville assiégée que d'une fête de mariage. Quant aux cadavres, on les a déposés dans le cimetiere de la Magdeleine, & l'on y en compte aujourd'hui 133. Pour les estropiés, on n'en sait pas la quantité. M. le comte d'Argental, envoyé de Parme, a eu l'épaule démise; & M. l'abbé de Raze, aussi ministre étranger, a été renversé & est horriblement froissé & meurtri.

2 *Juin* 1770. Mercredi 30, l'académie royale de musique a joué *gratis* l'opéra de *Zaïde*

pour le peuple ; vendredi premier de ce mois, les François ont donné, au même sujet, *le Tartufe*, & *Crispin Rival de son Maître* ; & les Italiens, *le Déserteur* & *le Diable-à-quatre*.

3 Juin 1770. M. le dauphin a paru fort inquiet dès le commencement du jour du premier juin, de ce que son mois n'arrivoit pas. Il est de deux mille écus, destinés à ses menus plaisirs. On ne pouvoit deviner le sujet de cette impatience. On l'a découvert enfin par l'usage qu'il a fait de son argent. Il a envoyé la somme entiere à M. le lieutenant-général de police, avec la lettre suivante :

« J'ai appris le malheur arrivé à Paris à mon
» occasion : j'en suis pénétré. On m'a apporté
» ce que le roi m'envoie tous les mois pour
» mes menus plaisirs ; je ne peux disposer que
» de cela, je vous l'envoie : secourez les plus
» malheureux. J'ai, Monsieur, beaucoup d'estime pour vous. (Signé) Louis-Auguste.
» A Versailles, le 1er. Juin 1770. »

Madame la dauphine a aussi envoyé sa bourse à M. de Sartines. Mesdames en ont fait autant. Les princes du sang ont suivi cet exemple respectable, & des particuliers l'ont imité. Il en est qui n'ont pas même voulu qu'on sût d'où venoient les secours qu'ils envoyoient. Les fermiers-généraux ont donné 5,000 livres.

5 Juin 1770. Le sieur Boucher, premier peintre du roi, vient de mourir. Depuis qu'il occupoit ce poste distingué, sa réputation avoit diminué, & il n'avoit rien fait digne de sa place. Le seul morceau qu'il avoit exposé au dernier sallon, étoit plus que médiocre. En général, cet artiste a joui d'une réputation précoce, & portée beaucoup au-delà de ce qu'il méritoit. Il avoit un pinceau facile, agréable, spirituel, & peut-être trop fin pour les détails champêtres auxquels il s'étoit consacré. Toutes ses bergeres ressembloient à celles de Fontenelle, & avoient plus de coquetterie que de naturel. Son genre n'étoit pas proportionné à son rang : c'est comme si l'on donnoit le sceptre de la littérature à un faiseur d'idylles ou d'Eglogues.

6 Juin 1770. Les exercices des Eleves de Navigation, indiqués ci-devant sous le nom de *Jeux Pléiens*, ont recommencé avant-hier dans la même enceinte que ci-devant, mais mieux décorée, & enrichie d'une promenade agréable, qui attirera encore plus de monde à ce spectacle amusant. On a retranché le titre de *Jeux Pléiens*, comme trop scientifique, & on l'a suppléé par celui d'*Exercices des Eleves de Navigation*, plus simple & plus proportionné au sujet.

7 Juin 1770. C'est le sieur Pierre, premier peintre de M. le duc d'Orléans, qui est nommé pour remplacer le sieur Boucher dans la place de premier peintre du roi. Le grand genre, dans lequel s'est distingué cet artiste, la quantité de ces ouvrages & leur mérite, quoiqu'ils ne soient pas sans défaut, le rendent beaucoup plus digne de cet honneur que son devancier.

10 Juin 1770. On a donné hier sur le théatre de la cour l'opéra de *Castor & Pollux*, tant attendu. Il n'a pas répondu en tout au grand succès qu'on s'en promettoit, & le sieur le Gros a crié plus que chanté ; ce qui a gâté infiniment la beauté de la scene. Les décorations, les ballets, l'ensemble de la salle, tout cela formoit le plus

magnifique

magnifique coup-d'œil, & a paru plaire beaucoup à madame la dauphine.

10 *Juin* 1770. Depuis que Mlle. Clairon a paru à la cour au préjudice de Mlle. Dumesnil, il semble que ce passe-droit n'ait servi qu'à enflammer davantage le génie de cette derniere. Elle a joué différents rôles aux François avec une sublimité nouvelle & continue; elle n'a point eu de ces disparates qui lui étoient si ordinaires, sur-tout depuis quelques années. Le public, de son côté, a paru la regarder comme plus chere à ses yeux, & elle a été applaudie d'une maniere bien propre à la dédommager de la mortification dont on vient de parler.

12 *Juin* 1770. Les comédiens Italiens donnent demain la premiere représentation d'une piece nouvelle, ayant pour titre : *Dom Alvar & Mencia*, ou *le Captif de retour*, comédie en trois actes, mêlée d'ariettes. Les paroles sont du sieur de Cailly, trésorier de M. le comte d'Eu, & la musique d'un amateur peu connu. Il paroît que ce drame n'a pas fait une grande sensation aux répétitions, tant par son intrigue romanesque, que par son harmonie décousue & sans ensemble.

14 *Juin* 1770. Madame la comtesse de Noailles, dame d'honneur de madame la dauphine, & dont les fonctions sont de guider cette princesse dans tout ce qui est étiquette & cérémonial, voit avec peine qu'elle s'affranchisse de ses conseils, & lui fait sans cesse des représentations sur ce qu'elle se familiarise trop; ce qui la rend peu agréable à la princesse & au public, & ce qui donnera la clef de la chûte de la piece de vers suivante, qui, par une adresse assez heureuse,

Tome V. F

est tout à la fois un éloge très-flatteur pour madame la dauphine & une épigramme contre madame de Noailles.

Le bal masqué, à madame la Dauphine.

Quand au milieu d'une brillante cour,
Aux rois nous offrons notre hommage,
Le respect sur notre visage
Tient lieu de masque au tendre amour.
C'est pour mieux nous faire connoître
Qu'aujourd'hui nous masquons nos traits :
A la félicité du maître
Chacun veut applaudir de près.
Pour donner à notre tendresse
Le droit d'éclatter librement,
Faut-il en ce jour d'alégresse
Recourir au déguisement !
Ce qu'il sent hautement, le François le publie.
Laissez-lui la sincérité ;
En est-il un qui ne s'écrie :
Cette dauphine, en vérité,
Nous l'aimons tous à la folie !
Nous l'aimons ! Ce mot est si doux,
Qu'au milieu de ce peuple errant autour de vous ;
Vous vous plaisez sous le masque à l'entendre ;
Vous épiez, vous cherchez à surprendre
L'aveu, le seul aveu dont les dieux soient jaloux.
Si pourtant vous croyez que rien ne vous décele,
Vous vous trompez : par-tout LOUIS vous suit des yeux ;
Ses regards attendris semblent dire : c'est elle !

Et puis cette ceinture, ornement précieux,
    Que vous portez dès l'âge le plus tendre,
Et dont vous fit présent la mere de l'Amour;
    Jamais votre dame d'atour,
En vous masquant, n'a pu vous la reprendre.

15 *Juin* 1770. Madame Geoffrin est une virtuose très-connue, sur-tout chez les étrangers, plus enthousiasmés de son esprit que ses compatriotes. On se rappelle qu'elle fit, il y a quelques années, un voyage en Pologne; qu'elle eut l'honneur de voir plusieurs souverains dans cette tournée, & sur-tout d'être admise à une audience particuliere de l'impératrice-reine. Cette majesté, dans son intimité avec elle, lui fit voir son oratoire garni de très-beaux tableaux. Madame Geoffrin y remarqua une place vuide. Depuis son retour en France, ayant acquis une très-belle vierge de *Carlo Maratto*, elle a demandé à l'impératrice-reine la faveur de lui permettre d'envoyer ce morceau fameux à S. M. impériale, s'imaginant qu'il figureroit très-bien dans l'endroit en question. Cette souveraine a accepté le présent, & a envoyé à madame Geoffrin un service très-magnifique en porcelaine.

16 *Juin* 1770. Les vers à madame la dauphine sont du sieur Moreau, ci-devant avocat des finances, ensuite conseiller en la cour des aides & finances de Provence, & aujourd'hui bibliothécaire de madame la dauphine. Il est auteur de l'*Observateur Hollandois*, ouvrage périodique, composé en France, pendant la derniere guerre, par ordre du gouvernement & sous ses auspices.

16 *Juin*. Le marquis du Terrail, (*Durey de*

Sauroy), fils d'un trésorier de l'extraordinaire des guerres, & qui, par des arrangements de famille, avoit pris le nom distingué de sa mere, issue du chevalier *Bayard*, est mort ces jours derniers. C'étoit un homme qui avoit des prétentions à l'esprit. Il avoit composé quelques pieces dramatiques, qu'il avoit eu la prudence de garder dans son porte-feuille, mais qu'il faisoit jouer sur son magnifique théatre à Epinay. Il passoit d'ailleurs pour avoir un goût très-antiphysique. Il avoit cependant épousé depuis quelques années une jeune demoiselle d'Uzès, mais dont il n'avoit point d'enfants. En sorte que sa succession, très-opulente, retourne à M. de Cossé, son neveu par sa mere, sœur de M. du Terrail.

16 Juin 1770. On ne cesse pas de parler du fatal événement de la nuit du 30 au 31 dernier, & l'on attend avec impatience la rentrée du parlement, pour voir comment cette cour traitera la chose. On cite à cette occasion un exemple de la même espece, mais bien inférieur pour la quantité des morts, arrivé sous Louis XI, par lequel on voit que le prévôt des marchands de ce temps-là fut très-sévérement puni. Les défenseurs de celui-ci rejettent la faute sur son peu de génie; &, pour donner une idée de sa force, on rappelle la plaisanterie que dit M. d'Argenson à M. Bignon, lorsqu'il fut nommé bibliothécaire du roi: *Mon neveu, voilà une belle occasion pour apprendre à lire*. C'est à la même cause qu'ils imputent sa fausse démarche d'avoir été le lendemain à l'opéra, sous prétexte de se justifier vis-à-vis du public, & de démentir les faux bruits qui couroient à cette occasion.

17 Juin 1770. Quoique le nouveau mémoire de

M. le duc d'Aiguillon ne doive être publié que le mardi, jour de l'assemblée des pairs, on en voit deja quelques exemplaires dans le public. Outre le fond de l'affaire qu'il traite, & qui est fort curieux en lui-même, on y trouve un détail historique & circonstancié, concernant la tenue des états de Bretagne, leur origine, leurs changements, leur police & leurs inconvénients, qui rendra cet ouvrage intéressant en tout temps. Il est signé du sieur Linguet. On connoît la plume chaude & rapide de cet écrivain, & sans doute il aura le double d'énergie & de véhémence dans une cause aussi susceptible de grands mouvements de l'éloquence. On parlera plus amplement de ce mémoire, lorsqu'il aura acquis toute la publicité qu'il doit avoir.

17 *Juin* 1770. Les comédiens François doivent jouer incessamment une piece nouvelle, qui a déja été annoncée sous deux titres : *L'homme dangereux*, & *le Satirique*. On ne nomme point l'auteur de ce drame. Bien des gens le mettent sur le compte du sieur Palissot : d'autres prétendent, au contraire, qu'il est dirigé contre lui. Quoi qu'il en soit, on en jugera au théâtre, & à l'œuvre on connoîtra l'ouvrier.

18 *Juin* 1770. Les spectacles de la cour se termineront mercredi par *Tancrede* & *la Tour enchantée*. Il paroît que *Sémiramis* ne sera jouée qu'à Fontainebleau. Cette *Tour enchantée* fait aujourd'hui l'objet de la curiosité des amateurs. C'est un drame à machines, dans un goût tout nouveau. Il n'y a que trois acteurs : *La Princesse*, *un bon* & *un mauvais Génie*. L'objet principal de cette fête est de retracer les combats de l'ancienne chevalerie & ces magnifiques tournois dont l'histoire

nous a conservé les descriptions. Il y aura entre autres choses quatre chars traînés par des chevaux des écuries du roi, exercés depuis longtemps à cet effet. On combattra à la lance & au sabre. La musique n'est autre chose que différents morceaux pris de côté & d'autre, dont on a formé un ensemble. Les paroles sont moins que rien aussi, & ce genre de divertissement est uniquement pour les yeux. Il n'y aura point de ballets ni de danse. Madame la duchesse de Villeroy se donne de grands mouvements pour faire réussir ce spectacle, sinon de son invention, duquel au moins elle a donné le cannevas, auquel elle a présidé; & qui s'exécute entiérement sous ses auspices.

19 *Juin* 1770. Le projet de dresser une statue à M. de Voltaire a été enfanté & rédigé chez madame Necker, femme du banquier de ce nom, qui reçoit chez elle beaucoup de gens de lettres. En conséquence, ce grand poëte lui a adressé l'épître suivante :

 Quelle étrange idée est venue
 Dans votre esprit sage, éclairé ?
 Que vos bontés l'ont égaré,
 Et que votre peine est perdue !
 A moi, chétif, une statue ?
 D'orgueil je vais être enivré !
 L'ami Jean-Jacques a déclaré
 Que c'est à lui qu'elle étoit due :
 Il la demande avec éclat.
 L'univers, par reconnoissance,
 Lui devoit cette récompense ;
 Mais l'univers est un ingrat !

En beau marbre, d'après nature,
C'est vous que je figurerai,
Lorsqu'à Paphos je reviendrai,
Et que j'aurai la main plus sûre.
Ah ! si jamais, de ma façon,
De vos attraits on voit l'image,
On sait comment Pygmalion
Traitoit autrefois son ouvrage.

21 *Juin* 1770. Le mémoire de M. le duc d'Aiguillon, de 200 pages *in-*4°., tend à prouver que ce commandant, bien loin d'avoir excité les troubles de Bretagne, n'y a pris part que pour les appaiser; que bien loin d'avoir été l'oppresseur, le tyran de la province, il en a été le gardien, le défenseur le plus zélé; qu'il n'a jamais rien fait pour cette société, dont on l'a accusé d'être le protecteur; qu'au lieu de solliciter des ordres rigoureux contre des sujets qu'une chaleur pardonnable, peut-être, emportoit à des excès, il s'est fait un devoir de les prévenir & d'en adoucir les suites, quand il s'est trouvé dans la triste nécessité de les faire exécuter: que s'il y a jamais eu un commandant envers qui la Bretagne ait dû conserver quelque reconnoissance, c'est peut-être celui à qui elle souffre qu'on reproche en son nom d'avoir travaillé à la ruiner; qu'enfin, s'il est vrai qu'il ait à y redouter de véritables ennemis, ce ne sont que ceux du bien public.

Pour mieux prouver ces assertions, que le défenseur de M. le duc d'Aiguillon trouve encore trop modestes, il divise son discours en onze paragraphes. Dans le premier il développe les devoirs des commandants pour le roi dans les pays d'états, & donne une idée de la constitution de la Bretagne. Dans les paragraphes 2, 3, 4, 5, 6, 7 & 8, il rend compte de l'administration de M. le duc d'Aiguillon, depuis son arrivée en Bretagne en 1753, jusqu'à sa retraite en 1768. Il peint tour-à-tour en lui, l'homme de guerre & l'homme d'état; le héros qui repousse l'ennemi de la patrie au dehors, & le ministre actif qui calme les troubles du dedans. Il expose au grand jour les peines secretes, les perplexités continuelles, les angoisses cruelles où il se trouvoit, les contradictions, les dégoûts, les humiliations que lui faisoit dévorer son zele infatigable pour concilier les ordres du prince avec les intérêts des sujets; & il assure que dans six tenues d'états consécutives, à force de douceur & de patience, il avoit triomphé d'une cabale acharnée, qui lui fournissoit sans cesse de nouveaux obstacles & des combats plus violents; que dans toutes il avoit donné des marques de son attachement à la province & de sa condescendance pour la noblesse, malgré les fréquents écarts où elle se laissoit entraîner. Il étoit venu à bout d'accorder les besoins pressants du royaume, avec les égards dus à la misere des peuples. Il avoit enfin toujours obtenu ce qu'il avoit été chargé de demander au nom du monarque; des soulagements considérables à la province, des graces aux membres de l'assemblée, au point d'arracher souvent la reconnoissance & les éloges de ses ennemis même. Il ne dissimule pas que dans la septieme tenue des états, en 1768, il n'eut pas le même succès, & que le trouble parvenu à son comble, il crut devoir, par une retraite prudente, prévenir un plus grand

& plus long désordre. Dans les paragraphes 9, 10 & 11, le sieur Linguet discute séparément les griefs principaux qu'on impute à M. le duc d'Aiguillon, qui sont :

1°. D'avoir fait essuyer à la Bretagne un despotisme cruel, de l'avoir accablée sous des coups d'autorité abusifs & réitérés, ou plutôt continués sans interruption.

2°. D'avoir protégé les jésuites, de s'être livré aux conseils de quelques moines turbulents & vindicatifs.

3°. De s'être occupé de l'avilissement, de la ruine de la magistrature & des magistrats.

4°. D'avoir favorisé des complots criminels de toute espece, tramés pour perdre des hommes vertueux ; d'avoir ordonné, ou au moins souffert, qu'en vue de lui plaire, on attaquât leur vie par le poison, & leur bonheur par des dépositions mendiées & suggérées.

Il réduit le premier grief à trois faits : l'ordre enrégistré en 1762 sur la prépondérance de deux voix contre une : les corvées, dans lesquelles les campagnes, dit-on, ont été traitées sans ménagement : les lettres de cachet, les enlevements violents, dont on a publié des listes très-nombreuses.

Quant au premier article, l'ordre étoit légitime, il étoit nécessaire, il étoit utile. D'ailleurs, M. le duc d'Aiguillon ne l'a point sollicité ; il ne pouvoit se dispenser de l'exécuter : il ne peut en être responsable. C'est à lui, & à lui seul, que les états en ont dû la révocation.

A l'égard du second, M. le duc d'Aiguillon n'a violé ni les droits de la province, ni ceux

F 5

de la liberté naturelle envers les habitants des villes, ni ceux des agriculteurs & des habitants de la campagne. Après une perquisition rigoureuse, après l'invitation formelle & publique faite aux mécontens, on n'a presque reçu que des éloges : les plaintes ont été si légeres, que les états ont cru devoir à peine les écouter ; qu'elles ne pouvoient en aucune maniere concerner M. le duc Aiguillon, & que les états, par leur délibération de 1764, ont reconnu la bonté de ses principes sur l'administration des grands chemins, & l'exactitude avec laquelle elle s'exécutoit.

Enfin, six actes d'autorité auxquels M. le duc d'Aiguillon n'a concouru qu'en remplissant le devoir indispensable d'informer le roi de ce qui se passoit, font à quoi se réduit le tableau chronologique prétendu des lettres de cachet & des actes violens, de pouvoir absolu, exécutés en Bretagne sous ce commandant, qu'on fait monter à 158, depuis l'acte de démission du 22 mai 1769 jusqu'en septembre 1766, & qui, bien discutés, se réduisent à des ordres auxquels il n'a eu aucune part, dont il a ignoré le plus grand nombre & auxquels il n'avoit ni le droit ni le pouvoir de s'opposer.

Sur le second chef, il fait voir que M. le duc d'Aiguillon n'a eu aucunes liaisons avec les jésuites, ni avant leur expulsion ni depuis ; que jusqu'en 1764 on n'avoit vu ni soupçonné aucun rapport de ce commandant avec la société ; & que ce n'est qu'en 1766 qu'on a consigné cette assertion dans un libelle qui parut sous le titre de M. de la Chalotais, mais qui contient des faits si opposés à ce qu'avoit écrit ce procureur-général lui-même, à ce qu'il savoit, & si faux en certaines circonstances, que cela seul est la preuve que l'ouvrage n'est pas du magistrat dont il porte le nom.

L'orateur détruit ensuite les deux derniers chefs, qu'il réunit & qu'il discute ensemble. Il assure que pendant onze années, c'est-à-dire, depuis 1753 jusqu'en 1764, M. le duc d'Aiguillon n'a eu aucune prise avec le parlement qu'une seule fois. Cette compagnie avoit hasardé contre lui une inculpation fâcheuse, dont elle a reconnu la fausseté, & qu'elle a désavouée : que les événements survenus depuis n'ont dépendu de lui en rien, qu'il n'a pu les prévenir ni empêcher; que lors de la dissolution du parlement, il étoit à 200 lieues de la Bretagne, n'étoit instruit de rien ; il n'avoit de correspondance ni avec la cour ni avec la Bretagne ; qu'il ne pouvoit se refuser ensuite à la commission qui sembloit éluder le rappel de l'universalité; qu'il ne le devoit pas : qu'à l'égard des magistrats accusés, il n'a eu aucune part à leur détention, aux procédures entamées contr'eux, aux mouvements que leurs malheurs ont occasionés dans la province : que sur le reste, un arrêt même du parlement de Bretagne dispense M. le duc d'Aiguillon de se disculper. Qu'au surplus, avant d'avoir eu connoissance de l'information, il avoit les preuves des machinations commencées pour justifier l'audace des libelles, & l'éclat des inculpations accumulées contre lui; qu'il a cru devoir rendre plainte lui-même en subornation ; & que lorsque la cour des pairs, saisie de ce nouveau grief, y aura fait droit, c'est alors que se montrant à ses adversaires avec toute la supériosité que lui donnent la bonté de sa cause, sa vérité, sa justice; il mettra enfin au jour de véritables manœuvres dont il a été l'objet, de vrais complots tramés contre lui.

Ceci annonce un second mémoire, qui paroît en effet nécessaire à la suite de celui-ci, plus historique que raisonné, plein de faits curieux, détails secrets, sur lesquels il a fallu enfin lever le voile, concernant les intrigues de cour & les cabales des états; mais point assez fort de preuves justificatives, d'arguments convainquants, & de cette logique pressante qui, jointe à l'éloquence chaude & nerveuse de l'orateur, auroit produit le plus grand effet dans le public.

22 *Juin* 1770. M. l'abbé Bergier, pour remplir les intentions de M. l'archevêque de Paris, lorsqu'il l'a appellé auprès de sa grandeur & lui a conféré un canonicat de Notre-Dame, vient de faire une *Réfutation du Système de la Nature*, qu'il fait imprimer. Mais en même temps cet ecclésiastique s'est plaint que les devoirs de son état le gênoient beaucoup & lui laissoient peu de temps pour le travail. On assure qu'en conséquence l'assemblée du clergé se propose de lui faire une pension de 1,800 livres, d'en requérir autant pour cet écrivain de la part de M. l'évêque d'Orléans, afin de le mettre à même du résigner son canonicat, & de vaquer entiérement à la défense de la religion attaquée de tant de manieres & par tant d'ennemis.

23 *Juin* 1770. C'est aujourd'hui samedi que doit avoir lieu à l'académie Françoise la réception de M. de St. Lambert, dans une séance publique, qui se tiendra à cet effet suivant l'usage. L'ancien évêque de Limoges répondra en qua-

lité de directeur. Le reste de la séance sera rempli par la lecture de quelques fables de M. le duc de Nivernois, & le récipiendaire la terminera par la lecture du second chant d'un poëme intitulé: *Essai sur le goût*.

26 *Juin* 1770. On attribue l'éloignement de M. l'archevêque de Paris pour l'abbé de Vermont, à la qualité d'encyclopédiste qu'a mérité cet abbé, pour avoir fourni plusieurs articles théologiques de ce dictionnaire, articles qui ne sont pas aux yeux de certaines gens dans la plus grande orthodoxie.

27 *Juin* 1770. M l'archevêque de Toulouse, désigné successeur de M. le duc de Villars depuis quelque temps, ayant fait ses visites, suivant l'étiquette indispensable de l'académie Françoise, a été élu lundi dernier membre de cette compagnie.

1 *Juillet* 1770. On raconte deux bons mots à l'occasion du lit de justice ; car le François est toujours facétieux: l'un, de M. de Choiseul à M. le chancelier, qui s'embarrassoit en sortant dans les plis de sa robe : *M. le chancelier*, lui dit ce seigneur en riant, *prenez garde de tomber*. L'autre, d'un de messieurs qui entendant ronfler la trompette avec laquelle il est d'usage d'annoncer les princes à ces sortes d'assemblées...... *Qu'entends-je ! c'est, je crois, la trompette du jugement dernier !*

1 *Juillet*. Jean-Jacques Rousseau, las de son obscurité & de ne plus occuper le public, s'est rendu dans cette capitale, & s'est présenté, il y a quelques jours, au café de la régence, où il s'est bientôt attroupé un monde considérable. Notre philosophe cynique a soutenu ce petit triomphe avec une grande modestie. Il n'a pas

paru effarouché de la multitude de spectateurs, & a mis beaucoup d'aménité dans sa conversation, contre sa coutume. Il n'est plus habillé en Arménien ; il est vêtu comme tout le monde, proprement, mais simplement. On assure qu'il travaille à nous donner un dictionnaire de botanique.

La publicité que s'est donné l'auteur d'*Emile*, est d'autant plus extraordinaire, qu'il est toujours dans les liens d'un décret de prise-de-corps à l'occasion de ce livre, & que, dans le cas même où il auroit parole de M. le procureur-général de n'être pas inquiété, comme on l'assure, il ne faut qu'un membre de la compagnie de mauvaise humeur pour le dénoncer au parlement, s'il ne garde pas plus de réserve dans l'incognito qu'il doit toujours conserver ici.

2 *Juillet* 1770. On parle d'un *Dialogue des Morts* nouveau. Cette facétie a été faite à l'occasion de la catastrophe de la nuit du 30 au 31 mai, qui n'est rien moins que plaisante. On suppose que les gens péris dans la bagarre arrivent en foule chez Pluton. Ce Dieu est surpris de cette débacle. Il les interroge sur le sujet de leur venue, & demande pourquoi ils ne sont pas restés à la noce? Ce qui amene un détail des circonstances de l'aventure malheureuse, & une satire amere contre ceux qui auroient dû la prévenir. On y joint divers éloges, & entr'autres celui de M. de Sartines, qu'on disculpe à tous égards. Il paroît que l'auteur, qui peut-être auroit mieux fait de ne pas rire sur un sujet aussi lugubre, ne l'a pas traité avec toute la légéreté que méritoit une semblable méchanceté, & n'en a pas tiré le parti convenable.

3 *Juillet* 1770. Le François met tout en chanson. Voici un couplet qu'on a fait sur la terminaison du procès de M. le duc d'Aiguillon. Il est sur un air du *Déserteur*.

<blockquote>
Oublions jusqu'à la trace
De mon procès suspendu :
Avec des lettres de grace
On ne peut être pendu.
Je triomphe de l'envie,
Je jouis de la faveur :
Graces aux soins d'une amie,
J'en suis quitte pour l'honneur.
</blockquote>

On prétend que M. le duc de Brissac avoit dit à cette occasion, *que M. le duc d'Aiguillon avoit sauvé sa tête, mais qu'on lui avoit tordu le cou.*

6 *Juillet* 1770. Le sieur Rochon de Chabannes, auteur de quelques ouvrages, d'opéra comiques, & de quatre petits drames joués aux François avec succès, après avoir travaillé un an ou deux dans les bureaux des affaires étrangeres à la partie des déchiffrements, avoit été réformé, en conservant ses appointements, étoit rentré dans la carriere des lettres, & se disposoit à présenter aux comédiens une comédie en cinq actes ; mais la roue de la fortune le porte sur un plus grand théatre, il vient d'être chargé des affaires du roi à la cour de Dresde. Il paroît que mademoiselle Dangeville, dont la protection l'avoit poussé la premiere fois auprès de M. le duc de Praslin, n'a pas peu contribué à ce nouvel événement.

7 *Juillet* 1770. Le sieur Jean-Jacques Rousseau, après s'être montré quelquefois au café de la régence, où son amour-propre a été flatté d'éprouver qu'il faisoit la même sensation qu'autrefois, & que sa renommée attiroit encore la foule sur ses pas, s'est enveloppé dans sa modestie; il est rentré dans son obscurité, satisfait de cet éclat momentané, jusqu'à ce qu'une autre circonstance lui donne une célébrité plus longue. On parle beaucoup de son opéra de *Pygmalion*, ouvrage d'un genre unique, en un acte, en une scene, & n'ayant qu'un acteur. Il est en prose, sans musique vocale. C'est une déclamation forte & prononcée, dans le goût des drames anciens, soutenue d'un accompagnement de symphonie. Il a fait essayer sur le théatre de Lyon cette nouveauté, qui a eu du succès. On desireroit fort la voir dans ce pays; mais on croit qu'elle sera d'abord réservée pour les fêtes du mariage de M. le comte de Provence.

8 *Juillet* 1770. Outre le *Dialogue des Morts* dont on a parlé, concernant le désastre de la nuit du 30 au 31 mai, il y a une *Vision* sur le même sujet. La critique en paroît plus fine & plus juste. Elle peint le peu d'ordonnance, de goût & d'esprit qui ont régné dans les fêtes de Paris, données par la ville, tant à l'occasion des boutiques sur le boulevard & de l'illumination, que de la décoration du feu de la place, où il n'y avoit, dit l'auteur facétieux, d'autre ordre que *l'ordre corinthien* de l'édifice du feu, représentant le temple de l'hymen.

11 *Juillet* 1770. Le St. Pigale, ce fameux sculpteur, qui s'est chargé de faire la statue de M. de Voltaire, est revenu de Ferney, où il étoit

allé prendre toujours les traits du philosophe de ce lieu. Il paroît qu'on est fort embarrassé sur l'attitude qu'on lui donnera ; que d'ailleurs la ferveur des gens de lettres se rallentit beaucoup, & que la souscription n'avance point.

12 *Juillet* 1770. Le sieur Linguet, auteur du mémoire en faveur du duc d'Aiguillon, a été aussi frappé de sarcasmes à cette occasion. On a rapproché les éloges qu'il a insérés dans ses ouvrages des empereurs Romains les plus en horreur, & la critique de ceux que l'histoire a toujours loués, & il en résulte l'épigramme suivante très-sanglante :

Linguet loua jadis & Tibere & Néron,
Calomnia Trajan, Titus & Marc-Aurele :
Cet infame, aujourd'hui, dans un affreux libelle,
Noircit la Chalotais & blanchit d'Aiguillon.

13 *Juillet* 1770. Le sieur Bonamy, de l'académie royale des inscriptions & belles-lettres, historiographe & bibliothécaire de la ville de Paris, est mort, il y a quelques jours, âgé de plus de 70 ans. C'étoit un savant obscur & modeste, dont les ouvrages (s'il en a fait) restent consignés dans les mémoires de son académie. Il étoit depuis 1749 auteur d'un ouvrage périodique, intitulé : *le Journal de Verdun*, qu'on qualifie de *Mercure des Curés de Campagne*, parce qu'il est spécialement répandu dans les provinces.

15 *Juillet* 1770. On commence à aller voir chez le Sr. Pigale, sculpteur, le mausolée de M. le maréchal de Saxe, dont étoit chargé cet artiste, & qui paroît enfin à son point de perfection. Le public est admis chez lui les fêtes & dimanches,

18 *Juillet* 1770. On a joué famedi, à Verfailles, la tragedie de *Sémiramis*, & pour petite piece, *l'Impromptu de Campagne*. Mlle. Dumefnil y a paru avec la robe dont lui avoit fait préfent madame la comtefle Dubarri. Les partifans de cette actrice ont trouvé qu'elle avoit été infiniment fupérieure à Mlle. Clairon dans les diverfes pieces où elle a joué; mais le fieur Molé n'a pas rendu le rôle de le Kain avec la même force que ce dernier, qu'on a regretté. Le fieur Préville a beaucoup amufé madame la dauphine, & l'a fait rire, à la comédie, à gorge déployée.

20 *Juillet* 1770. Les nouvelles publiques ont fait mention de la cataftrophe finguliere des deux amants de Lyon. On débite leur épitaphe, qu'on prétend avoir été faite par Jean-Jacques Rouffeau, qui fe trouvoit alors dans cette ville.

Ci giffent deux amants : l'un pour l'autre ils vécurent.
L'un pour l'autre font morts, & les loix en murmurent:
La fimple piété n'y trouve qu'un forfait ;
Le fentiment admire, & la raifon fe tait.

22 *Juillet* 1770. Quelques gens, fans doute ennemis du fieur Jean-Jacques Rouffeau, prétendent qu'il eft extrêmement baiffé. Ce qu'il y a de fûr, c'eft qu'il eft beaucoup plus liant qu'il n'étoit ; qu'il a dépouillé cette morgue cynique qui révoltoit ceux qui le voyoient ; qu'il fe prête à la fociété ; qu'il va manger fréquemment en ville, en s'écriant que les dîners le tueront. On ne fait trop à quoi il s'occupe. On fait feulement qu'il va plufieurs fois par femaine au jardin du roi, où eft la collection de toutes les plantes rares, & qu'il a été

herboriser dans la campagne avec le sieur de Jussieu, démonstrateur de botanique.

Il passe pour constant qu'il a envoyé ses deux louis pour la statue de M. de Voltaire : acte de générosité bien humiliant pour ce dernier ; façon bien noble de se venger de la sortie indécente & cruelle que l'autre a faite contre ce grand homme, dans le chiffon en vers qu'il a adressé à madame Necker, & de s'élever infiniment au dessus de lui auprès de tous ceux qui connoissent la vraie grandeur.

23 *Juillet* 1770. Des partisans de Mlle. Dumesnil, enchantés que la cour lui ait enfin rendu justice & n'ait pas secondé la basse jalousie de Mlle. Clairon, ont fait contre cette derniere les vers suivants, qui, quoique vrais, paroîtront un peu durs :

De la cour tu voulois en vain
Expulser, ô Clairon, ton illustre rivale.
Dumesnil paroît, & soudain
D'elle à toi l'on voit l'intervalle.
Renonce, crois-nous, au dessein
De surpasser cette héroïne ;
Ton triomphe le plus certain
Est d'avoir en débauche égalé Messaline.

24 *Juillet* 1770. Le chevalier d'Arcq, qui par son intimité avec madame la comtesse de Langeac, & par le goût & l'intelligence qu'il a pour les plaisirs, préside à toutes les fêtes qu'elle donne à M. le comte de St. Florentin, n'a pas laissé passer l'occasion de la faveur que ce ministre a reçue tout récemment de S. M., sans la célébrer

d'une maniere toujours galante & nouvelle. Il a fait accepter à ce ministre un concert & un souper à l'hôtel qu'il a en face de celui de madame de Langeac, sans qu'il parût être question d'autre chose. Après souper on a engagé M. le duc de la Vrilliere à faire un tour dans le jardin. Il s'est trouvé une communication avec un jardin voisin, où la curiosité l'a invité d'entrer. Quelle surprise agréable ! quel spectacle enchanteur s'est offert à ses yeux ! un village entier a paru construit en ce lieu ; une joie naïve sembloit animer tous ses habitants, & sur le champ il s'est établi une espece de drame entre ces bonnes gens, qui a facilement indiqué le sujet de leurs divertissements : c'étoient les vassaux du nouveau duc, qui se félicitoient de l'élévation de leur seigneur à cette dignité. Ils sont venus tour-à-tour lui présenter leur hommage & leurs présents, en chantant des couplets analogues ; & un bal général a terminé la fête. Elle s'est exécutée le 3 juillet, c'est-à-dire, le jour même où a paru le fameux arrêt du parlement contre le duc d'Aiguillon. Cet événement, qui a bouleversé tout Paris, n'a semblé troubler en rien la gaieté de l'oncle ministre & celle du neveu, qui y assistoit, & qui, en sa double qualité d'homme d'esprit & d'homme de cour, n'a laissé percer aucune altération. Au surplus, ce joli divertissement ne s'est passé qu'en petit comité, & en présence seulement des initiés aux mysteres de ces ingénieuses farces.

C'est le sieur de la Dixmerie, poëte consacré à ces sortes de fêtes, qui avoit fait les paroles du drame & des couplets, & qui a reçu tous les applaudissements que méritoit sa complaisance.

26 *Juillet* 1770. Le Sr. Jean-Jacques Rousseau

de Genève a herborisé dans la campagne jeudi dernier avec le sieur de Jussieu, démonstrateur de botanique. La présence de cet élève célèbre a rendu le concours très-nombreux. On a été fort content de l'aisance qu'il a mise dans cette société. Il a été très-parlant, très-communicatif, très-honnête; il a développé des connoissances profondes dans cet art. Il a fait beaucoup de questions au démonstrateur, qui les a résolues avec la sagacité digne de lui: & à son tour le sieur Rousseau a étonné le sieur de Jussieu, par la finesse & la précision de ses réponses.

27 Juillet 1770. On parle d'une diatribe diabolique, que le sieur de Voltaire vient de vomir contre plusieurs petits auteurs, entr'autres les sieurs le Mierre, Dorat, &c. Ce dernier lui a déja répondu par une épigramme, bien digne de faire le pendant de l'autre piece:

Un jeune homme bouillant invectivoit Voltaire:
 Quoi, disoit-il, emporté par son feu,
Quoi, cet esprit immonde a l'encens de la terre!
Cet infame Archiloque est l'ouvrage d'un Dieu!
De vice & de talent quel monstrueux mélange!
Son ame est un rayon qui s'éteint dans la fange:
Il est tout à la fois & tyran & bourreau:
Sa dent d'un même coup empoisonne & déchire:
Il inonde de fiel les bords de son tombeau,
Et sa chaleur n'est plus qu'un féroce délire.
Un vieillard l'écoutoit, sans paroître étonné:
Tout est bien, lui dit-il. Ce mortel qui te blesse,
Jeune homme, du ciel même atteste la sagesse;
S'il n'avoit pas écrit, il eût assassiné.

29 *Juillet* 1770. Le Sr. Du Theil, sous-lieutenant aux gardes françoises, vient d'être élu par l'académie des belles-lettres à la place vacante par la mort du sieur Bonamy. L'abbé Bergier, ce nouveau chanoine de Notre-Dame, défenseur ardent de la religion chrétienne, a eu les secondes voix ; ce qui fait présumer qu'il aura la premiere place vacante.

31 *Juillet* 1770. Le mausolée du maréchal de Saxe est sans contredit un des plus beaux morceaux de génie qu'on puisse voir en fait du sculpture. Le sujet en est simple & grand, l'ordonnance belle, nette & riche : tout y est plein de vie, de mouvement & de chaleur. La figure principale, celle du maréchal, s'offre la premiere au spectateur, suivant les principes du bon sens & de l'art. Il est dans ses habits militaires, & semble s'avancer vers le sarcophage ouvert à ses yeux. Il descend déja les marches qui y conduisent : il a cette fermeté tranquille des héros, que les ignorants ont prise pour de la froideur. La Mort est debout devant lui, sur la gauche : elle lui présente le sable, & lui indique qu'il est temps d'entrer au tombeau. L'artiste l'a couverte d'un voile, pour dérober aux yeux le hideux de cette figure, & cependant le squelette perce à travers la draperie. Du même côté, & sur le plan en avant, c'est-à-dire, aux pieds du maréchal, est la France alarmée, qui paroît retenir d'une main son défenseur, & de l'autre supplier la Mort de retarder le fatal moment. A la droite du héros, & en face de celle-ci, est un Hercule courbé, dans l'attitude de la plus profonde douleur, mais d'une douleur mâle & réfléchie. Cette figure est d'une grande beauté, & peut lutter avec tout ce que l'antique nous

offre de plus parfait. A la droite, en remontant, & un peu derriere le maréchal, on voit le léopard terrassé, l'aigle éperdu, le lion qui s'enfuit en rugissant; tous emblêmes caractéristiques des puissances liguées dans la guerre où M. de Saxe se couvrit de gloire & la France. A sa droite sont des trophées militaires, sur lesquels pleure le génie de la guerre, qui tient son flambeau renversé.

On voit par cette exposition, quel effet peut produire un sujet aussi bien conçu & développé avec autant d'ordre & d'intelligence. Mais ce qu'on ne peut rendre, ce sont les airs de tête, & l'expression caractéristique de chaque figure: tout y est d'un sublime proportionné à une aussi belle idée.

Au surplus, comme il n'est point d'ouvrage sans défaut, celui-ci a essuyé plusieurs critiques, dont quelques-unes sont difficiles à résoudre. D'abord on demande pourquoi le tombeau s'ouvre en sens contraire, c'est-à-dire, pourquoi la pierre qui le ferme, au lieu de se renverser du côté opposé au maréchal, revient sur lui, & semble faire obstacle à son entrée, bien loin de la faciliter? Il faut convenir, malgré tout ce que l'on dit pour excuser l'artiste, que c'est une faute de bon sens, telle qu'il s'en trouve souvent dans les productions du génie.

On prétend, en second lieu, que l'Hercule pleurant d'une part, & le génie de la guerre pleurant de l'autre, sont un pléonasme dans la composition, & n'expriment que la même allégorie d'une façon différente; ce qui rend le travail de l'artiste plus riche, mais trahit la stérilité de l'inventeur. On reproche au sculpteur d'avoir affoibli l'allégorie, en travestissant en génie de la guerre cet enfant, qui n'étoit que l'amour autrefois, & ajoutoit réellement à l'idée du poëte.

D'autres censeurs disent que le sable est un attribut du temps, & que c'est un défaut du costume de le donner à la mort, ainsi que de la voiler. Cette derniere critique paroît tomber sur une hardiesse trop ingénieuse de l'auteur pour ne pas la rejeter.

Enfin, on veut que l'invention du poëme soit de l'abbé Gouguenot, amateur éclairé des arts, mort depuis quelque temps; & l'on assure que, par une modestie aussi sublime que l'ouvrage même, le sieur Pigale n'en disconvient pas, & publie lui-même l'anecdote.

5 *Août* 1770. On a dit que les comédiens Italiens, & sur-tout le sieur Carlin, arlequin, avoient beaucoup amusé madame la dauphine. Cette princesse a fait présent à ce dernier d'une médaille d'or, comme une récompense du plaisir que son jeu lui avoit fait.

7 *Août* 1770. *Vers faits à Versailles par une femme de 20 ans, le 16 juillet 1770.*

Fille à dix ans est un petit livret,
Intitulé: *Le berceau de nature.*
Fille à quinze ans est un joli coffret,
Qu'on n'ouvre point sans forcer la serrure.
Fille à vingt ans est un épais buisson,
Dont maint chasseur pour le battre s'approche.
Fille à trente ans, est de la venaison,
Bien faisandée & bonne à mettre en broche.

A quarante ans c'eſt un gros baſtion
Où le canon a fait plus d'une breche.
A cinquante ans c'eſt un vieux lampion,
Où l'on ne met qu'à regret une meche.

8 *Août* 1770. La diatribe de M. de Voltaire qui a provoqué la ſanglante épigramme qu'on a citée, n'eſt autre choſe que des *Anecdotes ſur Jean Freron*, imprimées il y a long-temps dans un recueil, mais qui n'avoient encore fait aucun bruit, & n'étoient pas parvenues à la connoiſſance de ceux qu'elles concernoient. Ce libelle, outre le ſieur Freron, diffame tous ceux que le vieillard de Ferney croit être les acolytes & les ſuppôts du journaliſte. Le ſieur Dorat, entr'autres, qu'on ſait être fort lié avec lui, ſe trouve aujourd'hui obligé de renier ſon ami; & dans une lettre à M. de Voltaire, qu'il vient de faire imprimer, ſe diſculpe abſolument de ce commerce.

9 *Août* 1770. En allant voir dans l'attelier du ſieur Pigale le mauſolée du feu maréchal de Saxe, on y trouve un petit buſte eſquiſſé nouvellement par ce grand artiſte, de la tête de M. de Voltaire. Rien de plus reſſemblant que cette figure, pleine d'eſprit & de feu. Cette rage de mordre qui fait aujourd'hui le caractere diſtinctif du philoſophe de Ferney, reſpire dans tous les traits de ſon viſage, & la ſatire ſemble s'élancer de tous les plis & replis de cette face ridée.

10 *Août* 1770. *Lettre ſur la théorie des loix civiles*, &c. où l'on examine entr'autres choſes s'il eſt bien vrai que les Anglois ſoient libres, & que les François doivent ou imiter leurs opérations ou porter envie à leur gouvernement. Tel eſt le

titre d'un livre attribué au sieur Linguet, & qui porte en effet l'empreinte de son imagination ardente & de son génie satirique. Il y défend le paradoxe de sa *Théorie des Loix*, où il avoit avancé que le despotisme étoit le meilleur des gouvernements. A cette occasion il dit des vérités dures & hardies, il établit des paralleles singuliers & brillants, & il plaide sa cause avec tant d'esprit & d'adresse, qu'on seroit tenté sur son exposition de préférer le gouvernement des tyrans orientaux à celui des états qui semblent les plus libres. En un mot, il renverse de fond en comble le système de Montesquieu dans son *Esprit des Loix*, & parle de ce grand homme avec une irrévérence, un mépris, une horreur même bien propre à alarmer ses adorateurs.

Mais ce qui paroît tenir le plus au cœur du sieur Linguet, est la critique que les auteurs du journal des *Ephémérides* ont faite de ses ouvrages. En conséquence, il tombe d'estoc & de taille sur ses adversaires; & pour donner une idée de l'amertume de sa réponse, voici le portrait qu'il fait des économistes, sous les auspices desquels s'est formé & se propage le journal en question : « Une secte (dit-il) s'est éle-
» vée, qui s'est piquée sur-tout de diriger les
» princes & de maîtriser la subsistance des peu-
» ples; secte qui compte pour rien la vie des
» hommes, & qui a osé pour fondement de sa
» croyance établir que les denrées seules pou-
» voient être comptées pour quelque chose par
» la politique; secte qui a toujours le mot
» d'*Economie* à la bouche, & qui favorise, sinon
» directement par ses principes, au moins très-
» certainement par ses conséquences, la plus ef-

» froyable dissipation; secte d'autant plus dange-
» reuse, qu'elle s'attache à exciter le fanatisme,
» qu'elle séduit de belles ames par l'apparence &
» la noblesse imposante de ses mystiques spécu-
» lations; qu'en affectant de la fierté elle s'insinue
» avec adresse dans le cabinet des grands, que
» ses adeptes parviennent à l'opulence en parlant
» beaucoup de la misere des autres; monstrueux
» mélange enfin de la frivolité françoise, & de
» la pesante, de l'inhumaine inconséquence des
» Anglois. » Il prend ensuite à partie les sieurs
abbé Baudeau & Dupont, rédacteurs du journal, qu'il traite de la façon la plus injurieuse, &
nomme par leur nom sans aucun ménagement.
On sent qu'un pareil ouvrage ne peut se vendre
qu'avec la plus grande clandestinité, & que l'auteur n'y a pas mis son nom.

A la suite de cette lettre, & après quelques
autres écrits qui ne sont pas aussi saillants, est
une lettre du même écrivain à M. le chevalier
de...... *sur l'histoire des Révolutions de l'Empire Romain*, où le sieur Linguet, vivement piqué
de l'épigramme répandue contre lui à l'occasion
de son mémoire en faveur de M. le duc d'Aiguillon, se disculpe d'avoir loué les Tibere, les
Néron, d'avoir déprimé les Trajan, les Titus,
&c. cite ses textes, & prouve l'injustice des reproches horribles qu'on lui fait à cet égard.

Il résulte de ces divers écrits, que l'auteur a
un amour-propre très-chatouilleux; que s'il fait
profession, comme il l'anonce dans son livre,
d'être un grand sectateur de la vérité, de la dire
hautement aux autres, il n'aime pas qu'on la lui
dise avec la même franchise, ou, ce qui revient
au même, qu'il regarde comme injure, comme

calomnie, comme procédé atroce, toute censure de sa conduite ou de ses ouvrages.

11 *Août* 1770. La piece du sieur le Mierre, après être tombée dans les regles à la cinquieme représentation, est absolument morte aujourd'hui samedi à la sixieme. On dit que l'auteur s'en prend à la chaleur du temps & au mauvais jeu des acteurs. Quoi qu'il en soit, relativement à la derniere circonstance, qui est vraie en elle même, un plaisant a fait l'épigramme suivante:

 J'ai vu cette veuve indécise:
 Ami, que veux-tu que j'en dise ? -
 Son sort est digne de nos pleurs.
 Du bûcher elle est délivrée,
 Mais c'est pour être déchirée
 Par le public & les acteurs.

13 *Août* 1770. Le clergé est fort scandalisé d'un nouveau livre, intitulé: *du droit du souverain sur les biens fonds du clergé & des moines, & de l'usage qu'il peut faire de ces biens pour le bonheur des citoyens*. On sent effectivement par ce titre combien il doit redouter la distribution d'un pareil mémoire. Aussi jette-t-il les hauts cris contre l'auteur & l'ouvrage. Les zélés voudroient les flétrir l'un & l'autre des censures ecclésiastiques; mais les prélats les plus flegmatiques craignent que le châtiment n'illustre ce livre clandestin & ne lui donne plus de publicité: d'autres souhaiteroient plus judicieusement qu'on le réfutât.

En attendant que l'assemblée ait pris un parti définitif sur cet objet, elle s'occupe du soin de conserver le précieux dépôt de la foi, & de garantir les fideles contre tout ce qui pourroit ébranler leur créance. Pour opposer une digue à ce torrent d'ouvrages abominables contre la religion, toujours les mêmes, mais que l'impiété reproduit infatigablement sous des figures diverses, elle a nommé le pere Bonhomme, cordelier, docteur de Sorbonne, à cette illustre fonction. Il est chargé de ramasser les meilleurs écrits faits en faveur de la bonne cause, & d'en former un corps de preuves suffisant pour repousser tous les arguments qu'on renouvelle, & réfutés d'avance dans ces traités aussi solides qu'éloquents.

14 *Août* 1770. Il paroît que le livre de M. le marquis de Puységur, intitulé: *Discussion intéressante sur les prétentions du clergé*, &c. qui fit un si grand scandale dans l'église au commencement de 1768, a donné lieu à celui dont on a parlé, *Sur les Droits des Souverains*, &c. Mais l'auteur pousse son système plus loin; il le développe, il l'étend, il en tire des conséquences, &, après avoir démontré que les richesses & les dignités politiques ne sont point essentielles à la religion, & qu'elles ne lui servent de rien, qu'elles sont même contraires à l'esprit de son institution, puisque son auteur ne l'a dotée d'aucun bien, qu'il a placé son berceau dans l'avilissement & la pauvreté; il démontre de quelle maniere s'est opéré le changement, comment le clergé a séparé ses intérêts de ceux du reste des fideles, & s'est substitué aux droits de l'église invisible. Il discute ensuite si le peuple a pu donner, & le clergé recevoir, & il pulvérise tous les titres prétendus du clergé, même le titre si sacré de la propriété de l'antiquité, duquel se prévalent les

gens de main-morte, & qui s'écroule de lui-même par le vice imprescriptible de son origine.

Ces faits & ces principes établis, l'auteur présente la situation déplorable de l'état, qu'il supposé obéré d'un milliard de livres. Il ne voit plus de ressource que dans une crise, & il n'en trouve pas de plus salutaire que la rentrée des richesses que possedent les gens de main-morte dans la société civile. Des divers moyens dont on peut user pour cette rentrée, il préfere le plus simple, mais le plus tranchant & le plus décisif; il veut que le souverain mette sur le champ sous sa main tous ces biens, soit fonds, soit rentes, ou revenus en argent ou en nature des choses appartenant aux gens de main-morte; de sorte que dès l'instant du retrait, les jouissants ne soient plus que les pensionnaires de l'état, & l'état l'économe de toutes leurs richesses.

Il n'en subsistera pas moins une hiérarchie convenable à la dignité de la religion. L'écrivain veut sur-tout venir au secours du curé & du vicaire, qui sont des ministres essentiels, & sur lesquels tombe tout le poids des travaux apostoliques. Il pourvoit à la subsistance de toutes les especes de moines, soit qu'on les sécularise, soit qu'on les séquestre dans des cloîtres. Il prétend enfin marier un certain nombre de paysans, & les mettre dans une sorte d'aisance pour en avoir une postérité saine & robuste qui nous manque.

Après avoir fait sa réduction, soit dans le nombre, soit dans les revenus des évêques & des gros bénéficiers, il dote chaque membre du clergé, & attribue à cette dépense les dixmes de toute espece levées actuellement par le clergé du premier & du second ordre, les abbés, les moines, &c. Les droits seigneuriaux, les cens & rentes de toute nature suffiroient, selon lui, pour l'entretien des couvents & communautés de chaque genre, & même à instituer des maîtres d'école dans tous les villages.

Resteroit les biens fonds des gens de main-morte, que notre politique évalue au tiers des biens de la France ; c'est-à-dire, à dix mille lieues quarrées, non compris la Lorraine, formant, 4,688 arpents chacune, un total de 46 millions, 88,000 arpents de terrein, qui, à raison de 70 livres l'arpent seulement, donneroient une rente de 3,281, 600,000 livres ; ce qui suffiroit, & au-delà, à liquider les dettes de l'état.

Tel est en effet le projet très-simple, très-prompt & très-judicieux de l'auteur, pour retirer la France du désordre effroyable où elle se trouve. Il n'attaque en rien la religion, envers laquelle l'écrivain annonce le plus profond respect. C'est dans l'écriture sainte même, dont il paroît très-instruit, qu'il puise toutes les preuves de ses assertions & de ses raisonnements. Du reste, l'ouvrage est écrit avec autant d'austérité que d'énergie ; il n'y regne aucune déclamation, point d'esprit de parti, point de chaleur, & le sang-froid dont il est soutenu ajoute beaucoup à la force, à la clarté des arguments du dissertateur.

Cet ouvrage passe pour être aussi de M. le marquis de Puységur.

15 *Août* 1770. Le roi de Prusse a écrit à M. d'Alembert, à l'occasion de la souscription ou-

verte aux gens de lettres en faveur de la statue de M. de Voltaire : ce monarque lui apprend qu'il veut se réunir aux admirateurs de ce grand homme, & qu'il laisse son correspondant maître de porter à la somme qu'il jugera à propos celle qu'il entend donner, non en roi, mais en homme de lettres. Le prince loue beaucoup un pareil projet, qu'il suppose principalement éclos dans le sein de l'académie Françoise, dont à cette occasion il exalte plusieurs membres. L'académicien n'a pas manqué de faire part à ses confreres d'une lettre aussi flatteuse ; & la compagnie vivement touchée de reconnoissance envers ce roi poëte & philosophe, a ordonné, par une délibération solemnelle, que ladite lettre seroit inscrite dans ses registres.

16 *Août* 1770. L'académie Françoise dérogeant à son usage introduit nouvellement, de laisser le choix du sujet du prix de poésie libre, en étoit revenue à son ancienne coutume, & avoit fixé pour titre du sujet de cette année, *les inconvénients du Luxe*. De près de 50 pieces envoyées à la compagnie, il ne s'en est trouvé aucune digne d'être couronnée. L'abbé de Voisenon, constamment opposé au nouvel arrangement, s'est prévalu de la circonstance pour représenter encore combien une pareille gêne énervoit le génie. On espere que l'académie reviendra à son avis, & rendra la même liberté pour l'année prochaine.

17 *Août* 1770. Les prélats de l'assemblée du clergé ne se sont pas contentés du travail dont ils ont prescrit la tâche au pere Bonhomme, cordelier dont on a parlé ; ils ont entrepris eux-mêmes une *Instruction Pastorale anti-philo-*

sophique, c'est-à-dire, une instruction où ils renversent cette philosophie irréligieuse, qui voudroit lutter contre l'église & en sapper les fondements. Les fideles attendent avec impatience cet ouvrage salutaire & consolant, qui, s'il ne convertit point les incrédules, raffermira au moins dans leur foi les bons catholiques, & les fera persévérer plus sûrement dans leur attachement à la religion.

18 *Août* 1770. Un courtisan, sans doute, a voulu flétrir le parlement par les vers suivants, où il semble l'accuser d'abuser de son pouvoir:

Thémis a ceint le diadême :
Elle tient de *Louis* le sceptre dans sa main,
Pour abroger par son pouvoir suprême
Le vieux respect qu'on porte au souverain.
Gens, qui tenez le parlement de France ;
Dieu soit loué ! vous voilà rois.
On ne sauroit vous contester vos droits :
Vous les avez pesés dans la même balance,
Où l'on a vu tant de fois
Immoler au tuteur le pupille & les loix,
En protestant d'obéissance.

19 *Août* 1770. Il y a une requête adressée au roi par les habitants de St. Claude, contre les abbé & religieux dudit lieu, que l'on attribue à M. de Voltaire, & qui respire en effet tous les sentiments d'humanité dont est paîtri ce poëte philosophe.

20 *Août* 1770. L'assemblée du clergé, depuis son ouverture, s'est spécialement occupée à conso-

lider la foi ébranlée de toutes parts; & comme le concours de la puissance séculiere lui a paru nécessaire à ce grand œuvre, elle a provoqué le zele du saint pere, qui, de concert avec elles, a sollicité le roi d'interposer son autorité en faveur de la religion. Le parlement n'a pu se refuser à cette injonction, & les gens du roi depuis quelque temps travailloient à un réquisitoire contre les livres scandaleux les plus nouveaux, les plus répandus & les plus dangereux. Le réquisitoire a été présenté samedi, aux chambres assemblées, par M. Seguier. Il a été rendu arrêt, qui brûle tous les ouvrages en question.

Mais par une humiliation sans exemple, on n'a point voulu admettre le réquisitoire de M. Seguier, & il ne sera point imprimé en tête de l'arrêt, suivant l'usage. Outre ce mécontentement personnel que la cour a des gens du roi à l'occasion de leur derniere mission à la cour, on a trouvé que ce réquisitoire étoit une dérision perpétuelle de la religion, par l'affectation d'y présenter les morceaux les plus brillants des ouvrages condamnés, ainsi que les raisonnements les plus forts, & d'y mettre à côté des citations misérables & des réfutations très-foibles.

M. Seguier, dont le réquisitoire étoit déja à l'impression, est allé le retirer de fort mauvaise humeur & couvert de confusion.

21 *Août* 1770. Les livres brûlés & lacérés par l'arrêt du parlement du 18, sont au nombre de sept; savoir: *La Contagion sacrée ou Histoire naturelle de la superstition*, &c. *Dieu & les Hommes, Œuvres Théologiques, mais rai-*

sonnables, &c. *Discours sur les Miracles de J. C.* traduits de l'Anglois de Woolston, &c. *Examen critique des Apologistes de la Religion Chrétienne*, par M. Freret, &c. *Examen impartial des principales Religions du monde*, &c. *Le Christianisme dévoilé*, ou *Examen des principes & des effets de la Religion Chrétienne*. *Système de la Nature*, ou *des Loix du monde physique & du monde moral*, par M. Mirabaud, &c.

Ces livres sont condamnés à être lacérés & brûlés, comme impies, blasphématoires & séditieux, tendants à détruire toute idée de la Divinité, à soulever les peuples contre la religion & le gouvernement, à renverser tous les principes de la sûreté & de l'honnêteté publique, & à détourner les sujets de l'obéissance due à leur souverain.

Arrêté en outre qu'il sera nommé des commissaires, qui s'assembleront au lendemain de la St. Martin, à l'effet d'aviser aux moyens les plus efficaces pour arrêter les progrès d'écrivains téméraires, qui semblent n'avoir d'autre objet que d'effacer de tous les cœurs le respect dû à la religion, l'obéissance aux puissances, & les principes qui maintiennent la paix, l'ordre & les mœurs parmi les citoyens.

23 *Août* 1770. Les comédiens Italiens ont député vers Jean-Jacques Rousseau, pour lui offrir ses entrées à leur spectacle, ainsi qu'à madame Rousseau. On assure qu'il les a accepté ; ce qui seroit une espèce d'engagement contracté de sa part de faire quelque chose pour eux : ce nouveau soutien renforceroit merveilleuse-

ment un théatre dont le public est toujours engoué.

26 *Août* 1770. On a dit qu'il n'y avoit point de prix de poéfie cette année pour le jour de la St. Louis. C'est par où le sieur Duclos a ouvert la séance publique en sa qualité de secretaire. Il a donné pour raison qu'aucun des auteurs n'étoit entré dans le sens de l'académie. Il court à ce sujet une anecdote, suivant laquelle cette raison ne seroit que l'ostensible & non la vraie ; on prétend que l'académie avoit été partagée entre les deux pieces, l'une du sieur de la Harpe, & l'autre de l'abbé de Langeac ; que les partisans de ce dernier avoient cabalé fortement pour lui ; & par la connoissance qu'ils avoient donnée de l'auteur, avoient entraîné presque toute l'assemblée ; que le sieur marquis de Saint-Lambert seul avoit tenu bon pour le premier, & avoit ramené beaucoup de gens à son avis. Sur quoi il s'en étoit élevé un troisieme, de laisser la chose indécise, pour ne pas donner de mortification au jeune abbé, & ne pas faire d'injustice au candidat : ce qui a été adopté.

Quoi qu'il en soit, le sieur Duclos, avec son ton bourru, qu'il ne croit que cavalier, est entré dans un détail minutieux sur les formes, peu faites pour l'assemblée, & s'est plaint de la négligence des concurrents à les observer.

Ensuite le sieur Thomas a lu *l'éloge de l'empereur Marc-Aurele*. Cet orateur, pour rendre sa tournure plus neuve & plus imposante, commence son discours par le convoi de son héros. Là, il suppose qu'un nommé *Apollonius*, ancien ami de ce prince, fait son oraison funebre devant tous les Romains assemblés. Il donne d'abord l'idée des devoirs d'un souverain, tels que les avoit connus Marc-Aurele : il fait voir après comme il les avoit remplis. L'allusion continuelle entre ce qui se passoit alors, & les événements de ce regne, que l'auteur a eu soin d'indiquer tacitement aux spectateurs, a rendu cette lecture extrêmement piquante ; & la satire indirecte qui résultoit naturellement du contraste, a excité des applaudissements continuels. On n'a point vu de lecture aussi chaudement soutenue que celle-là. Comme elle étoit extrêmement longue, le sieur Thomas s'est reposé un instant.

Le sieur Duclos a repris alors la parole ; il a déclaré que l'académie laissoit de nouveau le choix de poésie libre, & que le prix en seroit distribué l'année prochaine avec celui de prose ; qu'au surplus il avertissoit que la médaille ne seroit que de 500 livres, au lieu de 600 livres. Il a donné à entendre, sans s'expliquer ouvertement, qu'une main fiscale s'étoit étendue jusques dans le trésor des muses, & avoit rogné un dépôt qui auroit dû être sacré ; c'est-à-dire, qu'on avoit mis des impôts jusques sur ce petit & très-petit objet ; ce dont M. de Laverdy avoit déja donné l'exemple durant son ministere.

Après cette digression, le sieur Thomas a repris & fini avec les mêmes éloges. Dans le cours du discours prétendu d'Apollonius, l'orateur fait de temps en temps s'élever tantôt un guerrier, tantôt un magistrat : ces apostrophes diverses donnent de l'action au spectacle, & animent le tableau. Le fils de Marc-Aurele y figure aussi, mais d'une façon peu honorable.

Ce morceau d'éloquence a d'autant mieux réuni les suffrages, qu'il a paru dégagé de cette emphase, de tout cet appareil oratoire qu'on remarque dans les autres ouvrages de l'auteur, sur-tout de ce ton pédantesque d'un philosophe qui semble se croire fait pour gouverner ceux qui gouvernent, & qui, sous le nom d'éloge d'un autre siecle, ne cherche qu'à blâmer le sien, qui s'annonce pour distiller le miel, & verse le fiel à pleine bouche.

Pour délasser un peu l'assemblée de la tension que lui avoit occasioné ce discours, M. le duc de Nivernois a lu six fables: *Le Seigneur & son Fermier. Le Chêne & le Ruisseau. La Pyramide. L'Orgueilleuse. Le Roi & son Gouverneur. Le Lion inconsolable.* Quoiqu'il résulte la même morale des trois premieres, elles ont été entendues toutes avec la même curiosité & le même plaisir. La quatrieme est d'une simplicité digne de Phedre. La cinquieme est plus métaphysique & dans un genre particulier. La sixieme roule sur une anecdote de ménagerie, dont l'auteur a su tirer parti.

29 *Août* 1770. L'avocat-général Seguier, extrêmement mortifié de l'omission de son réquisitoire, déja tout imprimé d'avance, & dont il avoit promis d'envoyer dès le jour même des exemplaires à la cour, a eu recours à la voie de l'autorité pour faire paroître son ouvrage. Il s'imprime actuellement au Louvre, par ordre du roi. On assure qu'il a supprimé, ou absolument changé, la phrase, page 26, du réquisitoire imprimé chez l'imprimeur du parlement, dont ses ennemis s'étoient prévalus pour lui donner cette humiliation, sous

prétexte qu'elle étoit injurieuse aux Anglois. La voici telle qu'elle est dans le texte original, *page 26, ligne 3.*

« N'est-ce pas ce fatal abus de la liberté de
» penser qui a enfanté chez les insulaires, nos
» voisins, cette multitude de sectes, d'opinions
» & de partis, cet esprit d'indépendance, qui
» finira par détruire cette constitution, même dont
« ils se glorifient? »

30 *Août* 1770. Un fils du roi de Suede est arrivé ici dimanche, sous le nom du comte *de Vasa*. Ce prince s'est rendu à l'opéra incognito. C'étoit la derniere représentation des *Fragments*. Le spectacle étoit pitoyable; les acteurs étoient triplés, quadruplés, &c. Le comte de Vasa, dont les oreilles étoient encore toutes imbues de la musique Italienne, n'a pu tenir à cette représentation, & est sorti au milieu du spectacle.

1 *Septembre* 1770. Le discours du sieur Thomas sur Marc-Aurele fait un bruit du diable. On trouve bien extraordinaire que dans le sanctuaire de l'académie, protégée par le roi, dans son palais, un membre de cette compagnie ait osé avancer les propositions les plus hardies, fronder le gouvernement actuel avec tant de dureté, & inculper, ce semble, tous les ministres par les apostrophes & les allusions dont on ne peut méconnoître le sens & les rapports.

2 *Septembre* 1770. Tandis que le parlement proscrit les ouvrages dangereux dont il a été rendu compte par M. Seguier, l'incrédulité ne cesse d'en répandre de nouveaux, toujours tendants au même but, & remplissant le système réfléchi des ennemis conjurés de la religion, pour

après l'avoir attaquée dans son tout, la détruire successivement dans ses parties. Il nous est arrivé de Hollande depuis peu, *Examen critique de la vie & des ouvrages de St. Paul*, ainsi qu'une *Dissertation sur St. Pierre*. Ces deux écrits, qu'on attribue dans le titre à feu M. Boulanger, n'ont pas les graces & l'enjouement des productions de M. de Voltaire en ce genre-là, mais sont nourris d'une érudition profonde & soutenue, d'une logique contre laquelle il est difficile de résister, sans la grace spéciale d'une foi vive & aveugle.

4 *Septembre* 1770. On commence à voir dans l'attelier du Sr. Pigal une esquisse de la figure entiere de M. de Voltaire. Il est représenté nu, assis, tenant un rouleau d'une main & une plume de l'autre. Il paroît que cette maniere de le poster n'agrée pas au public, & ce n'est pas le dernier effort de l'artiste, qui essaie les différentes attitudes pour faire valoir davantage ce squelette, sujet ingrat pour le statuaire.

7 *Septembre* 1770. L'académie Françoise a tenu hier sa séance publique pour la réception de M. l'archevêque de Toulouse, élu à la place de M. le duc de Villars. L'assemblée étoit très-brillante en femmes, en évêques & en grands seigneurs. On a trouvé le discours du récipiendaire très-médiocre. Il a été court: on y a remarqué quelques transitions heureuses, entr'autres la derniere, ou, sous le prétexte de l'impatience qu'il voyoit dans le public d'entendre M. Thomas, le directeur, il s'est arrêté & a fini.

En effet, le discours de M. Thomas a produit une grande sensation; & malgré les longneurs, les écarts, les digreffions, il a été reçu avec beaucoup de tranfports. On y a trouvé un détail fur l'efprit des affaires qui a paru neuf, un parallele de l'homme de lettres de la ville avec l'homme de lettres de la cour. Mais on a fur-tout applaudi à la fortie vigoureufe qu'il a faite contre ces hommes en place, qui, par amour-propre ayant defiré d'être admis dans le fein de l'académie, la trahiffent enfuite en calomniant les lettres & leurs fectateurs. En rendant juftice à quelques grands qui ont eu le courage de défendre leurs confreres académiciens opprimés, il a flétri d'une ignominie durable les ames lâches & pufillanimes qui n'auroient pas la même force ; les courtifans hypocrites, qui défavouent en public des hommes qu'ils eftiment en fecret ; des hommes vendus à la faveur qui lui foumettent tout jufqu'à leur génie, & concourent à éteindre des lumieres que redoute le defpotifme. On a prétendu que les divers hors-d'œuvres du difcours de l'orateur n'avoient été placés que pour amener infenfiblement celui-ci, & faire rougir, s'il étoit poffible, M. Seguier du rôle indigne qu'on lui reproche d'avoir joué dans la dénonciation dont il avoit été chargé au parlement, des livres fcandaleux contre lefquels le clergé fe foulevoit. On a remarqué en effet beaucoup d'embarras dans cet académicien, qui étoit préfent, & qui pendant toute la tirade faifoit une très-mauvaife contenance. Quoi qu'il en foit, ce difcours, malgré fes défauts, eft peut-être le plus plein, le plus éloquent, le plus philofophique qui ait été fait en pareil genre.

Pour remplir la féance, M. de Marmontel a

lu un épisode de son poëme en prose des *Incas*, ou de *la Destruction de l'empire Péruvien*. Dans cet épisode, Las-Casas, le défenseur des Indiens contre les cruautés des Espagnols, fait un voyage chez un cacique, qui, frappé de la grandeur des sentiments de cet étranger, de sa bienfaisance, de ses vertus héroïques, adopte le Dieu dont la morale est si belle. L'auteur, par ce chant adroitement amené, a voulu faire rougir indirectement les persécuteurs de l'auteur du *Bélisaire*, qui, lorsqu'on l'accusoit de déisme & athéisme, mettoit dans un aussi beau jour la religion chrétienne, & s'en faisoit l'éloquent apologiste. Quant au fond du récit, il est tracé d'une maniere extrêmement touchante, & le ton pathétique du poëte a fait verser des larmes à plusieurs auditeurs.

M. le duc de Nivernois a terminé la séance par huit fables qu'il a lues : *Le Vigneron & le Roi. Les Ecrevisses. Le Vautour & la Tortue. Jupiter & la Femme. L'Aigle & le Roitelet. L'Ecolier en bateau. Le Voyageur de nuit. Le Vieillard à l'hôpital*. On reçoit toujours avec un nouveau plaisir les productions de cet aimable seigneur, qui joint l'enjouement à la sagesse, & orne de fleurs la morale la plus exquise & la plus sublime.

Le comte de Vasa, fils du roi de Suede, arrivé depuis quelques jours en cette capitale, a honoré l'académie de sa présence, & a pris rang parmi les académiciens, ainsi que quelques seigneurs de sa suite.

8 *Septembre* 1770. Le sieur de Voltaire vient de répandre une petite brochure, intitulée: *Dieu*, où il s'annonce pour réfuter le *Système de la*

Nature sur l'athéisme. Il parle de cet ouvrage, comme tiré d'un autre qui n'a point paru, en plusieurs volumes *in-8°*. intitulé : *Remarques sur l'Encyclopédie*.

Quoi qu'il en soit, dans ce petit essai l'auteur prétend que celui du *Système de la Nature* s'est trop laissé aller à son horreur pour le fanatisme, ou à son mépris pour les méthodes employées dans l'école & la démonstration de l'Etre Suprême. Il lui abandonne le Dieu des prêtres & celui des théologiens ; mais il lui demande grace pour le Dieu des honnêtes gens. Il rapporte à l'appui de son assertion tous les lieux communs deja épuisés à cet égard : il étale une érudition, dont il aime à se parer dans ces sortes d'ouvrages ; il y mêle cet esprit de plaisanterie, ce ton ironique, ces invectives qu'il a continuellement à la bouche contre ses ennemis, ou contre ceux qui n'adoptent pas ses opinions ; & il réfute si mal le philosophe qu'il prétend combattre, que ce pamphlet peut passer pour le traité d'athéisme le plus formidable, par l'adresse avec laquelle le sieur de Voltaire a rapproché les divers arguments de son adversaire, qui restent dans toute leur force & n'en reçoivent que davantage par cette réunion lumineuse, rapide & serrée.

Au moyen du soin qu'a eu M. de Voltaire d'extraire ainsi le livre du *Système de la Nature*, ouvrage en deux volumes in-8°., où tout le monde ne pouvoit pas mordre, & qui n'étoit fait que pour les têtes fortement organisées, l'athéisme, ainsi dégagé de toute la forme syllogistique, enrichi de toutes les graces du style & de tout le piquant de la satire, va se répandre sur toutes les toilettes & infecter les esprits les plus frivoles.

10 *Septembre* 1770. Le sieur le Kain forme pour la comédie Françoise un acteur dans le tragique, dont il donne les plus grandes espérances quant au talent. Il a 5 pieds 6 pouces, de grands yeux noirs, des sourcils très-prononcés, le reste de la figure à l'avenant : il n'a que 19 ans. Déja cet Adonis porte le désordre dans le sérail des actrices : Mlle. Dubois sur-tout a jeté un dévolu sur lui ; elle a déclaré qu'elle vouloit jouer les rôles de toutes les pieces où il paroîtroit; & sous prétexte de faire des répétitions avec lui, elle l'attire chez elle; ce qui donne une jalousie prodigieuse à ses consœurs.

12 *Septembre* 1770. Le sieur Thomas & la cabale encyclopédique s'applaudissoient de la sortie vigoureuse que le premier avoit faite dans son discours dont on a parlé. On travailloit à son impression; mais M. le chancelier, sur les plaintes de l'avocat-général Seguier, a envoyé chercher le manuscrit & l'auteur; il a défendu à ce dernier de faire paroître son ouvrage, lui a déclaré qu'il le rendoit responsable de tout fragment quelconque qui s'en répandroit, & le feroit rayer de la liste des académiciens.

Indépendamment de cette secousse particuliere, le clergé, moins indulgent, se remue de son côté; il est indigné que le sieur Thomas ait choisi le jour de réception d'un archevêque, où beaucoup de prélats étoient présents à la cérémonie, pour semer devant eux des propositions condamnables, & les associer en quelque sorte à son irréligion, en les promulgant sous leurs yeux.

13 *Septembre* 1770. A la suite du petit pamphlet

intitulé *Dieu*, M. de Voltaire a inféré une espece de réponse à un livre qui a paru, il y a déja du temps, ayant pour titre: *Lettres de quelques Juifs Portugais & Allemands à M. de Voltaire, avec des Réflexions critiques*, &c. Leur objet étoit de relever plusieurs erreurs, qu'ils regardent comme échappées à ce grand homme en parlant des livres sacrés. Les principales sont d'assurer que Moïse n'avoit pas pu écrire le Pentateuque; que l'adoration du Veau d'or n'avoit pas pu avoir lieu, parce qu'on ne peut réduire l'or en poudre, & que d'ailleurs on n'avoit pu fondre cette statue en trois mois. Les auteurs de la brochure y avoient mis toute la modération, toute la politesse possible. Le philosophe de Ferney sentant combien il seroit indécent d'invectiver des écrivains qui dissertoient aussi honnêtement, prit le prétexte de supposer ces lettres écrites par je ne sais quel cuistre du college Duplessis, qu'il traîne sur la scene, qui lui sert de plastron, & contre lequel il vomit les flots de bile qui le suffoquent de temps en temps. Excepté ces injures, & un appareil d'érudition que M. de Voltaire développe à son ordinaire, toute la partie du raisonnement est foible & vient se briser contre la logique claire & pressante de ses adversaires. Il paroît que cet autre pamphlet fera aussi corps des remarques de l'auteur sur l'Encyclopédie.

16 *Septembre* 1770. Le sieur de la Beaumelle, semblable au milan, qui, dépouillé par l'aigle, laissoit croître ses plumes dans le silence pour se venger de son ennemi, après avoir passé douze ans dans la retraite, lacéré de toutes parts par M. de Voltaire, est sorti, comme on a dit,

armé de pied-en-cap, & va lui rendre tous les coups qu'il en a reçus. Il fait imprimer actuellement la *Henriade* corrigée, où il trouve plus de 3,000 vers à reprendre. Il attaque encore mieux le plan : mais par une mal-adresse impardonnable, il s'est avisé de vouloir substituer ses vers à ceux de M. de Voltaire. C'est la Mothe qui traduit l'Illiade en vers. Le sieur de la Beaumelle a en outre un commentaire sur toutes les œuvres de ce poëte, dans le goût de celui que le dernier a fait des œuvres de Corneille. Indépendamment de ces ouvrages de critique, l'auteur en question en a beaucoup d'autres, tels que les traductions qu'on a annoncées, une vie de M. de Maupertuis, avec la correspondance du roi de Prusse, une vie de Henri IV, &c.

17 *Septembre* 1770. Le sieur Bertin, trésorier des parties casuelles, a donné aujourd'hui une fête superbe à la maison de Passy, où ont assisté M. l'évêque d'Orléans, M. l'archevêque d'Arles, M. le duc de la Vrilliere, M. le contrôleur-général, M. le premier président, M. Bertin le ministre, l'abbé Bertin, &c. La gaieté devoit être le principal assaisonnement de ce jour : en conséquence on a joué *la Vérité dans le vin*, opéra comique du sieur Collé, ainsi que plusieurs parades très-polissonnes ; ce qui a beaucoup amusé la gravité des principaux personnages qu'on vient de nommer. Le tout a été exécuté par des acteurs de la société ; & madame Bertin, entre autres, a déployé ses talents avec des graces singulieres, & a obtenu les suffrages de tous les spectateurs.

18 *Septembre* 1770. On prétend que l'académie Françoise, sur le rapport d'un de messieurs concer-

nant les plaintes portées par M. Seguier à M. le chancelier contre M. Thomas, a délibéré sur ce qu'il y avoit à faire, & que l'affaire ayant été bien éclaircie, le tort se trouvant du côté de l'avocat-général, il a été décidé que ce ne seroit que par respect pour son nom qu'on ne prendroit contre ce magistrat aucune délibération violente, mais qu'on ne communiqueroit point avec lui.

Du reste, on assure encore que M. l'archevêque de Toulouse s'est entremis en faveur du sieur Thomas auprès du clergé, a répondu de ses sentiments religieux, de sa saine doctrine, & a arrêté les démarches que les prélats zélés vouloient faire contre cet académicien auprès du roi. Par la même honnêteté, le discours de M. Thomas, comme directeur, le jour de la réception de ce nouveau membre, ne pouvant paroître imprimé d'après les défenses de M. le chancelier, l'archevêque de Toulouse a décidé que le sien ne paroîtroit pas; ce qui est le premier exemple de cette nature.

20 Septembre 1770. La querelle de M. Thomas avec M. Seguier a donné lieu à une espece d'épigramme ou de chanson, qui roule sur le zele hypocrite que ce dernier a fait paroître pour la religion dans son réquisitoire, & qu'on assimile à l'ardeur que le sieur Freron affecte dans ses feuilles pour la même cause :

Entre Seguier & Freron,
Jesus disoit à sa mere :
Enseignez-moi donc, ma chere,
Lequel est le bon larron ?

22 *Septembre* 1770. M. le chevalier Laurez, auteur eſtimable qui a remporté pluſieurs fois le prix de l'académie Françoiſe, eſt à ſolliciter depuis pluſieurs années auprès des comédiens François l'examen d'une tragédie qu'il ſe propoſe de donner au public. Ne pouvant avoir accès auprès de cet aréopage, il a adreſſé une courte épître à M. le marquis de Chauvelin, ſeigneur recommandable par ſon goût pour les lettres, & il le ſollicite de lui accorder ſa protection auprès du tribunal en queſtion. Voici cette ſinguliere ſupplique

Animé par ta voix, par ton goût éclairé,
Je ſentis dans mes ſens une flamme nouvelle,
 Et fis paſſer dans mon drame épuré
  Quelques traits de ce feu ſacré,
 Dont ton eſprit, Chauvelin, étincelle.
Mais ton génie en vain ſur mes foibles écrits
Auroit fait réfléchir un rayon de ta gloire,
Si mes travaux dans l'ombre étoient enſevelis,
 De tes bienfaits ſi tu perdois le prix,
S'ils ne pouvoient, hélas! vivre qu'en ma mémoire;
Sers ma reconnoiſſance, & préviens ce malheur:
 Que de nos juges de la ſcene
Ta main officieuſe enchaîne la rigueur,
 Et que l'urne de Melpomene,
Favorable à mes vœux, m'annonce un ſort flatteur.
Je le dois obtenir, puiſque j'ai ton ſuffrage,
 Et mes ſuccès feront l'ouvrage
  De ton eſprit & de ton cœur.

23 *Septembre* 1770. On a parlé l'année dernière du théatre de Mlle. Guimard à sa délicieuse maison de Pantin, & des spectacles qu'on y jouoit avec toute la galanterie possible. Voici le très-singulier compliment de clôture qui y a été prononcé la semaine derniere, le jour où l'on a représenté pour la derniere fois.

MESSIEURS,

« Autant que l'usage des choses de théatre a pu me donner de pratique : non, je mets la charrue devant les bœufs, Messieurs : je veux dire autant que la pratique des choses de théatre a pu me donner d'usage, j'ai remarqué en général, j'ai même expérimenté, que les clôtures sont bien plus difficiles à faire que les ouvertures ; que le moment où l'on rentre, a quelque chose de bien plus gracieux, de plus agréable, que le moment où l'on sort ; & que les actrices ne pourroient jamais se consoler des regrets de la sortie, si elles n'envisageoient l'espérance d'un bout de rentrée. Ce discours tend à vous montrer d'un clin d'œil, à vous exposer d'une maniere qui ne tombera pas en oreille d'âne, Messieurs, à rapprocher enfin par un trait insensible les avantages de la sortie d'avec ceux de la rentrée, la clôture, enfin, de l'ouverture.

Mais ne pensons point à l'ouverture, quand nous en sommes à la clôture : ne pensons pas au commencement du ■■■, quand nous en sommes à la queue. C'est le plus difficile à écorcher, Messieurs ; on le sait, & c'est pour cela que je rentre dans la matiere de mon compliment, & que j'en reviens à la clôture d'aujourd'hui, qui fait le fond de mon sujet.

Vous trouverez notre clôture, bien courte,

Tome V. H

bien petite, en comparaison des ouvertures si grandes, si brillantes, Mesdames, dont nous vous sommes redevables. Quelles obligations ne vous avons-nous pas pour les avoir soutenues ainsi agréables, douces & faciles, pour avoir écarté à propos ces critiques qui vilipendent sans cesse un acteur, l'obligent de se retirer la tête basse & la queue entre les jambes ! Vous avez soutenu notre zele, suppléé à notre foiblesse, en nous prêtant généreusement la main pour nous dresser selon vos desirs, & nous avez mis par ce moyen dans le cas d'entrer en concurrence avec les sujets du premier talent, qui marchent toujours la tête levée, & auxquels on ne peut reprocher qu'un peu trop de roideur, défaut dont ils se corrigeront aisément.

Que dis-je ! je m'apperçois que je m'allonge un peu trop sur les efforts de nos acteurs; que je pourrois m'étendre sur quelques-unes de nos actrices. Mais ce n'est pas là le moment : je me contenterai de vous dire, que si nous donnons aujourd'hui quelque relâche à vos amusements & à notre spectacle, c'est reculer pour mieux sauter. Et, quoiqu'il ne soit pas permis à tout le monde d'être heureux à la rentrée, c'est cependant sur elle que nous fondons toute notre espérance : & voici quel en est le motif.

Air : *Je ●●● gaillard.*

Esope un jour avec raison disoit,
Qu'un arc qui toujours banderoit,
Sans doute se romproit.
Si le nôtre se repose,

Mesdames, c'est à bonne cause,
A ce qu'il nous paroît.
De ce repos vous verrez les effets;
Nous ferons des apprêts
Pour de nouveaux succès;
Et nous le détendons exprès
Pour mieux le tendre après.

C'est le sieur de la Borde, premier valet de chambre du roi, grand amateur & compositeur de musique, le directeur des spectacles de Mlle. Guimard, qui avoit commandé le compliment ci-dessus au sieur Armand fils, concierge de l'hôtel des comédiens & auteur de quelques drames, en le priant de le faire le plus polisson, le plus ordurier qu'il seroit possible. Il y avoit d'honnêtes femmes à ce spectacle, mais en loge grillée; car ce sont les filles qui occupent l'assemblée & remplissent la salle.

26 *Septembre* 1770. Un baron Allemand, officier dans le régiment d'Anhalt, s'est enfermé un de ces jours derniers dans sa chambre avec son chien. Il a brûlé la cervelle de cet animal avec un pistolet, & s'est passé son épée à travers le corps plusieurs fois, mais sans se blesser à mort sur le champ; il est tombé en foiblesse & n'a pu s'achever. Le bruit de l'arme à feu ayant excité une rumeur dans la maison, on est accouru à l'endroit d'où il partoit, on a enfoncé la porte, & l'on a trouvé ce spectacle tragique. On a fait revenir l'officier, qui ne mourra point, à ce qu'on espere. Il paroît que ce dégoût de la vie qui gagne considérablement dans cette capitale, a été la cause de ce

suicide. Interrogé pourquoi il avoit tué le chien, il a répondu qu'il aimoit beaucoup cet animal, qu'il craignoit qu'il ne fût malheureux en lui survivant. Interrogé pourquoi il avoit préféré le pistolet pour tuer le chien, il a répondu que c'étoit par une suite du même attachement qu'il avoit choisi de donner à ce compagnon fidele la mort la plus prompte, la moins douloureuse & la plus sûre ; que pour lui, il avoit regardé l'épée, comme un instrument du trépas plus digne de lui. On voit par-là que l'extravagance même de l'officier étoit combinée & réfléchie. On ne peut rendre raison d'un sang-froid aussi extraordinaire. On accuse de nouveau la philosophie du jour, comme autorisant de pareils forfaits, & comme les encourageant d'une maniere trop sensible par l'expérience.

30 *Septembre* 1770. On a déja parlé d'un superbe vis-à-vis que faisoit faire madame la comtesse Dubarri. Il est aujourd'hui achevé, & le public se porte en foule pour le voir chez le sellier. Rien de plus élégant & de plus magnifique en même temps. Ceux de madame la dauphine, envoyés à Vienne, n'en approchoient pas pour le goût & la délicatesse du travail. Outre les armoiries qui forment le fond des quatre panneaux sur un fond d'or qui couvre tout l'extérieur de la voiture, avec le fameux cri de guerre : *Boutez en avant* ; sur chacun des panneaux de côté on trouve répétés d'une part une corbeille garnie d'un lit de roses, sur lequel deux colombes se becquettent amoureusement ; de l'autre, un cœur transpercé d'une fleche, le tout enrichi de carquois, de flambeaux, de tous le attributs du dieu de Paphos. Ces

emblêmes ingénieux sont surmontés d'une guirlande de fleurs en burgau, qui est la plus belle chose qu'on puisse voir de ses deux yeux. Le reste est proportionné: la housse du cocher, les supports des laquais par derriere, les roues, les moyeux, les marche-pieds sont autant de détails précieux qu'on ne peut se lasser d'admirer, & qui portent l'empreinte des graces de la maîtresse de ce char voluptueux. Jamais les arts n'ont été poussés à un tel degré de perfection.

1 *Octobre* 1770. Le même auteur de *l'Histoire critique de la vie & des ouvrages de saint Paul*, vient de répandre une *Histoire critique de Jesus-Christ, ou Analyse raisonnée des Evangiles*, avec cette double épigraphe: *Ecce homo*, & plus bas: *Pudet me humani generis, cujus mentes & aures talia ferre potuerunt.* St. AUGUSTIN. On parlera plus amplement de cet ouvrage remarquable, qui est précédé de la fameuse *Epître à Uranie*, qu'on sait être de M. de Voltaire. Il la composa en 1732, & la dédia à madame la comtesse de Rupelmonde, dame du palais de la reine. On ne pouvoit mieux ouvrir cet ouvrage impie, que par une piece de poésie qui y a beaucoup de rapport, & qui lui sert comme de texte.

5 *Octobre* 1770. Le sieur Guillemin, premier violon du roi, ne pouvant toucher d'argent, & étant fort arriéré dans ses affaires, s'est, dans un excès de désespoir, détruit de plusieurs coups de couteau.

7 *Octobre* 1770. Le bruit ayant couru que M. le duc de la Vrilliere, depuis qu'il est revêtu de sa nouvelle dignité, cherchoit à se donner

des descendants à qui la transmettre, & en conséquence devoit épouser Mlle. de Polignac, on a vu avec surprise l'épigramme suivante, insérée dans des bulletins de nouvelles, que paroît autoriser la police. Voici cette épigramme :

Des cafés de Paris l'engeance fabliere,
Qui raisonne de tout & *ab hoc* & *ab hac*,
Sur ses prédictions rédigeant l'almanac,
  Donne pour femme à la Vrilliere
  La fille du beau Polignac.
Ah ! si l'ingrat jamais avoit cette pensée,
S'écria Sabbatin, se frappant l'estomac,
  J'étranglerois, comme une autre Médée,
Tous ces Philippotins, soi-disant de Langeac.

10 *Octobre* 1770. Après une préface très-répréhensible, où l'auteur de *l'Histoire critique de la vie de Jesus-Christ* emploie tour-à-tour l'ironie & la déclamation, où il annonce assez hautement son criminel projet de représenter l'évangile comme un roman oriental, dégoûtant pour tout homme de bon sens, & qui ne semble s'adresser qu'à des ignorants, des stupides, des gens de la lie du peuple, les seuls qu'il puisse séduire ; comme une histoire où la critique ne trouve aucune liaison dans les faits, nul accord dans les circonstances, nulle suite dans les principes, nulle uniformité dans les récits ; il entre en action.

Pour rédiger ces mémoires, l'écrivain semble ne s'être servi que du texte même des évangiles, mais il présente les faits sous un jour si ridicule, il en fait voir la fausseté, la contradiction, l'absurdité d'une façon si palpable, qu'il faut être revêtu de la foi la plus robuste pour regarder une pareille vie comme celle d'un homme-Dieu, & pour croire à une religion dont les fondements sont aussi mal assis. On sent que le critique a fondu adroitement dans son livre la substance d'une quantité d'autres ouvrages sur le même genre, mais que leur érudition, où les langues savantes dans lesquelles ils sont écrits, mettoient hors de portée du commun des lecteurs. Tout ce que l'incrédulité a pu produire d'arguments les plus forts, les plus pressants, les plus convaincants, sont ici rapprochés sous le même point de vue, & forment, réunis, un corps de preuves irrésistible, toujours seulement pour ceux qui voudront examiner notre sainte religion avec les lumières d'une raison dangereuse, ou se servir d'une logique réprouvée en matière de foi.

Au reste, si l'auteur ne déceloit visiblement son projet abominable, on ne pourroit que lui savoir gré, par l'intérêt qu'il a mis dans ses récits de faire lire les évangiles à beaucoup de chrétiens mal instruits de l'histoire du fondateur de leur religion, ou qui, dégoûtés du désordre, de l'obscurité, du galimatias, de la barbarie du style des différents textes des évangélistes, avoient renoncé à les lire & avoient mieux aimé croire sur parole. Il résulte, au contraire, de son ouvrage, que Jesus n'étoit qu'un artisan enthousiaste, mélancolique & jongleur maladroit, sorti d'un chantier pour séduire des hommes de sa classe, échouant dans tous ses projets, puni comme un perturbateur public, mourant sur une croix, &

cependant après sa mort devenir le législateur & le Dieu d'un grand nombre de peuples & se faisant adorer par des êtres qui se piquent de bon sens. L'auteur fait voir ensuite comment le christianisme s'est établi ; il rend raison de ses progrès rapides, qu'il ne faut point, suivant lui, attribuer à un miracle, mais à des causes naturelles, inhérentes à l'esprit humain, dont le propre est de tenir fortement à sa façon de penser, de se roidir contre la violence, de s'applaudir de ses forces, d'admirer le courage dans les autres, de s'intéresser à ceux qui en montrent & de se laisser gagner à leur enthousiasme. Il finit par un tableau rapide & éloquent du christianisme, depuis Constantin jusqu'à nous ; & en calculant la durée des extravagances humaines, qui ont leur période, il prétend que l'erreur finira tôt ou tard, pour faire place au bon sens & à la vérité, & que les souverains & les sujets se dégoûteront un jour d'une religion onéreuse pour les peuples, & qui ne procure des avantages sensibles qu'aux despotes & aux prêtres. Mais qu'y substituer?... La raison.

12 *Octobre* 1770. On a déjà lu dans quelques ouvrages périodiques la traduction d'un *De profundis* de la façon du sieur Piron, & les gens religieux se sont applaudis de voir un aussi grand homme faire un retour vers Dieu, & reconnoître que hors le salut tout est vanité, & qu'il n'y a de plaisirs & de vrai bonheur que dans une conscience timorée. Ce fameux poëte vient de rendre un hommage moins éclatant à notre sainte religion, mais qui n'en paroît que plus édifiant & plus sincere ; il a écrit au bas

d'un crucifix qu'il a dans sa chambre le quatrain suivant :

De l'enfer foudroyé quels sont donc les prestiges ?
De ta religion en ce signe éclatant
Contemple, ô chrétien, à la fois deux prodiges !
Un Dieu mourant pour l'homme, & l'homme impénitent.

15 *Octobre* 1770. L'Officier du régiment d'*Anhalt*, dont on a rapporté l'aventure, n'est point mort de ses blessures, & il va autant bien que peut le permettre son état. On croit qu'il en reviendra. Il tient fort à la vie aujourd'hui, & se repent beaucoup de l'excès auquel il s'est porté. Voici son histoire.

Il se nomme M. le baron de Wauxhen : il étoit allé au Wauxhall quelques jours avant sa catastrophe. M. de Létoriere, petit-maître très renommé par sa figure, ses bonnes fortunes & sa valeur, lui avoit marché sur le pied imprudemment & lui avoit fait toutes les excuses convenables & usitées en pareil cas. Il croyoit en être quitte. Le soir il reçoit un billet du baron, qui lui demande en grace de passer chez lui le lendemain matin pour affaire importante. M. de Létoriere s'y rend, & trouve cet homme dans son appartement, illuminé comme un jour de bal. Il lui demande ce dont il est question ? Celui-ci lui témoigne combien il est offensé de son impertinence. Le François renouvelle ses protestations de n'avoir voulu l'offenser en rien, & lui donne là-dessus l'alternative en bon & franc militaire... M. de Wauxhen, après beaucoup d'explications, paroît satisfait, & laisse partir son adversaire.... Il est tourmenté bientôt après de nouvelles inquiétudes, & va trouver un ministre étranger de ses amis, auquel il compte son aventure & qu'il consulte. Celui-ci lui rit au nez, le rassure, & lui promet de l'avertir s'il court sur son compte aucun mauvais propos à cette occasion. Il croit le baron calmé, mais bientôt après la tête pette à celui-ci, & il se porte à la cruelle extrémité dont on a rendu compte.

16 Octobre 1770. *Epigramme sur la statue de M. de Voltaire.*

J'ai vu chez Pigal aujoud'hui
Le modele vanté de certaine statue:
A cet œil qui foudroie, à ce souris qui tue,
A cet air si chagrin de la gloire d'autrui,
Je me suis écrié : ce n'est point là Voltaire ;
C'est un monstre...... Oh ! m'a dit certain folliculaire,
  Si c'est un monstre, c'est bien lui.

18 Octobre 1770. *Chanson faite dans un souper de M. le duc d'Orléans.*

  Voulez-vous que de Fanchette
  Je vous parle, mes enfants !
  La petite est si drôlette,
  Ses appas sont si friands,
  C'est que je la baise,
  C'est que je suis aise,
  C'est que je suis, ma foi,
  Plus content qu'un roi !

Fanchette, sans être belle,
A dans son minois lutin
Un tour qui nous enforcelle,
Je ne sais quoi de si fin,
Que quand je la baise,
C'est que je suis, &c.

Sa bouche est comme une rose
Au moment d'épanouir;
Quand la mienne s'y repose,
Dieux, que je sens de plaisir!
C'est que je la baise,
C'est, &c.

Sous le voile du mystere
Cachons ses autres appas,
Amour dit qu'il faut les taire,
Mais quand je suis dans ses bras,
C'est que je la baise,
C'est que, &c.

Fanchette, reconnoissante,
Me rend amour pour amour;
Avec un air qui m'enchante
Dans mes bras elle a son tour;
C'est qu'elle me baise,
C'est que je la baise,
C'est que je suis, ma foi,
Plus content qu'un roi!

23 Octobre 1770. L'enlevement de M. Dupaty, avocat-général du parlement de Bordeaux, fait rechercher l'arrêté de cette cour qu'on attribue à

ce jeune magistrat, & qu'on dit être un chef-d'œuvre d'éloquence.

28 *Octobre* 1770. M. de Chamousset, ce citoyen estimable, qui a toujours consacré son temps, ses talents & sa fortune à divers projets utiles, avoit répandu, il y avoit près de vingt ans, l'idée d'une maison d'association pour Paris, où les souscripteurs auroient trouvé en maladie les secours les plus variés, les plus abondants & les plus soutenus. Ce plan ne s'exécuta point & ne fit aucune fortune, sous quelque point de vue favorable qu'il fût présenté. L'auteur a remanié son projet, l'a rendu plus praticable & plus étendu, & sur-tout plus attrayant pour la cupidité, ce mobile de toutes nos actions. Il vient de publier un *Mémoire sur l'établissement des compagnies qui procureront en maladie les secours les plus abondants & les plus efficaces à ceux qui en santé leur paieront une très-petite somme par an ou même par mois.*

L'auteur développe d'abord de quelle autre importance est pour un royaume une pareille compagnie d'assurance, bien préférable à celles qui n'ont pour objet que les naufrages & les incendies. Il en conclut combien le gouvernement doit protéger & encourager de pareils établissements, qu'il propose à toutes les grandes villes de l'Europe, d'où il résultera entre les différens peuples qui l'habitent une fraternité fort utile. Il établit la sûreté de l'exécution sur l'intérêt même de ces compagnies, qui étant le même que celui du public, seront obligées de bien traiter leurs malades pour en avoir plus, puisque les profits seront en raison du nombre.

Il rend raison ensuite des calculs qui ont servi

de base à sa spéculation. Il dit que l'expérience & l'observation des plus célebres médecins constatent que sur 100 personnes il n'y aura jamais dans le courant d'une année 12 maladies d'un mois, ou 24 de 15 jours, & qu'ainsi un lit dans les douze mois de l'année fait face à l'engagement pris vis-à-vis de 100 personnes. Il déduit quelques classes d'établissement sur ces hypotheses; savoir, à 20 sous, à 40 sous, à un écu, & à 5 livres par mois. D'après le nombre donné, il trouve une recette totale de 576,000 liv.

Il démontre qu'il ne peut dépenser moitié de cette somme; il en déduit encore un sixieme pour dépenses imprévues. Il fait d'une partie une loterie au profit des souscripteurs, & le surplus tourne tout en bénéfice pour les actionnaires.

M. de Chamousset ne veut pas que les actions soient à plus de 200 livres, afin d'étendre à plus de personnes le partage de l'honneur & des profits qui doivent en résulter: en sorte qu'il y aura 3,000 actions. Il indique tous les notaires pour faire sa soumission & constater cette date juridique, qui sera le titre de préférence. Il annonce que l'on ne déposera l'argent que lorsque toutes les actions seront remplies: que le gouvernement, qui a permis l'exposition de ce projet, doit l'autoriser quand le nombre des soumissions lui prouvera le desir du public, & par conséquent le succès, qui ne peut être établi que sur l'empressement général. L'auteur pousse la pureté de son zele jusqu'à s'exclure lui-même du nombre des actionnaires, & à renoncer à tout profit; il sacrifie au bien de l'humanité, même son amour-propre, puisqu'il s'offre de recevoir tous les avis, de profiter de tous, lorsqu'ils seront praticables, & de changer, réformer, refondre son projet à mesure que de nouvelles idées pourront l'améliorer.

3 *Novembre* 1770. Depuis le voyage de Fontainebleau, comme il y a eu des articles changés aux spectacles, on a fait ce qu'on appelle *un nouveau répertoire*, c'est-à-dire, une liste qu'on a portée à M. le dauphin. Ce prince l'a reçue & jetée au feu sur le champ sans la lire, en disant : *voilà le cas que je fais de ces sortes de choses-là*. Les courtisans ont jugé différemment de cette action, suivant leur façon de voir. En général, elle annonce un prince fort décidé, & qui aime à fronder hautement les choses qui ne lui plaisent pas.

4 *Novembre* 1770. On a parlé l'année derniere de la visite que le sieur Gerbier, avocat, avoit reçu du prince de Conti, dans sa terre d'Aulnoy. Madame la duchesse de Chartres, vient de faire le même honneur à ce jurisconsulte célebre, qui, comme l'orateur Romain, après avoir étonné le barreau par son éloquence sublime, se délasse de ses importantes fonctions en travaillant lui-même à son champ. Le sieur Gerbier est un grand économiste, qui fait beaucoup d'expériences en choses utiles, & qui d'ailleurs a singuliérement embelli son habitation par toutes sortes de décorations nouvelles & peu communes, dont il a emprunté l'idée des Anglois. C'est ce qui attire la curiosité des grands.

6 *Novembre* 1770. Le mémoire de M. de Voltaire, en faveur des habitants de St. Claude, qu'on a annoncé il y a déja du temps, réveille l'attention du public, aujourd'hui qu'il est question de juger cette affaire portée au conseil des dépêches. Il y est question de plusieurs villages ren-

fermés entre deux montagnes, sans aucune communication avec le reste de la terre, sur lesquels le chapitre de St. Claude en Franche-Comté, ci-devant couvent de Bernardins, prétend exercer le droit, contre nature, de servitude. Ce terrein comprend environ douze mille ames. Il veut faire valoir sa prétention, sans autre titre qu'une jouissance centenaire, que ces despotes opposent à la réclamation des malheureux habitants en question. La cause de l'humanité à plaider d'une part, & la satire à faire de l'autre des moines & des prêtres, étoient un double sujet, trop beau pour ne pas enflammer l'imagination de notre poëte philosophe. Il a traité la matiere supérieurement & avec tout l'intérêt possible. On ne doute pas que le chapitre de St. Claude ne perde, par la loi générale du royaume, qui n'admet pas de serfs en France.

13 *Novembre* 1770. *Assemblée publique de l'académie royale des inscriptions & belles-lettres, tenue le 13 de ce mois, pour sa rentrée d'après le Saint Martin.* Le sieur le Beau a commencé la séance par les annonces ordinaires concernant les prix. Il dit que celui dont le sujet étoit d'examiner *quels furent les noms & les attributs divers de Jupiter, chez les différents peuples de la Grece & de l'Italie*, avoit été adjugé à l'abbé le Blond, sous-bibliothécaire du college Mazarin : qu'il étoit double. Il ajouta qu'on avoit remis pour l'année 1772 le prix qui devoit être donné à pâque dernier. On distribua le programme qui roule sur le même sujet, savoir *l'Examen critique des historiens d'Alexandre le Grand.*

Ensuite le même secretaire lut l'éloge du

sieur Bonamy. Cet académicien, sur-tout distingué parmi les bibliographes, avoit eu de bonne heure le goût de ce genre d'étude, devenu immense par la multitude des livres dont les presses inondent journellement l'Europe. A cette occasion l'orateur a détaillé toutes les qualités qu'exige la profession à laquelle s'étoit voué son confrere; & quoique ce travail consiste plus, ce semble, à connoître la forme des ouvrages que le fond, leur extérieur typographique que leur mérite intrinseque, il a prétendu qu'à l'appareil de l'érudition il falloit joindre l'érudition même, & il a fait un portrait du bibliographe, si étendu, si composé de tous les talents, si parfait, qu'à l'en croire cette classe de littérateurs seroit au premier rang; & par une suite du même enthousiasme, il a tellement appliqué au sieur Bonamy la réunion de toutes ces qualités, qu'il en auroit fait réellement un grand homme aux yeux de l'assemblée, si l'on n'eût connu le personnage. En réduisant les choses à leur juste valeur, ce savant étoit un excellent académicien, très-assidu, très-laborieux, très-clair, très-précis, très-méthodique & très-judicieux dans les matieres de sa compétence.

Le secretaire, qui se complaisoit dans cet éloge, a fait passer successivement son héros par les différentes places qu'il a occupées, & est entré à cette occasion dans beaucoup de détails. Il étoit commissaire au trésor des chartres, qui est l'amas d'une quantité de pieces originales, servant à notre histoire de France, & que le sieur Bonamy a tirées du chaos où elles étoient & mises dans le meilleur ordre.

Le sieur Moriau, procureur du roi de la ville, ayant laissé sa bibliotheque à la ville pour en faire un monument public, le sieur Bonamy a été le premier bibliothécaire qu'on y ait nommé. L'orateur s'est encore répandu à cette occasion en éloges magnifiques de cet établissement, qui au fond est mesquin, coûte fort cher & ne contient rien de curieux. Il s'est étendu sur des cartons, ramassés par le sieur Moriau, concernant toutes les parties de la ville de Paris, au nombre de plus de deux mille, & qui ne sont qu'un ramas d'estampes du pont-neuf & autres niaiseries de cette espece, propres à amuser des enfants. Il a cité deux vers latins que l'académicien avoit faits pour servir d'inscription à cette bibliotheque, dont on n'a pas fait usage, on ne sait pourquoi; comme ils font anecdote, on va les rapporter ici:

Corporis immensi dum vitam membraque curat
Hic animis proprias urbs quoque fundit opes.

Le sieur Bonamy avoit aussi la direction du journal de Verdun. Le panégyriste, toujours monté sur le même ton emphatique, a exalté cet ouvrage périodique, le plus mauvais des journaux, & c'est tout dire.

Enfin il a beaucoup loué la foi, la piété & la mort édifiante de son confrere, & l'on a reconnu à ces derniers traits l'esprit religieux du secretaire, qui est avec raison à la tête de la cabale des dévôts de cette académie, la seule où le catholicisme se soit retranché; les deux autres étant généralement reconnues pour infectées, gangrenées d'athéisme dans presque tous leurs membres.

On s'est appésanti sur cet éloge, pour prémunir une fois pour toutes le public contre cet usage misérable de faire toujours un grand homme du confrere mort ; & par un protocole unique de louanges triviales & communes les discréditer tous & les mettre au même niveau.

Le sieur du Theil, officier aux gardes & membre nouvellement reçu de cette académie, a pris la parole après le secretaire ; il a fait part à l'assemblée d'une traduction d'une hymne de Callimaque en l'honneur d'*Apollon Carnéen*.

Le discours de M. de Sigrais, sur l'esprit militaire des Gaulois, de la Gaule proprement dite, a fixé plus particuliérement l'attention de l'assemblée. Tout cet ouvrage, pris en partie des commentaires de César, contient un détail fort intéressant pour la nation, puisque c'est l'histoire de ses ancêtres ; c'est un tableau rapide & serré des guerres du conquérant des Gaules, avec des observations sur les causes qui en hâterent le succès.

On avoit commencé la lecture d'un troisieme mémoire, de M. l'abbé Belley, contenant des observations sur l'histoire & quelques médailles de Drusus César, fils de l'empereur Tibere, pour la défense de plusieurs auteurs de l'histoire Romaine, &c.

14 *Novembre* 1770. *Assemblée publique de l'académie royale des sciences tenue à sa rentrée d'apres la Saint-Martin, le 14 novembre 1770.*

M. Grand-Jean de Fouchy, secretaire de l'académie, a ouvert la séance par l'éloge de monsieur l'abbé Chappe d'Auteroche. La passion de cet académien pour l'astronomie, se manifesta dès le college, où il avoit fait une obfervation pour y contempler les aftres, & depuis il confacra en quelque forte à cette fcience tout le refte de fa vie. Elle fe divife en deux époques : l'une eft fon voyage en Mofcovie, pour y obferver à Tobolsk, le 6 juin 1761, le paffage de Vénus fur le difque du foleil ; & l'autre, fon voyage en Sibérie, fait par ordre du roi en 1761, contenant le mœurs, les ufages des Ruffes & l'état actuel de cette puiffance, &c. Quant à la partie aftronomique, elle eft fans doute très-bien traitée ; mais on n'a pas trouvé en Ruffie que le refte le fût également, puifqu'on vient d'y imprimer un ouvrage ayant pour titre : *Antidote ou examen du mauvais livre, fuperbement imprimé, intitulé, Voyage, &c.* Son but eft de relever les erreurs de différents genres qu'on y trouve, & qu'on attribue tantôt à l'ignorance, tantôt à la prévention, & quelquefois à la mauvaife foi. Il eft fâcheux que cette critique ne paroiffe qu'après la mort de l'auteur, c'eft-à-dire, lorfqu'il ne peut plus fe défendre ou fe corriger.

L'orateur nous apprend, qu'on ne fait rien encore des opérations de M. l'abbé Chappe, faites avant fa mort. Il le regarde avec raifon comme un martyr de l'aftronomie, puifque cet académicien avoit eu le courage d'entreprendre cette expédition, malgré le preffentiment qu'il avoit d'y fuccomber ; qu'étant convalefcent d'une maladie dangereufe qu'il y avoit eue, il retomba pour avoir voulu trop tôt recommencer fon travail ; & qu'en mourant il déclara qu'il expiroit content, ayant rempli fa miffion.

M. l'abbé Chappe eft mort très-jeune, fi l'on ne confidere que les ans, puifqu'il n'en avoit qu'environ 46 ; mais comme il avoit mené une vie extrêmement laborieufe, on peut regarder fa carriere comme abondamment fournie. Outre fes découvertes en aftronomie, on lui doit un nouveau fyftême, ou du moins rajeuni, fur le tonnerre, par lequel il prétend que la foudre part du corps frappé, autant que du fein des vapeurs qui la forment. Après cet éloge, le fecretaire lut un papier que lui avoit remis M. Beaudouin, maître des requêtes, contenant quelques obfervations du fieur Doc, officier de la marine efpagnole, fur la pófition de St. Jofeph, lieu de la Californie, où a été fuivi le paffage de Vénus fur le difque du foleil, ainfi que fur le temps des deux contacts intérieurs.

A cet éloge a fuccédé un mémoire du fieur Cadet fur les eaux minérales de la ville de Roye en Picardie.

M. de Fouchy a repris la parole, & a lu un autre éloge, celui de l'abbé Nollet. Cet académicien, dont la vie a été agitée plus que celle d'un favant ordinaire, a fourni une matiere très-ample à l'orateur, fur laquelle il s'eft étendu avec complaifance; il a fait voir comment l'abbé Nollet, né d'honnêtes laboureurs, s'étoit infenfiblement fait connoître, & au moyen de fon petit collet avoit eu accès chez les grands, & étoit devenu un homme de confidération ; car au favoir, qui ordinairement écarte de la fortune, celui-ci joignoit un manege fouple & infinuant qui y conduit. Il avoit adopté un genre de travail très-propre à le faire connoître & à le répandre. Le talent particulier qu'il avoit pour la manipulation des expériences, lui avoit ouvert l'entrée chez tout ce qu'il y a de plus distingué & même à la cour.

Mais l'époque la plus brillante de la vie de l'académicien, est celle où il mit l'électricité à la mode. Ce phénomene connu depuis deux cents ans, mais sur lequel les physiciens s'étoient en quelque sorte endormis, excita l'attention de celui-ci, & il l'a tourné & retourné en tant de manieres, qu'on peut le regarder comme un créateur ou comme un restaurateur des expériences faites à ce sujet. Il a beaucoup écrit sur cette matiere, & ses ouvrages servent encore d'éléments à tous ceux qui veulent s'initier aux mysteres du phénomene le plus étonnant & le plus incompréhensible.

Au talent du méchanisme des expériences, M. l'abbé Nollet réunissoit celui de les rendre avec beaucoup d'ordre & de netteté ; ce qui a donné une grande vogue à son livre en ce genre, qui est entre les mains de tout le monde, & dont commence par se pourvoir tout amateur qui veut se livrer à la physique.

Le panégyriste a fait voir dans le cours de l'éloge, comment M. l'abbé Nollet, au milieu de ses diverses occupations, ne négligeoit pas le soin de sa fortune, & accumuloit sur sa tête des titres de toute espece, soit de décoration, soit d'utilité réelle. Mais une obligation qu'on lui a, c'est d'avoir fait créer une chaire de professeur de physique expérimentale au college royal, qu'il a exercé le premier, & qui ne peut que contribuer à la propagation des sciences.

Le public, dont M. l'abbé Nollet étoit fort connu, a pris le plus grand intérêt à son éloge, & a suivi avec attention tous les détails dans lesquels est entré le secretaire; en sorte que, malgré sa longueur, il n'a point ennuyé.

Le reste de la séance a été rempli par un mémoire de M. Lavoisier sur l'eau, & sur le système de ceux qui prétendent que l'eau se convertit en terre.

Le dernier mémoire a été celui du sieur Portal, médecin, où il annonce des découvertes sur la situation différente des visceres du bas-ventre suivant les différents âges, & conséquemment sur la méthode d'en connoître la maladie par le tact & de les guérir; ce qui renferme plusieurs sortes de détails, dont l'auteur n'a traité que la premiere partie sur la position des visceres.

15 *Novembre* 1770. Le sieur Paradis de Moncrif, lecteur de la feue reine & de madame la dauphine, languissoit depuis deux mois, ayant les jambes ouvertes : comme il avoit 82 ans & au-delà, il n'a pas douté que sa fin n'approchât; mais il l'a envisagée en vrai philosophe; il s'entretenoit de ce dernier moment avec beaucoup de présence d'esprit & sans aucun trouble; il a ordonné lui-même les apprêts de ses funérailles. Après avoir satisfait à l'ordre public & aux devoirs du citoyen, il a voulu semer de fleurs le reste de sa carriere; il a toujours reçu du monde : accoutumé à voir des filles & des actrices, il égayoit encore ses regards du spectacle de leurs charmes : ne pouvant plus aller à l'opéra, où il étoit habituellement, il avoit chez lui de la musique, des concerts, de la danse; en un mot, il est mort en Anacréon, comme il avoit vécu.

Presque tous ses ouvrages sont dans un genre

délicat & agréable, il excelloit sur-tout dans les romances marquées à un coin de naïveté qui lui est propre. Il a fait quelques actes d'opéra qui ont eu beaucoup de succès, & il a eu la satisfaction de se voir encore joué sur le théatre de Fontainebleau, au moment de sa mort. Il avoit les mœurs douces, comme ses écrits; il aimoit beaucoup la parure, & a conservé ce goût jusqu'à la fin. C'étoit vraiment un homme de société, qualité qui s'allie rarement avec celles d'auteur, & sur-tout incompatible avec ce qu'on appelle le vrai génie.

20 *Novembre* 1770. On a parlé, il y a quelque temps, d'une machine à feu pour le transport des voitures & sur-tout de l'artillerie, dont M. de Gribeauval, officier en cette partie, avoit fait faire des expériences, qu'on a perfectionnées depuis, au point que mardi dernier la même machine a traîné dans l'arsenal une masse de cinq milliers, servant de socle à un canon de 48, du même poids à peu près, & a parcouru en une heure cinq quarts de lieue. La même machine doit monter sur les hauteurs les plus escarpées & surmonter tous les obstacles de l'inégalité des terreins ou de leur affaissement.

Ces heureuses expériences renouvellent les regrets de ceux qui voudroient qu'on fît usage aussi de la pompe à feu pour l'élévation des eaux, telle qu'elle est exécutée à Londres. Il est certain que quelque bonne envie qu'on ait pour mettre en œuvre le projet de M. de Parcieux sur le même objet, le défaut d'argent empêchera qu'il ne réussisse. Il est calculé que pour amener toutes les eaux de la petite rivière d'Yvette dans un bassin fait à l'Estrapade, par un canal de dix-huit mille toifes de longueur, dont treize mille feront à découvert, tous les inconvénients de cette entreprife vaincus, (& ils ne font pas petits) l'objet de la dépenfe & de l'entretien forme un capital de plus de quinze millions. De l'autre façon, au contraire, il n'en coûteroit pas la dixieme partie, & on auroit le double du volume d'eau.

21 *Novembre* 1770. Il y a plufieurs concurrents fur les rangs pour les places vacantes à l'académie Françoife par la mort du fieur de Moncrif ; mais il paroît que le fieur Collé, lecteur de M. le duc d'Orléans, eft celui qui a le plus de prétention, fi ce prince defire qu'il réuffiffe, comme c'eft affez vraifemblable.

23 *Novembre* 1770. Depuis peu de jours il paroît deux traductions de *Suétone*, l'une par le fieur Ophellot de la Paufe, en 4 vol. *in-8°*. avec des mélanges philofophiques & des notes du fieur de Lille, auteur de la *Philofophie de la Nature* : l'autre du fieur de la Harpe. Celui-ci a profité de la facilité qu'il a de faire parler divers ouvrages périodiques, pour annoncer le fien avec beaucoup d'emphafe, & prémunir le public contre toute furprife qui pourroit lui être faite par la préfentation des œuvres de l'autre traducteur : il a annoncé plufieurs fois qu'il ne falloit pas confondre les deux traductions ; en un mot, il a mis dans ces avertiffements la préfomption ordinaire qu'on lui connoît, & cette morgue littéraire, dont ne l'ont pas encore guéri les diverfes mortifications qu'elle lui a caufées, & la haine prefqu'univerfelle des auteurs, fes confreres.

Le fieur Piron, particuliérement indifpofé contre ce petit poëte, a jugé à propos de lui afféner

à

à cette occasion une épigramme, où l'on trouvera des longueurs & des duretés, mais toujours le nerf, l'énergie & la justesse de ce peintre vigoureux.

24 *Novembre* 1770. Le président Haynault, surintendant de la maison de Mad. la dauphine, membre de l'académie Françoise & de celles des inscriptions, vient de mourir ce soir, après avoir lutté contre la mort depuis plusieurs années, âgé de près de 86 ans. Tout le monde connoît son *abrégé chronologique de l'histoire de France*, qui lui a fait tant de réputation, loué tour-à-tour & dénigré outre mesure par M. de Voltaire, qui ne méritoit ni tant de célébrité, ni une critique si amere. Il étoit fort riche. Sa table étoit ouverte à tous les gens de lettres ses confreres, & sur-tout aux académiciens. Il n'étoit pas moins fameux par son cuisinier, que par ses ouvrages. Le premier passoit pour le plus grand *Apicius* de Paris, & tout le monde connoît la singuliere épître du philosophe de Ferney à ce Lucullus moderne, qui débute ainsi :

Haynault, fameux par vos soupers,
Et par votre chronologie, &c.

25 *Novembre* 1770. Extrait d'une lettre de Marseille, du 17 *novembre*. M. Seguier, avocat-général du parlement de Paris, a passé ici. Il est d'usage lorsqu'un membre de l'académie Françoise vient à Marseille, que l'académie de cette ville depute vers lui, par une déférence due à la premiere, qu'on regarde comme la mere des autres. On a agité à l'occasion de monsieur Seguier ce qu'on feroit, & il a été décidé non-seulement

Tome V. I

de ne pas le complimenter, mais de ne fraternifer en rien avec lui. Cette délibération a été prife d'après le compte rendu par un membre, du réquifitoire de ce magiftrat, de ce qui s'étoit paffé à l'académie Françoife à la fcene de réception de M. l'archevêque de Touloufe, & de l'indécence des démarches ultérieures de monfieur l'avocat-général pour provoquer la défenfe d'imprimer le difcours du fieur Thomas.

28 *Novembre* 1770. Les concours à la place vacante à l'académie Françoife, redoublent d'efpoir par la nouvelle place que fait vaquer la mort du préfident Haynault. Mais il faut que les délais courent, & c'eft une regle de cette compagnie de ne procéder aux élections que fix femaines après la vacance des places.

29 *Novembre* 1770. La demoifelle Beze, danfeufe de l'opéra très-médiocre, mais de la plus jolie figure du monde, a porté la défolation à la cour pendant le voyage de Fontainebleau. Trois jeunes feigneurs féduits tour-à-tour par fes charmes, fe font trouvés infectés d'une maladie honteufe : M. le prince de Lambefc, M. le prince de Guimenée, & M. le marquis de Liancourt, font les malheureufes victimes de la lubricité de cette actrice. Madame la comteffe de Brionne a été très-offenfée de l'infolence de Mlle. Beze, qui malgré les ordres qu'elle lui avoit fait donner de ne point paroître à Fontainebleau, fur les connoiffances que cette mere avoit de la funefte inclination de fon fils, a eu l'audace de s'y rendre. Elle a été mife à l'hôpital, il y a quelques jours.

2 *Décembre* 1770. Depuis quelque temps on a inventé des galons factices, qui imitent l'or vrai & font à très-bon marché; des plaifants les ont appellé

des *galons à la chancelière*, parce qu'ils sont faux & ne rougissent pas. C'est en effet une propriété de cette nouvelle découverte.

4 *Décembre* 1770. Le sieur *Piron*, si fécond en saillies & en épigrammes, ne tarit pas sur le compte du sieur de la Harpe; il en a fait encore trois à l'occasion du *Suétone*. Voici la premiere qu'on connoît :

> Le voilà donc ce petit virtuose,
> Toujours s'aimant sans avoir de rivaux,
> Ecrivant, soit en vers, soit en prose,
> Et sous la Combe allignant ses journaux,
> Comme aux sifflets chaque jour il s'expose
> Pour deux écus aux badauds de Paris,
> Il vend en vain des Césars travestis,
> C'est pour tomber qu'il joûte avec la Pause (a).
> Ce grand auteur, si j'en crois ses écrits,
> De ses héros fait mal l'apothéose :
> *Timoléon* (b) meurt le jour qu'il est né.
> Pour *Mélanie* (c) on bâille à bouche close
> En admirant ce drame fortuné ;
> Et *Suétone* à périr condamné,
> Va dans la tombe où *Gustave* (d) repose.

6 *Décembre* 1770. *Epigramme qui a couru sur le bruit que le sieur Piron étoit mort en même temps que* MM. *de Moncrif & le président Haynault.*

(a) Autre traducteur de *Suétone*.
(b) Tragédie du sieur de la Harpe.
(c) Autre dudit.
(d) Autre dudit.

Piron est mort ! quel jour ! hier ; hier, chose impossible !
Je le quittai le soir en parfaite santé,
Leste, plein d'enjouement, d'esprit & de gaieté ;
Tout son individu me parut impassible.
Le fait n'est que trop sûr... Hélas ! apparemment,
Que le bon *Alexis* est mort subitement !
Non, non, son ame existe & n'est point endormie,
Il n'est ni mort, ni de l'académie.

7 Décembre 1770. Les comédiens Italiens ont donné hier la premiere représentation des *deux Avares*, comédie en deux actes & en prose, mêlée d'ariettes. Cet opéra comique qui avoit peu réussi à la cour, n'a pas eu plus de succès à la ville. Il est certain que, quant au poëme, de la composition du sieur de Falbaire, il n'a pas le sens commun, à commencer par le titre. Ces deux avares ne le sont que parce que l'auteur l'annonce ; ce sont deux voleurs très-téméraires & très-étourdis, & que les autres acteurs cherchent à voler à leur tour. Du reste, nulle vraisemblance, nulle intelligence de la scene ou des regles. Malgré ces énormes défauts le drame amuse, & il y a quelques situations heureuses & théatrales, qui, quoique mal amenées, produisent de la gaieté & excitent la curiosité. En un mot, cette piece en vaut vingt autres du même genre, admirées sur ce théatre ; mais le public, plus sévere que de coutume, a semblé proscrire cette nouveauté.

Quant à la musique, elle est du sieur Gretry, c'est-à-dire du plus grand maître que nous ayons en pareil genre. L'ouverture phrasée & en forme de dialogue musical, a eu les plus grands applaudissements; les connoisseurs lui reprochent pourtant de ne pas être une ouverture, parce qu'elle n'a point ces grandes masses d'harmonie, qui doivent en faire le caractere & rassembler celui de l'ouvrage entier. Il y a dans les détails plusieurs morceaux admirables & du travail le plus profond, faits pour exciter l'admiration des gens de l'art; mais on trouve que dans l'ensemble il n'y a pas assez de chants & de ces petits airs à la portée de tout le monde. Le second acte ne vaut pas le premier, & l'on regrette que le musicien ait travaillé sur un si méchant canevas.

9 *Décembre* 1770. Tandis que le sieur de Voltaire ne cesse de s'égayer aux dépens de ses ennemis, ceux-ci cherchent à prendre leur revanche, & le sieur Marchand vient de faire paroître le testament politique de ce grand homme, qui n'est pas mal plaisant, & contient une critique aussi fine que légere de ses ouvrages, & de ses caracteres, vie & mœurs.

10 *Décembre* 1770. Un plaisant a mis en épigramme le bon mot ci-dessus sur les galons modernes :

On fait certains galons de nouvelle matiere,
Fort peu chers, mais fort bons pour habits de galas :
   On les nomme à la Chanceliere.
Pourquoi ! . . . . . C'est qu'ils sont faux & ne rougissent pas.

Un autre plaisant a fait d'avance l'épitaphe de M. le duc de la Vrilliere. Elle roule sur ses trois noms différents de Phélippeaux, Saint-Florentin & la Vrilliere:

Ci gît, malgré son rang, un homme fort commun;
Ayant porté trois noms & n'en laissant aucun.

On rappelle à cette occasion l'épitaphe faite sur la main de ce ministre, lorsqu'il l'eut emportée à la chasse. Elle portoit:

Ci gît la main d'un grand ministre,
Qui ne signa que du sinistre:
Dieu nous garde du cachet
Qui met les gens au guichet.

11 *Décembre* 1770. Il se répand un couplet de chanson qu'on met sur différents airs. Le voici:

Le bien-aimé de l'almanac
N'est pas le bien-aimé de France,
Il fait tout *ab hoc* & *ab hac*,
Le bien-aimé de l'almanac,
Il met tout dans le même sac,
Et la justice & la finance:
Le bien-aimé de l'almanac
N'est pas le bien-aimé de France.

12 *Décembre* 1770. Mardi on a donné sur le théatre de l'opéra la premiere représentation d'*Ismene & Isménias*, tragédie lyrique, exécutée pour la premiere fois à Paris, mais jouée en 1763 à Choisy, devant le roi, avec un médiocre succès.

Le poëme du sieur Laujeon, est dénué de tout intérêt, fort embarrassé dans sa marche, & prête peu à l'appareil du spectacle que doit fournir un ouvrage de ce genre. La musique, du sieur la Borde, est excellente comme production d'un amateur, mais n'a pas de même cette chaleur qu'on admire & qu'on ressent dans les compositions des grands maîtres. Elle est triste, presque toujours dans le bas : peu d'airs chantants ou de symphonie ; quelques morceaux assez agréables, mais plus propres pour la comédie Italienne, & qui, par leur disparate avec l'ensemble, font une dissonnance qui révolte les moins connoisseurs.

13 *Décembre* 1770. Il court un vaudeville qui, tout infame & tout abominable qu'il soit, mérite d'être conservé, comme monument de l'histoire & du mépris dans lequel est tombé le chef de la magistrature.

> Le roi, dans son conseil dernier,
> Dit à monsieur le chancelier,
> Choiseul fait briller ma couronne
> De la Baltique à l'Archipel :
> C'est-là l'emploi que je lui donne.
> Vous, prenez soin de mon B.....
> Le chancelier lui répondit :
> Sire, que vous avez d'esprit !
> D'un pauvre diable qui chancelle
> Vous raffermissez le crédit !
> Que ne puis-je à votre ruelle,
> Raffermir aussi votre v..!

16 *Décembre* 1770. On a fait à l'occasion de la

question présente, un distique sur ces mots : *Lex*, *Rex* :

Rex servat legem, regem lex optima servat,
Lex sine rege jacet, rex sine lege nocet.

17 Decembre 1770. On répand un extrait des centuries de Nostradamus, présage 53, page 161, édition d'Amsterdam. CIƆ. IƆƆ. LXVII. chez Daniel Winkeraufan.

Peste, famine, feu, & ardeur non cessée,
Foudre, grand'grêle, temple du ciel frappé,
Edit, arrêt & grieve loi cassée,
Chef inventeur, ses gens & lui chassé.

On croit, suivant l'usage, y voir les événemens du jour, passés & futurs.

18 *Décembre*. L'abbé Alary, membre de l'académie Françoise, vient de mourir dans un âge très-avancé. C'est la troisieme place vacante par cette mort. Il étoit sous-doyen, ayant été reçu en 1753. C'étoit le fils d'un apothicaire, qui par ses intrigues étoit parvenu à la fortune. On ne sait trop à quel titre il s'est trouvé assis dans le sanctuaire des muses, car on ne connoît aucun ouvrage de lui. C'est le pendant de cet académicien dont Boileau disoit : *Imitons de Conrart le silence prudent.* Cependant il étoit beau diseur, bel homme & très-bien venu des femmes ; ce qui chez plus d'un de ses confreres a tenu lieu de mérite littéraire.

19 *Décembre* 1770. La réponse du sieur de Valdabon au mémoire du sieur le Monnier, annoncée

depuis long-temps, & retardée par divers obstacles, paroît enfin, & réveille l'attention du public sur cet amant infortuné, si célebre par ses malheurs & par sa constance. L'orateur, après avoir retracé d'une façon pathétique tous les maux qu'a soufferts le sieur de Valdahon, sur lequel son impitoyable persécuteur a fait lancer plusieurs décrets, qu'il a obligé de fuir en pays étranger, qu'il a fait exiler pour vingt ans de sa patrie, qu'il a déchiré dans huit mémoires, diffamés dans cinq tribunaux, & presque ruiné, tant par les gros dommages-intérêts qu'il s'est fait adjuger, que par les frais énormes d'un procès qui dure depuis huit ans, discute ultérieurement les moyens du sieur le Monnier. Il prouve par les loix que, quand même le sieur de Valdahon auroit séduit Mlle. le Monnier, il pourroit l'épouser, parce qu'elle est libre & majeure; mais il prouve en outre par trois jugements qu'il ne l'a point séduite. Il réfute toutes les calomnies inventées sur sa parenté & sur sa personne; & après avoir également détruit les objections tirées du danger pour les mœurs, pour l'honnêteté publique, pour l'affoiblissement de l'autorité paternelle, que l'adversaire met en avant, il en conclut que l'opposition du sieur le Monnier au mariage de sa fille avec son amant est aussi vaine qu'odieuse.

Ce mémoire, sorti de la plume éloquente du sieur Loiseau de Mauléon, est appuyé d'une consultation en date du 7 novembre, du sieur Pialez, un des avocats les plus accrédités en ces sortes de matieres.

On s'attend à recevoir incessamment la nouvelle de l'arrêt du parlement de Metz, que tout le public desire trouver favorable aux deux amants,

& que les jurifconfultes annoncent devoir être tel.

20 Décembre 1770. Seconde épigramme de monfieur Piron, fur ce que la Harpe brigue une place à l'académie.

  Quoi, grand Dieu! La Harpe veut être
  Du doux Moncrif le fucceffeur!
 Favoris d'Apollon, fongez à votre honneur:
 Voudriez-vous qu'on prît le Louvre pour Bicêtre!

22 Décembre 1770. Troifieme épigramme de M. Piron contre M. de la Harpe, à l'occafion de fon Suétone.

  Monfieur la Harpe habille en jaune
  Les plats Céfars qu'il publie aujourd'hui.
 Savez-vous bien pourquoi? C'eft que fon *Suétone*
  Eft bilieux & méchant comme lui.

23 Décembre 1770. Le fieur Senac, premier médecin du roi, dont la fanté périclitoit depuis long-temps, vient enfin de mourir, & a été enterré hier. Cet événement met toute la faculté en mouvement. On ne fait encore qui fera nommé à une place auffi importante, & qui le devient de plus en plus à mefure que le roi vieillit, & pour laquelle il y a quantité de concurrents. Le fieur Senac étoit un homme de beaucoup d'efprit, qui avoit écrit fur fon métier, mais qui fur-tout poffédoit au fuprême degré l'art de la cabale & de l'intrigue, dont il avoit fait l'apprentiffage chez les jéfuites, où il étoit d'abord entré. Le chemin qu'il a fait depuis ce temps-là vers la fortune, est une preuve de ses heureux talents en ce genre.

24 *Décembre* 1770. Un nouveau critique s'est élevé sur les rangs, & a censuré plusieurs ouvrages nouveaux, entr'autres celui du sieur de St. Lambert, auteur du poëme *des Saisons*. L'amour-propre de cet auteur a été blessé, & il a profité de son crédit pour faire arrêter le livre, & mettre à la Bastille le sieur Clément, qui l'avoit fait. Celui-ci en est sorti par composition & à condition de mettre des cartons à son ouvrage; mais il s'est vengé par l'épigramme suivante:

> Pour avoir dit que tes vers sans génie
> M'assoupissoient par leur monotonie,
> Froid Saint-Lambert, je me vois séquestré;
> Si tu voulois me punir à ton gré,
> Point ne falloit me laisser ton poëme.
> Lui seul me rend mes chagrins moins amers:
> Car de nos maux le remede suprême
> C'est le sommeil...... Je le dois à tes vers.

25 *Décembre* 1770. On parle d'une caricature faite à l'occasion de l'événement du jour. On y voit le roi entouré de M. le chancelier, de M. le contrôleur-général, & de madame la comtesse Dubarri. Le premier président arrive avec un petit panier, chargé des têtes, des bourses & des v... des membres de sa compagnie. Le chancelier se jette sur les têtes, le contrôleur-général sur les bourses, & la comtesse sur les v...

29 *Décembre* 1770. Le fameux mémoire de Breta-

gne a pour titre : *Réponse au grand mémoire de M. le duc d'Aiguillon*.

« Où l'on examine son administration en Bre-
» tagne, depuis son entrée dans la province jus-
» qu'à sa sortie.

» Où l'on fait voir qu'il est l'auteur des troubles
» de cette province, & du procès de M. de la
» Chalotais & des autres magistrats.

» Où l'on prouve qu'il a tout mis en usage à
» Rennes & à St. Malo, pour faire périr les dé-
» tenus, & sur-tout M. de la Chalotais. »

Pour mieux établir ces diverses propositions, l'auteur suit pied-à-pied le mémoire du sieur Linguet en faveur du duc d'Aiguillon, & par la discussion des divers paragraphes, releve 52 faux avancés dans cet ouvrage. Les preuves qu'il en apporte sont quelquefois de la plus grande force, quelquefois plus foibles. Malheureusement il en résulte toujours aux yeux du lecteur un tableau effrayant, & sans doute trop vrai du despotisme exercé par le commandant de Bretagne, durant sa longue & terrible administration.

Mais si la logique de l'orateur n'est pas toujours pressante, il y supplée par une véhémence de style, une énergie d'expressions, qui rendent ce morceau d'éloquence digne de figurer à côté de celui du sieur Linguet. On est fâché seulement d'y trouver quelques anecdotes indécentes & puériles, peu dignes de la gravité d'une semblable défense.

Ce mémoire, de 123 pages in-4°. n'est point avoué par les états, & est attribué à M. Dufel Desmonts, gentilhomme envoyé à Angoulême. Il est des gens qui veulent seulement qu'il y ait présidé, & ait dirigé l'impression. Le fait est que, quoiqu'il eût été nommé par les états un des commissaires pour travailler à leur réponse, qu'il passoit pour un des plus instruits de la matiere, & des plus propres à la traiter, on n'a rien trouvé chez lui qui pût faire croire qu'il eût composé, ou fait imprimer, ou distribué cet ouvrage.

L'AN M. DCC. LXXI.

1 *Janvier.* L'*Acte de Pygmalion*, du sieur Jean-Jacques Rousseau, a été communiqué à divers amateurs, dont il résulte l'analyse suivante. On voit la statue dans le fond du théatre, voilée. Le sculpteur, déja atteint d'une passion violente pour l'ouvrage de ses mains, a eu le courage de le soustraire à ses regards: il a peine à résister à la tentation de la revoir. Enfin, sous prétexte d'avoir quelque chose encore à y corriger, il leve le voile fatal; il prend le ciseau & se dispose à rechercher les endroits défectueux, mais en vain.... Il frémit, son bras se refuse à cette cruauté; il croit sentir palpiter les chairs; il tombe aux genoux de la statue; il fait une invocation à Vénus, dans le goût de celle de Lucrece. La statue s'anime, elle se tâte, elle dit: *C'est moi!* Elle touche le piedestal: *Ce n'est pas moi!* Elle approche de Pygmalion, elle y porte la main, elle s'écrie: *C'est encore moi!* Son amant, tout de feu, la serre, la presse dans ses bras, & réalise l'union dont elle a le pressentiment. Un silence éloquent termine cette scene chaude & voluptueuse.

Le poëme est en prose, mais une prose brillante,

celle que les endroits les plus vifs d'*Héloïse*. Il y regne autant de sentiment que de philosophie, mais de cette philosophie éloquente qui anime, qui réchauffe, qui embrase toute la nature. L'ouvrage est fait, comme on le juge bien, pour être déclamé. L'accompagnement en musique n'est pas de Rousseau; il est d'un musicien de Lyon. On assure qu'il répond à la beauté de l'opéra. Il doit opérer la plus grande sensation, déja très-forte à la lecture du poëme.

5 *Janvier* 1771. Le Sr. Turpin, continuateur des *Vies des hommes illustres*, vient d'être nommé *historiographe de la marine*. C'est M. le duc de Praslin qui, convaincu du mérite de cet auteur, a fait créer en sa faveur une pareille place. Il ne lui manque plus que la matiere. Depuis long-temps nos héros en cette partie sont extrêmement rares, & la derniere guerre sur-tout n'offre que beaucoup de désastres, & plus encore de fautes énormes à décrire. Il est à souhaiter que cette nouvelle fasse fermenter l'amour de la gloire dans les ports, & donne le desir aux officiers de la marine de fournir matiere à l'historien. On peut juger des talents de celui-ci, par sa sublime épître dédicatoire au prince de Condé, en tête de la vie du grand Condé.

9 *Janvier* 1771. Ne pouvant se venger autrement de M. le chancelier, on assure qu'un membre du parlement a fait contre le chef de la magistrature l'épigramme suivante, qui fait allusion à ce qui vient de se passer, & à l'honneur du cordon bleu qu'a obtenu depuis peu le chef de la magistrature:

Ce noir visir, despote en France,
Qui pour régner met tout en feu,

Méritoit un cordon, je pense,
Mais ce n'est pas le cordon bleu.

10 *Janvier* 1771. On a publié ce matin un arrêt du conseil daté du 2 de ce mois, qui supprime la réponse des états de Bretagne au mémoire du duc d'Aiguillon, comme contenant des principes attentatoires à l'autorité du roi, & répétant des faits calomnieux & injurieux pour une personne honorée de la confiance de S. M. & dont elle a dans tous les temps approuvé l'administration; supprime la délibération du 21 décembre 1770; ordonne qu'elle sera rayée & biffée sur les registres desdits états, & l'arrêt transcrit en marge d'icelle: fait défenses auxdits états, sous telles peines qu'il appartiendra, de faire de pareils mémoires, & de prendre à l'avenir de semblables délibérations, &c.

11 *Janvier* 1771. L'académie Françoise a procédé hier à l'élection du successeur de M. de Moncrif; & M. de Roquelaure, évêque de Senlis, premier aumônier du roi, s'étant mis sur les rangs, ce prélat a été élu. On ne doit faire l'élection des deux autres places que le mois prochain.

12 *Janvier* 1771. Les comédiens François ont donné aujourd'hui pour la première fois, & vraisemblablement pour la dernière, une pièce nouvelle en cinq actes & en prose, qui a pour titre: *le Fabricant de Londres*. Ce drame ne peche pas seulement par la trivialité du dialogue, mais encore par le tissu du roman, dont la contexture est aussi mal ourdie que platement imaginée. Le public lui a fait justice. L'auteur est celui de *l'Honnête Criminel*. Les comédiens, pour cette fois,

se défendent de s'être prêtés à la jouer, par des considérations particulieres pour des personnes auxquelles ils sont obligés de déférer.

13 *Janvier* 1771. Quelques jours avant la disgrace de M. le duc de Choiseul, on avoit gravé son portrait, au bas duquel on lit :

>Dans ses traités & dans sa vie,
>Regne la droiture & l'honneur.
>L'Europe connut son génie,
>Et les infortunés son cœur.

Depuis son exil on y a substitué ceux-ci, qui ne lui font pas moins d'honneur.

>Comme tout autre en sa place,
>Il dut avoir des ennemis :
>Comme nul autre, en sa disgrace,
>Il s'acquit de nouveaux amis.

15 *Janvier* 1771. Le clergé, dans son *avertissement aux fideles du royaume*, s'attache à faire voir que les avantages que promet l'incrédulité & la science dont elle se pare, ne sont que prestige & mensonge ; qu'au lieu d'élever l'homme, elle le dégrade & l'avilit ; qu'au lieu de lui être utile, elle nuit à son bonheur ; qu'elle dissout les liens de la société, détruit les principes des mœurs, renverse les fondements de la subordination & de la tranquillité publique. Il veut prouver en même temps que les intérêts les plus chers de l'homme sont liés au maintien de la religion ; que sans elle nous ne pouvons avoir, ni une connoissance suf-

fisante de nos devoirs, ni la force de les pratiquer; que nos foiblesses, nos imperfections, ce que nous sentons en nous-mêmes, ce que nous éprouvons au dehors, tout annonce la nécessité & les avantages d'une révélation; qu'elle seule, enfin, nous ouvre le chemin de la vérité & du bonheur.

Il y a dans cet ouvrage un cercle vicieux qu'on trouve dans tous ceux du même genre : c'est de supposer ce qui est en question, & d'en prouver tous les raisonnements par des citations fréquentes de l'écriture sainte, que l'incrédule commence par nier. La plus grande adresse de l'auteur est d'intéresser le souverain à favoriser la religion, sous prétexte qu'il ne tient sa puissance que de Dieu, qu'il est son ministre, &c. & qu'elle enseigne aux peuples à supporter le joug avec docilité, & à recevoir sans la moindre résistance les chaînes du despotisme. On sent combien ces assertions sont révoltantes pour l'humanité, & que si elles doivent plaire au monarque, elles doivent effrayer les sujets; que le prince n'ayant d'une part rien à craindre que des châtiments éloignés & invisibles, auxquels la religion lui fournit encore toutes les facilités possibles de se soustraire, appesantira son sceptre de fer avec d'autant plus de liberté, qu'au cas où les impressions sinistres de la religion ne contiendroient pas le peuple, il est toujours armé du glaive de la justice pour le réprimer. D'ailleurs, ce rafinement d'une adulation politique est absolument contraire à la vérité & aux faits. Il n'y a qu'une superstition aveugle, ou une hypocrisie intéressée, qui puissent adopter des principes aussi destructeurs des droits sacrés du contrat social.

A cet *avertissement*, qu'on attribue à M. l'archevêque de Toulouse, on a joint une lettre circulaire à tous les prélats, où l'on annonce les soins zélés que le monarque a pris pour arrêter les progrès & les attentats de l'incrédulité. On paie à sa piété & à son amour pour la religion les éloges que lui doit le clergé. On prévient que l'assemblée a pris les mesures les plus efficaces pour susciter à la religion des défenseurs utiles (le pere *Bonhomme*, cordelier, & l'abbé *Bergier*); qu'elle a cru devoir parler elle-même, & au défaut d'une discussion étendue, donner un ouvrage qui tireroit sa force & son autorité de la réunion des suffrages. On laisse chaque prélat maître de publier simplement cet avertissement dans son diocese, tel qu'il est, si sa paresse répugne à en faire un autre; ou de le refondre dans un mandement particulier, & d'en faire un meilleur, s'il en a la faculté.

16 *Janvier* 1771. Le roi a été si content de l'assemblée du clergé, qu'il a laissé irrésolues toutes les questions sur lesquelles elle devoit prononcer, que tous les membres ont reçu des marques de la satisfaction de S. M., sur-tout les députés du second ordre.

Le clergé a fait, comme on a dit, 2,000 liv. de pension à l'abbé Bergier. Il a eu en outre une pension de 2,500 livres sur un bénéfice, & rien ne peut plus empêcher cet écrivain de se consacrer tout entier à la défense de la religion.

17 *Janvier* 1771. Un caustique a répandu le *Pater* suivant, dédié au roi.

« Notre pere, qui êtes à Versailles : votre
» nom soit glorifié : votre regne est ébranlé;

» votre volonté n'est pas plus exécutée sur la
» terre que dans le ciel : rendez-nous notre pain
» quotidien que vous nous avez ôté : pardonnez
» à vos parlements qui ont soutenu vos intérêts,
» comme vous pardonnez à vos ministres qui les
» ont vendu : ne succombez plus aux tentations
» de la Dubarri, mais délivrez-nous du diable
» de chancelier. »

18 Janvier 1771. Les écrivains, qui depuis plusieurs années se sont proposé pour tâche d'ébranler & de détruire la religion par tous les moyens possibles, viennent de reproduire au jour *Israël vengé*, ou *exposition naturelle des prophéties hébraïques, que les chrétiens appliquent à Jesus, leur prétendu Messie.* C'est l'ouvrage d'un certain *Isaac Orobio*, juif Espagnol, qui avoit écrit dans sa langue naturelle. Il a été traduit en françois par un autre juif appellé *Henriquès*..

La religion chrétienne a pour base fondamentale le 53eme. chapitre du prophete Isaïe, que l'église appelle *passional*. Les peres de l'église ont trouvé la vie, la mort & la passion de Jesus-Christ si parfaitement dépeintes dans cette allégorie, qu'ils ont prétendu qu'à moins d'un entêtement & d'une opiniâtreté invincibles, les juifs ne pouvoient se dispenser de suivre le même sentiment, d'y reconnoître le véritable Messie, & cette rédemption que Dieu avoit promise, plusieurs siecles avant la venue de ce Messie, au peuple d'Israël.

L'auteur en question examine avec attention si le raisonnement de tant de docteurs est solide ; s'ils prouvent bien ce qu'ils avancent, & si leur doctrine n'est point absurde.

Il faut avouer que ce traité, peu amusant pour

le public frivole, & plein de raisonnements forts & convaincants, qui renversent tout l'édifice du christianisme, puisqu'on y prouve qu'on ne peut appliquer au Messie le 53e. chapitre d'Isaïe, & que même, en l'appliquant au Messie, les théologiens ne sauroient cependant y trouver celui qu'ils reconnoissent pour tel, & qu'ils veulent que toute la terre adore.

Suit une autre dissertation sur le Messie, où Isaac Orobio prouve que le Messie n'est pas encore venu, & que, suivant les promesses des prophetes qui l'ont annoncé aux Israélites, ils l'attendent avec raison.

On voit dans cet ouvrage qu'Isaac Orobio étoit sans contredit un des plus savants hommes & des plus forts raisonneurs de son siecle. Il avoit étudié la philosophie scholastique, & s'y étoit rendu si habile, qu'il fut fait lecteur en métaphysique dans l'université de Salamanque. Ensuite il exerça la médecine à Séville. Soupçonné de judaïsme, il fut mis à l'inquisition, d'où s'étant heureusement échappé, il vint professer la médecine à Toulouse. Enfin il passa en Hollande, où il reçut la circoncision, & fit profession ouverte de judaïsme. Il eut là ses fameuses conférences avec le théologien Philippe de Limborck, imprimées depuis à Torgow en 1687, & ensuite à Basle en 1740. Orobio mourut à Amsterdam peu de temps après cette dispute.

19 Janvier 1771. L'examen critique de la vie & des ouvrages de St. Paul, mérite une attention particuliere. La tournure de l'ouvrage & l'érudition qui y est répandue, soutenue d'une ironie assez fine, rendent ce livre extrêmement dangereux pour ceux qui ne seroient pas en garde contre l'auteur. Il tend à prouver, du ton le plus sérieux en apparence, que la conversion de St. Paul n'est point une preuve en faveur de la religion chrétienne ; que les opinions des premiers chrétiens sur les actes des apôtres & sur les épîtres & la personne de Saint Paul, étoient très-peu uniformes ; que plusieurs rejetoient ces livres comme apocryphes, & regardoient l'apôtre prétendu comme un imposteur ; que l'autorité des conciles, des peres de l'église & de la tradition, n'est pas plus sûre en pareille matiere, puisqu'elle est aussi versatile. De la discussion ensuite qu'on fait de la vie de St. Paul, il résulte que le prétendu Saint étoit un homme instruit, actif, entreprenant, enthousiaste, plus adroit que les autres membres du college apostolique, dévoré d'ambition, brûlant de ce desir ardent & flatteur de régner sur les opinions ; qui, à de très-grandes qualités, joignoit de très-grands défauts, & qui, d'après ses propres écrits, n'étoit qu'un fourbe ou un fou.

Ce portrait est d'autant plus difficile à contester, que tous les traits sortent des écrits même de l'apôtre, & encore plus de ses actions. On sent quelles conséquences funestes il y auroit à en tirer pour quelqu'un qui ne seroit pas solidement affermi dans la religion.

On a peine à croire que ce traité soit de M. Boulanger, quoique le titre l'annonce. Il y regne une plaisanterie sourde, qui n'est pas dans le goût des écrits graves, solides & profonds de ce savant. On le reconnoît beaucoup plus dans la dissertation suivante sur St. Pierre, où, par le rapprochement qu'il fait d'anciennes traditions chez différents peuples avec notre légende sur ce prince de l'église, il établit que c'est le même qu'*Annac* chez les Phrygiens, *Hermès* chez les Egyptiens, *Henoc* chez les Hébreux, & *Janus* chez les Romains; c'est-à dire, un personnage vrai, mais multiplié, & dans l'histoire duquel on a mêlé beaucoup de fables. On voit combien cette érudition est déplacée auprès du commun des chrétiens, & qu'elle ne doit se présenter qu'à des têtes fortes, qui ne se laissent ébranler dans leur foi par aucun raisonnement, par aucune preuve.

22 *Janvier* 1771. *Epigramme de M. Piron, contre la traduction de Suétone, par M. de la Harpe.*

Dans l'absence de mon valet,
Un colporteur borgne & bancroche
Entra jusqu'en mon cabinet,
Avec force ennui dans sa poche :
" Les douze Césars pour six francs,
„ Me dit-il, exquis, je vous jure.
„ L'auteur qui connoît ses talents,
„ L'a dit lui-même en son mercure.
„ C'est *Suétone* tout craché,
„ Et traduit..... Traduit ! Dieu sait comme !
„ Ce sont tous les monstres de Rome
„ Qu'on se procure à bon marché !
„ De ce recueil pesez chaque homme :
„ Des empereurs se vendent bien,
„ Caligula seul vaut la somme,

„ Et vous aurez Néron pour rien. „
Que cent fois Belzébuth t'emporte,
Lui dis-je bouillant de fureur !
Fuis avec ton augufte efcorte.
Et puis de mettre avec humeur,
Ainfi que leur introducteur,
Les douze Céfars à la porte.

28 *Janvier* 1771. Le fieur Chamfort, auteur de quelques ouvrages, & fur-tout d'une comédie intitulée, *la jeune Indienne*, joignoit à fes talents littéraires une jolie figure & de la jeuneffe: il cheminoit même vers la fortune, & devoit paffer avec le baron de Breteuil dans une cour étrangere. Tant de profpérités l'ont amolli : il s'eft livré avec trop d'ardeur au plaifir, & il fe trouve aujourd'hui atteint d'une maladie de peau effroyable, qui paroît tenir de la lepre. Ce jeune homme, dont la philofophie n'a pas encore beaucoup corroboré le cœur, fe défole de fon état, & tombe dans le défefpoir. Il eft entre les mains du fieur Bouvart.

1 *Février* 1771. *Ifmene & Ifmenias* s'eft foutenu jufqu'à préfent avec affez de fuccès, & les ballets y ont attiré conftamment du monde. On fe propofe de remettre fur le théatre *Pyrame & Thisbé*, de Rebel & Francœur, rajeuni par ces auteurs, & auquel on a adapté de nouveaux ballets, genre à la mode & partie brillante aujourd'hui de l'opéra.

4 *Février* 1771. On vient d'imprimer un fermon de M. de Maffillon, prêché devant le roi, en 1718, pour le jour de l'incarnation, petit

carême. Ce passage se trouve dans l'édition *in*-12 de 1745, depuis la page 148 jusqu'à celle 151, & est si sensiblement applicable aux circonstances actuelles, qu'il semble avoir été fait exprès.

5 *Février* 1771. Depuis l'ouverture de la foire St. Germain, on a aussi ouvert le Wauxhall qui y a été bâti. On y continue le tirage d'une loterie pour tous les billets d'entrée. Le gros lot est un bijou de quinze cents livres, que l'on prend en nature ou en argent.

6 *Février* 1771. Une piece nouvelle n'auroit pas attiré plus de monde au théatre François, que le retour de *le Kain* sur la scene. Il y a joué avant-hier le rôle de *Néron* avec un applaudissement indicible & justifié par tous les suffrages. Il n'est pas possible de porter plus loin la perfection du talent. Il a été parfaitement secondé par Molé dans le rôle de *Britannicus*, & par Brizard dans celui de *Burrhus*. Mlle. Dumesnil a très-bien rempli le sien de mere de l'empereur.

7 *Février* 1771. On a remis avant-hier sur le théatre de l'opéra *Pyrame & Thisbé*, dont on a changé le dénouement. L'*Amour* vient ressusciter *Pyrame*; ce qui n'a pas eu le succès qu'en attendoient les auteurs. On n'est pas content de la composition des ballets, & depuis que *Vestris* en a la direction, il n'a réussi que dans ceux qu'il a copiés des autres.

8 *Février* 1771. L'académie Françoise a procédé hier à l'élection des deux candidats qui doivent succéder à MM. le président Haynault & l'abbé Alary. M. le prince de Beauveau & M.
Gaillard

Gaillard ont été élus. Ce dernier est de l'académie des inscriptions & belles-lettres.

9 Février 1774. Ce pays-ci fourmille de gens oisifs qui se font des plaisirs de ce qui pour des gens sensés ne seroit qu'un objet de mépris & de pitié. Une querelle d'histrions a divisé depuis quatre jours notre pétulante jeunesse. Une danseuse excellente de l'opéra, & le meilleur danseur sans contredit, rivaux de talents & jaloux l'un de l'autre depuis long-temps, sont désunis par divers motifs. Leur inimitié a éclaté à l'occasion d'un pas où Mlle. *Heynel* a voulu danser, & dans lequel *Vestris* s'est ménagé tout le brillant, comme maître des ballets. Cette dispute a aigri les parties & excité parmi leurs partisans le projet de s'en venger. Mardi dernier il a éclaté contre *Vestris*, qui a été sifflé dans la chaconne qui termine l'opéra. Outré contre sa rivale, qu'il a rencontrée dans les coulisses, & dans les yeux de qui il a cru voir le triomphe de la mortification qu'il venoit d'essuyer, il s'est emporté contr'elle en propos les plus injurieux; ce qui a produit une scene des plus vives & a indisposé les spectateurs contre lui. Chacun en a parlé diversement, mais le plus grand nombre a été pour Mlle. *Heynel*. L'affaire portée devant le ministre de Paris, celui-ci a cru devoir justice à l'outragée. Le public a applaudi aujourd'hui cette danseuse avec une fureur indicible, dans le ballet des *fêtes grecques & romaines*, bien disposé à ne pas recevoir demain *Vestris* avec la même bonté. Ses admirateurs prétendent balancer le parti de Mlle. *Heynel*, & l'on s'attend demain à un événement comique à l'opéra à ce sujet. Tous nos jeunes gens s'y sont don-

Tome V. K

nés rendez-vous, pour y suivre l'affection qui les domine.

10 *Février* 1771. On a donné avant-hier aux François une piece en trois actes, en vers, (& on pourroit dire *contre tous*) qui a pour titre : *le Persifleur*. C'est une satire qui n'est pas sans mérite, sans être une bonne piece. Il n'est guere possible d'en faire l'analyse. Elle est écrite facilement, & fait honneur au style de l'auteur, déja connu par plusieurs drames & romans, joués au théatre & répandus dans le monde. Il se nomme *Sauvigny*.

11 *Février* 1771. Le complot formé d'humilier l'amour-propre de *Vestris*, & non son talent, a attiré, il y a quelques jours, un monde étonnant à l'opéra. Mais on s'est réconcilié avec lui, quand on a appris qu'il avoit fait hier au soir les excuses les plus soumises à Mlle. *Heynel*. Le public indulgent lui a fait grace & justice, en l'applaudissant à outrance du parterre, des loges & de par-tout. De sa part, pour mériter cette faveur, il s'est surpassé dans la chaconne, & y a fait de si grands efforts qu'en sortant de la terminer il s'est trouvé mal.

12 *Février* 1771. M. *Bernard*, si connu sous le nom du *gentil Bernard*, secretaire-général des dragons, vient de tomber dangereusement malade, au point qu'on l'a cru mort. Il est célebre par de petits vers galants qui le font rechercher de la bonne compagnie. Il y a de lui un *Art d'aimer*, qu'il a eu l'art de lire & de ne jamais faire imprimer, non plus que ses autres ouvrages. Ceux qu'il a donnés au public étoient de société. *Castor & Pollux* est la seule pro-

duction qui puisse véritablement lui mériter l'immortalité.

13 *Février* 1771. Le colisée, que l'on avoit dit interrompu, se continue, non sans beaucoup de frais. C'est une entreprise des plus considérables, & dont il est bien difficile que les auteurs ne soient pas dupes. L'immensité du bâtiment est incroyable; ce qui a causé une dépense impossible à couvrir par la recette que l'on promet. Il y aura de plus un journalier de frais, qui absorbera une partie & souvent peut-être tout le profit de chaque jour. Il paroît que les auteurs du projet ne l'ont pas bien calculé à leur avantage, & qu'ils finiront par s'en repentir. On croit qu'il sera achevé pour le mariage de M. le comte de Provence, & que la ville s'en servira pour donner ses fêtes.

15 *Février* 1771. Le prince royal de Suede & son frere sont depuis quelques jours ici. Ils ont paru beaucoup aux spectacles. Comme ils voyagent incognito, on ne leur rend aucuns honneurs. Ils visitent sur-tout les savans & les artistes. L'on parle principalement du premier, comme d'un prince de génie & rempli de connoissances.

16 *Février* 1771. M. de Buffon, de l'académie Françoise, dont les ouvrages lui assurent l'immortalité, est à toute extrêmité. Ce sera une grande perte pour les lettres.

17 *Février* 1771. M. de Mairan, de l'académie Françoise & de celle des sciences, est à toute extrêmité. Son grand âge fait craindre qu'il n'en puisse revenir, mais aussi empêchera qu'il ne soit regretté. On ne sache pas que depuis long-temps il ait fourni aucun mémoire à l'académie, &

l'on peut le regarder comme déja mort aux sciences.

18 *Février* 1771. M. de Buffon est hors d'affaire, & l'on en est d'autant plus aise, que personne n'auroit pu continuer comme lui son ouvrage important & original sur l'histoire naturelle.

19 *Février* 1771. L'arrêté du parlement de Normandie a été rédigé en lettre au roi ; elle est écrite supérieurement. La presse nous a déja transmis cet ouvrage patriotique, mais dont M. le chancelier arrête, autant qu'il peut, la publicité.

20 *Février* 1771. M. de Mairan est mort ce soir, âgé de près de 94 ans. Il avoit toujours mené une vie fort rangée : il alloit encore dîner en ville trois fois par semaine. Il avoit un extérieur net & propre, & du côté du physique ne se ressentoit en rien des incommodités de la vieillesse.

21 *Février* 1771. On parle beaucoup dans le monde des remontrances de la cour des aides au roi, au sujet de l'état actuel du parlement de Paris. Elles ont été fixées le 18 de ce mois, toutes les chambres assemblées, & c'est aujourd'hui que les gens du roi de cette cour apprendront à Versailles si le roi agréera qu'elles lui soient présentées.

Ceux qui en ont eu lecture, assurent que c'est un morceau d'éloquence sublime.

23 *Février* 1771. M. le chancelier, accompagné de M. le duc de la Vrilliere, de M. Bertin, de M. de Monteynard & de M. l'abbé Terray, de conseillers d'etat & de maîtres des requêtes, s'est rendu ce matin à 11 heures au palais, tous MM. du conseil assemblés à la grand'chambre.

& y a fait un discours pour annoncer l'objet de sa mission.

Ceux qui l'ont entendu, y ont remarqué la même élévation de style & de pensées que dans celui prononcé le 24 janvier, & il y a apparence qu'il est de la fabrique du même orateur, c'est-à-dire, du Sr. le Brun.

24 *Février* 1771. Un zélé Breton vient de faire imprimer un *mémoire sur le rétablissement de la compagnie des Indes, & sur les avantages qui en doivent résulter pour l'état en général, & pour la province de Bretagne en particulier.* Les raisons qu'il met en avant sont des plus claires, pour prouver cette importante vérité, que l'on a étrangement perdu de vue, quand on s'est prêté au projet extravagant du détracteur de la compagnie.

25 *Février* 1771. Le *Gentil Bernard* n'est pas mort de la cruelle attaque qu'il a eue, mais il est dans un état plus cruel que la mort même, étant tombé en enfance.

26 *Février* 1771. Quoique les remontrances de la cour des aides n'aient pas encore été présentées au roi, l'avidité industrieuse des amateurs leur a fourni le secret d'en avoir des copies, & l'on en compte déja plusieurs exemplaires dans le monde. On les regarde comme un chef-d'œuvre. On les attribue à M. de Malesherbes, le chef de la compagnie, magistrat naturellement éloquent, cultivant les lettres, & enflammé de cet enthousiasme patriotique qui produit le vrai sublime dans de pareils écrits.

27 *Février* 1771. Le parlement de Rouen ne se signale pas moins par des écrits d'une éloquence rapide, vigoureuse & pleine de choses. Outre

sa première lettre au roi, qu'on a dit être imprimée déjà, on en annonce une seconde, plus étendue, où les grands principes de la monarchie sont rappellés & posés d'une maniere inébranlable.

1 *Mars* 1771. La lettre nouvelle du parlement de Normandie est du 26 du mois dernier, & répond à la haute opinion qu'on en avoit donnée. Cet ouvrage, & tous les autres de même espece, répandus depuis quelque temps, écrits dans le vrai genre de la chose, doivent faire honte de plus en plus au parlement de Paris, dont les productions dernieres n'approchent pas, à beaucoup près, de celles des magistrats de province. Ceux-ci semblent avoir seuls conservé ce feu sacré qui brûle dans les cœurs patriotiques, & qu'ils ont fait passer dans leurs chef-d'œuvres immortels.

2 *Mars* 1771. Le prince royal de Suede a été proclamé roi à Stockholm le lendemain de la mort de son pere. Jamais prince n'a reçu une plus belle éducation & n'en a mieux profité. Ses connoissances s'étendent sur tout, & la justesse de son esprit égale la bonté de son cœur. Il n'y a qu'une voix sur ce jeune monarque, qui ne peut manquer d'être adoré de ses sujets. Il a capté le suffrage de tous ceux qui ont eu le bonheur de le connoître ici. Il a presque toujours été entouré des philosophes encyclopédistes ; mais M. d'Alembert est celui qu'il a distingué le plus, & qu'il a particuliérement admis à son intimité : tous s'accordent à le regarder comme un sectateur zélé de leur doctrine, & se flattent de trouver aujourd'hui un protecteur puissant dans ce nouveau roi.

3 Mars 1771. Il court dans le monde un mémoire qu'on attribue à la noblesse, mais qui n'est signé de personne, dans lequel on fait parler ce corps respectable comme devant connoître de tous les faits du point d'honneur, & qui discutant les inculpations faites aux magistrats dans le préambule de l'édit de décembre dernier, en infere qu'ils n'ont pu continuer leurs fonctions jusqu'à ce qu'ils en aient été justifiés, leur honneur y étant compromis. Ce mémoire n'est que manuscrit & anonyme, & l'on le regarde comme aprocryphe.

4 Mars 1771. M. l'évêque de Senlis a prononcé aujourd'hui son discours de réception à l'académie Françoise, où il a succédé à feu M. de Moncrif. La tâche n'étoit pas facile à remplir pour louer son prédécesseur, & la sécheresse du sujet s'est répandue sur tout l'ouvrage. M. l'abbé de Voisenon, en sa qualité de directeur, avoit un plus beau champ, puisqu'il avoit à faire l'éloge du mort & du récipiendaire. Aussi y a-t-il employé toute l'artillerie de son esprit. Il a eu l'art d'égayer la matiere & de réveiller les auditeurs par des saillies qui ont été fort applaudies. Jamais séance académique ne s'est terminée plus agréablement.

7 Mars 1771. Les remontrances de la cour des aides ont fait une fortune si prodigieuse dans le public, & les copies s'en sont multipliées à tel point, qu'il n'est presque pas de maison où l'on ne trouve ce manuscrit. Tous les bons François veulent les lire, & regardent leur auteur non-seulement comme le défenseur de la magistrature, mais comme le dieu tutélaire de la patrie.

8 Mars 1771. Les comédiens François ont donné

hier pour la premiere fois une petite piece, qui a pour titre : *l'Heureuſe Rencontre*, en un acte & en vers. Ce petit drame n'offre rien de piquant, & eſt médiocre, pour ne pas dire plus. C'eſt l'ouvrage d'un bel eſprit femelle, qui veut garder l'anonyme, & fera bien.

9 *Mars* 1771. Il paroît, à ce qu'on aſſure, un libelle ſanglant contre M. le chancelier, en forme d'ode, & l'on dit qu'il eſt intitulé : *Les Chancelieres*. On ſe doute bien qu'il eſt très rare, & que l'auteur n'a pu l'enfanter que dans les plus profondes ténebres.

10 *Mars* 1771. Le parlement de Grenoble n'a pas manqué de ſe ſignaler & de déployer dans cette occaſion l'éloquence noble & touchante qu'on remarque dans toutes ſes productions. Il a adreſſé au roi des remontrances, ſoutenues ſurtout par une logique lumineuſe, preſſante & irréſiſtible. Il attaque l'édit de décembre 1770 & met l'auteur en contradiction avec lui-même. Il combat M. le chancelier par ſes propres paroles, lorſqu'à la tête du parlement de Paris il avoit eu occaſion de porter au pied du trône les repréſentations de ſon corps.

11 *Mars* 1771. Il paroît une épître manuſcrite du ſieur de Voltaire au roi de Danemarck, à l'occaſion de la liberté de la preſſe, que ce prince vient d'accorder dans ſes états. Elle eſt écrite de ce ſtyle familier, que ce poëte s'eſt attribué depuis long-temps envers les rois, & qui dégénere en licence indécente & puniſſable : il ſent moins le génie fier & indépendant, que le bas flatteur qui, à la faveur des éloges outrés qu'il prodigue à un monarque, eſpere faire paſſer les injures qu'il dit aux autres. Quoi qu'il en ſoit, l'auteur

approuve d'autant plus sa majesté Danoise, que, suivant lui, jamais un mauvais livre ne survit à l'oublie qu'il mérite, & qu'on le peut laisser mourir impunément de sa belle mort: qu'au contraire les proscriptions n'empêchent pas les bons de pénétrer, & donnent plus de consistance & de relief aux autres; qu'enfin ce ne sont pas les philosophes qui ont troublé la terre & excité les discordes & les guerres. Ces idées, vraies en général & saines, mais répétées en plusieurs ouvrages, & sur-tout en mille endroits de cet auteur, sont noyées dans un fatras de plaisanteries bouffonnes & satiriques, qui déparent infiniment le reste. Les œuvres du sieur de Voltaire ne sont plus que des écrits fangeux, les bourbiers d'*Ennius*, toujours excellents à cribler pour quelques paillettes d'or qui s'y trouvent.

13 *Mars* 1771. *Chanson, sur l'air des pendus, contenant la relation de la premiere séance du conseil supérieur de Blois, du 2 mars 1771. Par le maître d'école de Chouzi, près Blois.*

Or, écoutez, petits & grands,
Le plus grand des événements:
On en parlera dans l'histoire;
A peine pourra-t-on le croire:
Car si je ne l'avois pas vu,
Jamais je n'en aurois rien cru.

Le samedi, deux de ce mois,
Nous sommes tous venus à Blois,
Pour y contempler la merveille
De notre souverain conseil;

Et nous avons, en vérité,
Tous été bien émerveillés.

   Nous avons vu des magistrats,
En robes rouges & rabats,
Parés comme les jours de fête ;
Saint Michel étoit à leur tête ;
Après marchoient deux présidents.
Suivis d'onze honnêtes gens.

   Preuve de leur honnêteté
Et qu'ils étoient bien élevés,
Ils faisoient force révérence,
Comme à la noce, quand on danse.
Enfin par leurs provisions,
On voit qu'ils étoient tous bon garçons.

   Pour attirer le Saint-Esprit
Sur des gens aussi bien appris,
La messe en pompe fut chantée,
Par la musique bien notée ;
Mais l'Esprit-Saint n'est pas venu,
Du moins nous ne l'avons pas vu.

   C'étoit un grand jour de marché,
Que nos conseillers bien frisés,
Défiloient le long de la place ;
Mais plus d'un faisoit la grimace
De ce qu'ils n'étoient pas assez
Pour former le nombre annoncé.

   Nous souffririons de l'embarras
De ce vénérable sénat :
Mais par une heureuse aventure
Nous avions plus d'une monture,

Et chacune certainement
Etoit bâtée superbement.

Dès que le souverain conseil
Sortit avec son appareil,
Nos ânes voyant leurs confreres,
Se mirent aussi-tôt à braire,
Et demanderent à grands cris
Que dans la troupe ils fussent admis.

Indépendamment de la voix,
Il étoit bon de faire un choix,
Pour éviter la bigarrure
Parmi cette magistrature;
Les plus rouges furent choisis,
Comme étant les mieux assortis.

Les ânes ayant pris leur rang,
Fermerent la marche à l'instant.
Je passe les cérémonies
Que firent les deux compagnies.
La ville en cette occasion,
Marqua sa satisfaction (*a*).

Or donc, de nos vingt conseillers
On vit d'abord les six derniers,
S'en retourner à leur village,
Criant, dans leur noble langage,
Que, vu le poids de leurs fonctions,
Ils donnoient leurs démissions.

(*a*). Voyez la gazette de France, du 8. mars 1771.

Vous voyez qui ne reſtoit plus.
Que quatorze ânes tout au plus:
Mais ſentant où le bât les bleſſe,
Prodige de délicateſſe!
Huit autres encore ont quitté,
Et ſix ſeulement ſont reſtés.

Tout ceci, retenez-le bien,
Fait leçon pour les gens de bien,
Dans une pareille occurrence.
M. le chancelier de France,
Mérite bien tous nos reſpects,
D'avoir pris d'auſſi bons ſujets.

14 *Mars* 1771. Le parlement de Bordeaux a arrêté des remontrances au roi ſur l'état préſent du parlement de Paris, dans le même eſprit que celles des autres cours qui en ont arrêté. Elles ſont du 25 du mois dernier, & ſont déja imprimées. On les annonce comme volumineuſes & comme développant la matiere d'une maniere plus hiſtorique que les autres.

15 *Mars* 1771. On a donné aujourd'hui à l'opéra *Théſée*, pour les acteurs. Le ſpectacle a été des plus brillants & des plus remplis. Il a été exécuté, on ne peut pas mieux, tant de la part du chant que de la danſe.

16 *Mars* 1771. Le parlement de Provence a adreſſé au roi des remontrances très-pathétiques ſur la ſituation préſente du parlement de Paris, & rappelle la trop douloureuſe hiſtoire de Bretagne, qu'il regarde comme la ſource de ce qui ſe paſſe aujourd'hui. Elles ſont rédigées de main de maître, & très-longues.

17 *Mars* 1771. Les *Chancelieres* font la plus grande fenfation dans le public, & font recherchées avec un empreffement fans égal, plus fans doute à raifon du perfonnage qu'elles concernent & de l'objet qu'elles traitent, que de leur mérite intrinfeque. Elles ne valent pas, à beaucoup près, les *philippiques*, qui parurent dans le temps de la régence, & attribuées au fieur *la Grange-Chancel*. Le pamphlet en queftion eft plein d'injures atroces, dites prefque toujours en termes impropres, fans chaleur, fans élévation, autant que les chofes. C'eft plutôt de la profe rimée qu'une ode. Il y a cependant quelques ftrophes, ou parties de ftrophes tout-à-fait différentes ; ce qui annonceroit l'ouvrage de deux mains, ou celui d'un écolier corrigé en des endroits par main de maître. En un mot, c'eft plutôt une piece hiftorique qu'une piece de poéfie.

18 *Mars* 1771. Avant-hier s'eft fait la clôture des trois fpectacles. L'opéra a fini par *Théfée*, qu'il a donné pour la capitation des acteurs. La comédie Italienne s'eft diftinguée par une petite farce, qui confiftoit en un marchand de proverbes. Il a diftribué fa denrée à tous les acteurs & actrices : c'étoient autant de couplets, terminés par un proverbe, & roulant fur le regret des comédiens de fe féparer du public. Quoique tout cela fût affez mauvais, on a fort applaudi. Les *François*, qui ont joué *Tancréde*, ont attiré encore plus de monde, par une nouveauté fingulière. Mademoifelle Luzzi, accoutumée à faire les rôles de foubrette & à ne jouer que du comique, a débuté dans cette tragédie par le rôle d'*Aménaïde*. Elle a une très-belle figure,

un organe plein & sonore ; mais le public ne l'a pu goûter dans un genre si éloigné du sien. On lui a donné des encouragements, quoiqu'on doute qu'ils puissent jamais en faire une grande actrice tragique. Le Kain, contre qui elle figuroit, contribuoit beaucoup à la faire disparoître, dans un rôle que l'on se souvient d'avoir vu représenter par mademoiselle Clairon, & qui exige le jeu le plus consommé.

19 *Mars* 1771. Les remontrances du parlement de Bordeaux sont arrivées. Elles sont du 25 février, fort longues, & roulent sur les mêmes objets déja traités par les autres cours. Mais elles démentent bien authentiquement l'arrêt, aussi indécent que séditieux, en date du 8 février, répandu avec tant de profusion sous le nom de cette compagnie, & que le révérend pere Gazetier de Cologne avoit adapté dans sa feuille avec trop de bonhommie.

On a aussi les remontrances d'Aix, plus singulieres par leur tournure, & qui font remonter les événements du jour jusques à l'affaire de Bretagne, où ce parlement en trouve l'origine. Cette filiation, très-développée, forme un tableau historique & étendu, extrêmement curieux.

19 *Mars*. On dit aujourd'hui que *l'Heureuse Rencontre* est d'une madame *Chaumont*, veuve d'un libraire, retirée dans une terre, & qui s'y amuse à composer de mauvaises pieces, telles que celle-ci.

20 *Mars* 1771. Le parlement de Douay a fait le 13 de ce mois un arrêté en faveur du parlement de Paris. Cette démarche est remarquable, en ce que c'est la premiere fois que

cette compagnie prend fait & cause pour une autre, & que jusqu'à présent elle n'avoit paru prendre aucune part aux affaires publiques. Dailleurs on y voit avec plaisir qu'elle traite l'objet d'une maniere neuve, en demandant que le procès soit fait légalement aux membres de ce corps, s'ils sont coupables : point capital, pas ou trop peu discuté par les autres parlements. Quant au style, il est très-sain, très-pur & très-noble : il ne se sent en rien du terroir étranger.

21 *Mars* 1771. L'académie Françoise a tenu aujourd'hui sa séance publique pour la réception de monsieur le prince de Beauveau & de monsieur Gaillard. Jamais on n'avoit vu à pareille assemblée un concours si prodigieux de femmes. On en comptoit plus de 80, dont une grande partie de dames de la cour, beaucoup de seigneurs à proportion, & une multitude immense d'auditeurs de toute espece.

Le discours de monsieur de Beauveau, qui a ouvert la séance, étoit court & simple, en un mot, a paru un discours de grand seigneur. On y a cependant remarqué l'adresse avec laquelle, en faisant l'éloge du roi & de son regne, ce récipiendaire y a amené indirectement celui de monsieur le duc de Choiseul, en pesant davantage sur les temps de l'administration de ce ministre, qu'il a indiqués comme une époque mémorable de la monarchie. On a applaudi au zele de l'amitié, sans discuter s'il étoit juste, ou excessif, ou indiscret.

M. Gaillard a mieux rempli son rôle. Il a fait après les compliments d'usage, une dissertation historique sur les sociétés savantes en

France, dont il fait remonter l'origine jusques à Charlemagne. Il a présenté un tableau rapide & serré des progrès de ces institutions, & il y a joint des anecdotes précieuses & honorables pour les gens de lettres; mais il y a trop mêlé ce ton d'emphase mis à la mode par le Sr. Thomas, cette bouffissure philosophique, par où il s'est annoncé comme un digne sectateur de la cabale encyclopédique qui l'a porté à sa nouvelle dignité.

M. l'abbé de Voisenon, encore directeur pour cette cérémonie, a répondu alternativement aux deux récipiendaires par deux discours. Même style, mêmes sarcasmes, même persiflage que la premiere fois. Sa figure de singe sembloit donner encore plus de malice à ses saillies, & il a soutenu à merveille le rôle d'arlequin qu'il s'étoit imposé, suivant ses propres expressions, en réponse à ses confreres qui lui reprochoient le peu de gravité de ses discours.

Ensuite le sieur Duclos a lu une continuation de l'histoire de l'académie, commencée successivement pas Pelisson & par l'abbé d'Olivet, depuis son origine jusqu'en 1700. En sa qualité de secretaire de l'académie, il a cru devoir avancer cet ouvrage jusqu'à nos jours. Ce n'est qu'une chronologie sans suite & sans liaison des variations légeres qu'a éprouvées cette compagnie depuis ce temps. Il y a recueilli toutes les anecdotes relatives à son objet : quoique puériles & minutieuses, elles ne doivent pas moins entrer dans ce travail, qui au fond est très-peu de chose. L'historien a joint aux faits des réflexions bourrues en style dur, comme lui, qui ont fait rire, & ne contrastoient pas mal avec les gentillesses, les gaietés du directeur. Il a fini par une apologie prétendue de l'académie, sur le reproche qu'on lui fait d'admettre dans un corps où il ne doit point y avoir d'honoraires, tant de gens qui ne peuvent qu'y jouer ce rôle : & le public a trouvé qu'il avoit fort mal justifié sa compagnie, ou plutôt qu'il avoit élevé une question qu'il n'avoit nullement résolue.

On ne doit pas omettre que dans l'historique du sieur Duclos, cet académicien ayant fait mention d'une anecdote concernant le président de Lamoignon, grand-pere de M. de Malesherbes d'aujourd'hui, & ayant ajouté, en nommant cet ancien magistrat *ce nom si cher aux lettres*, tous les spectateurs ont envisagé, comme de concert, M. de Lamoignon de Malesherbes, & l'on a battu des mains pendant plusieurs minutes & à plusieurs reprises : éloge bien flatteur pour ce magistrat, qui se distingue aujourd'hui par sa qualité encore plus rare de patriote, & que la France entiere envisage comme un de ses plus chers défenseurs.

Le public, & les femmes sur-tout, auroient été bien-aises d'entendre quelques-unes des fables dont monsieur le duc de Nivernois a amusé si délicieusement les auditeurs dans plusieurs séances ; mais ce seigneur s'est refusé aux instances qu'on lui a faites, déclarant que, par un réglement nouveau, aucun académicien ne pouvoit rien lire sans avoir communiqué son ouvrage à un comité de ses confreres ; qu'il n'avoit pas pris cette précaution, & qu'il ne pouvoit répondre aux desirs de l'assemblée.

On présume que ce réglement a été fait à

l'occasion du discours de M. Thomas, dont on a parlé l'an passé, & qui fit un si grand scandale à la cour & à la ville.

23 *Mars* 1771. Le sieur Guerin, chirurgien du prince de Conti, a eu une rixe, il y a quelque temps, à l'opéra avec M. le marquis de Langeac, colonel à la suite des Grenadiers de France. Ce dernier ayant trouvé mauvais que l'autre eut regardé indécemment sa maîtresse, l'a traité comme un gredin, le menaçant de lui faire donner des coups de bâton par ses gens. Celui-ci a pris au collet monsieur de Langeac, a fait semblant de ne pas le connoître, & l'a forcé à venir chez le commissaire. Le sieur Guerin s'étant réclamé du prince son maître, lui a été renvoyé. Cependant son adversaire jetoit feu & flamme.... On répand la copie d'une lettre écrite à cette occasion, dit-on, à monsieur de Langeac, par le prince de Conti.

« On dit, Monsieur, que vous voulez faire
» périr le sieur Guerin sous le bâton. Je vous prie
» de songer qu'il est mon chirurgien ; qu'il m'est
» fort attaché ; que j'en ai besoin, car j'ai beau-
» coup vu des filles, j'en vois encore.... J'ai eu
» des bâtards, mais j'ai toujours eu soin qu'ils ne
» fussent pas insolents.... »

24 *Mars* 1771. Il paroît une lettre des officiers du bailliage de Villefranche en Beaujolois, ville de l'apanage de monsieur le duc d'Orléans, adressée à ce prince, du 6 mars 1771, par laquelle ils remettent leurs démissions entre les mains de S. A., plutôt que de reconnoître le conseil souverain dont on veut les faire ressortir. Cette piece historique de magistrats subalternes est digne de figurer avec avantage parmi

toutes celles de ce genre, qui ont paru ou qui paroîtront.

25 *Mars* 1771. L'impératrice des Russies a fait enlever tout le cabinet de tableaux de M. le comte de Thiers, amateur distingué qui avoit une très-belle collection en ce genre. M. de Marigny a eu la douleur de voir passer ces richesses chez l'étranger, faute de fonds pour les acquérir pour le compte du roi.

On distinguoit parmi ces tableaux un portrait en pied de Charles I, roi d'Angleterre, original de Vandyk. C'est le seul qui soit resté en France. Madame la comtesse Dubarri, qui déploie de plus en plus son goût pour les arts, a ordonné de l'acheter : elle l'a payé 24,000 livres. Et sur le reproche qu'on lui faisoit de choisir un pareil morceau entre tant d'autres, qui auroient dû lui mieux convenir, elle a répondu que c'étoit un portrait de famille qu'elle retiroit. En effet, les Dubarri se prétendent parents de la maison des Stuards.

26 *Mars* 1771. Il passe pour constant que mardi dernier monsieur le duc de Duras, gentilhomme de la chambre en exercice, a remis au roi, de la part des princes du sang, un mémoire nouveau de vingt pages, où ils reprennent toute l'affaire actuelle dès son origine, attaquent directement M le chancelier, dont ils suivent les opérations, en font voir le vice & les contradictions, & finissent par des protestations entre les mains de S. M. contre tout ce qui a été fait & contre tout ce qui se fera. Il est à observer que M. le comte de la Marche refuse constamment de se joindre aux autres, & n'a rien signé.

27 *Mars* 1771. A l'occasion du bruit qui court

de l'exil de la cour des aides, on a fait le placet suivant au roi, au nom des femmes de conseillers au parlement.

Nos époux, ô Louis! sont en captivité,
Nous gémissons loin d'eux, dans la viduité.
Jusqu'à ce jour pourtant une erreur secourable
A nos cœurs désolés apportoit quelque espoir.
Mais enfin, de Maupeou la vengeance implacable,
Nous condamne, dit-on, à ne les jamais voir.
A leur comble montés, nos maux sont sans remede:
Laissez-nous pour soutien au moins la cour des aides!

28 *Mars* 1771. Il paroît deux nouvelles brochures sur les matieres présentes. L'une en date du 11 février 1771, a pour titre: *lettre de M***, conseiller au Parlement, à M. le comte de***.* Le but de l'auteur est de prouver:

1°. Que le parlement a dû s'opposer constamment à tout enrégistrement de l'edit.

2°. Qu'il n'a fait en cette occasion que ce qu'il avoit fait dans d'autres avec succès, & avec l'approbation de nos rois, mieux instruits.

3°. Qu'il a employé pour manifester son opposition, le seul moyen légal, honnête, qui pût convenir à des magistrats.

L'autre, intitulée: *Observations sur l'incompétence de MM. du conseil pour la vérification des loix.*

Cette seconde brochure, bien supérieure à la premiere, démontre par huit considérations la nullité de tout ce que feroient MM. du conseil en pareil genre, & même celle de tout jugement civil ou criminel qu'ils peuvent prononcer. Outre l'avantage d'une logique claire & pressante, elle a celui d'être très-courte, & de résumer en peu de pages les plus puissants arguments sur cette matiere. Le style est d'une énergie propre à la chose, & ajoute encore à la force du raisonnement.

30 Mars 1771. Chanson sur l'air : Réveillez-vous, &c. *à l'occasion de la commission de conseiller au conseil supérieur de Châlons, sollicitée & obtenue par l'abbé Hocquart, chanoine de Châlons.*

Lorsqu'en France on battoit la caisse,
Pour y trouver des magistrats,
Certain abbé, fendant la presse,
Fut un des premiers candidats.

C'étoit suppôt de cathédrale,
Plus fait pour la table & le jeu,
Que pour occuper un froid stale,
Bon seulement à prier Dieu.

Il faut bien faire un sacrifice,
Pour croître de deux mille francs,
Le revenu du bénéfice,
Et du piquet & des brelans,

Plein d'une si belle espérance,
Au son de l'or, notre abbé part ;
Arrive au chancelier de France :
On annonce.... l'abbé Hocquart.

Ton nom, dit Maupeou, m'extasie,
C'est celui du fameux Hocquart !
A sa place, malgré l'envie,
Tu seras, fusses-tu bâtard.

Des dispenses recommandées
On t'expédiera dans le jour,
Bien & duement enrégistrées,
Par gens de ma nouvelle cour.

Un préambule est nécessaire :
As-tu bien été baptisé ?
Oui, Monseigneur, la chose est claire
Claude, est le nom qu'on m'a donné.

Notre cher, féal, & bien Claude (*)
Puisqu'il appert à tout voyant
Que tu l'es vraiment & sans fraude,
Reçois-en notre compliment.

Pour de notre gent moutonniere
Juger procès mus, à mouvoir,
Te dispensant de la priere,
Et par dessus, de tout savoir.

(*) Les provisions de chancellerie portent toujours : notre féal & bien-amé.
Par dessein, & non par mégarde, on a mis dans celles de l'abbé Hocquart, au lieu de *bien-amé Claude*, simplement *bien Claude*. Elles sont ainsi enrégistrées. On peut le voir au greffe.

Provisions. Air : *Des folies d'Espagne.*

Savoir faisons aux bêtes Champenoises,
Que par dessein, & non pas par mégard,
Nous nommons, pour juger toutes leurs noises,
Notre féal *Claude*, & bien *Claude Hocquart.*

Chanson sur l'air : *Vous m'entendez bien.*

Enfin, un parlement tout neuf,
Qui vient d'éclorre comme un œuf
A déja la science...,　　　Eh, bien !
De prendre des vacances. Vous m'entendez bien.

Il est composé de vingt gens
Tous très-fripons & très-méchants,
Compris l'avocat nôtre,　　　Eh, bien !
Qui vaut bien mieux qu'un autre. Vous, &c.

Pour acquérir un tel honneur
On sait qu'ils ont vendu le leur.
C'est un grand sacrifice,　　　Eh, bien !
Qui vaudroit des épices.　　　Vous, &c.

Pour les Chinois, il a fallu
Les ramasser où l'on a pu.
Ici, c'est un Myope,　　　Eh, bien !
Et là c'est un Esope.　　　Vous, &c.

Ainsi, dans l'évangile, on lit
Que le long des chemins on prit

Des gens sans nom, sans lustre, Eh, bien !
Pour un festin illustre Vous, &c.

Et pour achever le portrait,
Un d'entr'eux, chargé d'un décret, (*)
Parut comme à la salle, Eh bien !
Sans robe nuptiale, Vous, &c.

Mais le fera-t-on partir ? Non ;
Car pour le conseil il est bon
D'avoir un tel apôtre, Eh, bien !
Ça console les autres. Vous, &c.

Réjouissons-nous, mes amis,
Désormais on pendra *gratis*,
Et sans beaucoup de preuves, Eh, bien !
Pour faire des épreuves. Vous, &c.

Tant pis pour le premier pendu,
Le second sera mieux pourvu.
Au défaut de science,
   Eh, bien !
Viendra l'expérience.
Vous m'entendez-bien.

13 *Mars* 1771. Extrait d'une lettre de Metz, du 24 mars.... Le fameux procès de M. de Valdahon a été jugé au parlement le 22 à 8 heures

---

(*) Le sieur Desirat, avocat.

du foir. M. le Monnier a été débouté de son opposition; permis aux parties de s'épouser; trois commiffaires nommés par la cour pour faire le contrat de mariage; Mlle. le Monnier prife fous la fauve-garde du parlement; M. le Monnier condamné à 60,000 livres de dommages & intérêts, & à tous les dépens; les mémoires fupprimés refpectivement de part & d'autre. M. l'avocat-général a déclaré ne demander la fuppreffion de ceux de M. de Valdahon & de Mlle. le Monnier, que pour effacer jufques à la trace des horreurs, des imputations, des calomnies avancées dans ceux de M. le Monnier.

Toute la ville a été enchantée de cet arrêt. On a fait des feux de joie; on a caffé les vitres de M. le Monnier, & l'on a crié: *Vive le parlement & M. de Valdahon!*

Ainfi, après huit ans de douleurs & de traverfes, va fe terminer heureufement l'hiftoire de ces deux modeles d'amour, dignes de figurer à côté de tous les héros de ce genre, dont on lit les aventures & les combats dans les romans.

1 *Avril* 1771. M. Bergier eft nommé confeffeur de mefdames, à la place de l'abbé Clément qui vient de mourir. Cet abbé paroît d'autant plus digne de la confiance de ces auguftes perfonnes, que c'eft un champion infatigable de la foi, un défenfeur éclairé de notre fainte religion, que ces adverfaires trouvent toujours prêt à combattre. Il vient de faire paroître tout récemment une réfutation du livre du *fyftême de la nature*.

4 *Avril* 1771. Il paroît imprimé des remontrances du parlement de Rouen, en date du 19 mars. Elles ont pour objet l'établiffement des confeils

supérieurs, & relevent toutes les irrégularités, ou, pour mieux dire, l'illégalité entiere de ces nouveaux tribunaux. C'est le même fonds, déja traité dans divers écrits particuliers, & sur-tout dans la *lettre adressée aux magistrats de province*, mais avec la modestie convenable à un citoyen anonyme qu'un zele sage porte à éclairer ses concitoyens. Ici, au contraire, c'est une cour souveraine armée du glaive de la justice, & qui tonne avec cette éloquence mâle dont elle doit faire entendre la vérité au prince, & épouvanter les perfides adulateurs qui l'entourent.

5 *Avril* 1771. Madame de Gomez est morte âgée de 85 ans..... C'étoit une femme auteur, qui avoit composé une bibliotheque de romans, tous gothiques, dans le genre de l'ancienne galanterie, & que personne ne lit plus. Elle avoit de beaucoup survécu à ses livres.

8 *Avril* 1771. M. le chancelier, pour contrebalancer l'effet que pourroient produire dans le public les divers écrits qu'on a répandus sur son projet de destruction ou de réformation des parlements, a fait composer d'autres ouvrages en sa faveur, tels que des *considérations sur l'édit, réflexions d'un citoyen, &c.* Les gens impartiaux n'y trouvent pas cette force de raisonnement, ce droit des gens, cette réclamation contre le despotisme, si bien établis dans les premiers.

8 *Avril* 1771. L'éléphant continue à exciter la curiosité du public, & un fait arrivé récemment fait beaucoup d'honneur à son intelligence & à sa sensibilité. Un robin, mêlé parmi les spectateurs, sembloit répugner à la laideur de cet animal, & le témoignoit par des gestes qui ne lui ont point échappé. A l'instant il retire sa trompe, & la

dardant avec impétuosité contre son détracteur, il ne l'attrape heureusement qu'à sa chevelure, qu'il dépoudre & met en désordre. Le maître accourt aussi-tôt, & , se doutant du motif, déclare au robin qu'il lui conseille de sortir, & de se soustraire à la vengeance de l'implacable éléphant.

9 *Avril* 1771. *Avis important à la Noblesse. Réponse aux remontrances de la cour des aides, du 13 février, par un membre du conseil supérieur.* Lettres *Américaines sur les parlements. Extraits de différents écrits, réglements, ordonnances, &c. Lettre d'un président d'un bailliage de Normandie, à un président du parlement de Rouen. Sentiments des six conseils souverains, &c.* Tels sont les ouvrages nouveaux qu'on répand avec profusion, pour favoriser le système du despotisme qu'on cherche à accréditer. Il y en a pour tous les genres d'esprit & pour toutes les especes de lecteurs, de plaisants & de sérieux, de savants & de superficiels; & les chefs des différents conseils doivent en emporter des ballots, pour les communiquer à leurs partisans dans les provinces. Les gens impartiaux & les amis de la liberté n'y trouvent rien de satisfaisant. Tout y sent l'esprit de parti.

9 *Avril. Assemblée publique de l'académie des belles - lettres, à sa rentrée d'après pâque.*

L'académie des belles-lettres a tenu aujourd'hui son assemblée. On y a vu avec douleur, absents du banc des honoraires, M. le président d'Ormesson, & sur-tout M. de Lamoignon de Malesherbes, deux magistrats chers aux lettres, & qui ne manquoient aucune de ces séances. La nouvelle toute récente de l'exil du dernier, confirmée en ce moment, a jeté une consternation générale parmi ses confreres & les spectateurs.

Après l'annonce ordinaire des prix, M. le Beau, secretaire, a lu l'éloge de M. le président Haynault. La longue vie de cet académicien, ses qualités, le rang qu'il tenoit dans le monde, & ses divers ouvrages, fournissoient une matiere abondante à l'orateur. Entre ces écrits, le plus distingué & le plus digne de la postérité est sans contredit son *abrégé chronologique de l'histoire de France*. On savoit déja qu'il avoit été traduit en anglois, en italien, en allemand; le panégyriste nous a appris qu'il l'étoit encore en chinois; anecdote remarquble, & qui fait époque dans l'histoire littéraire. M. le Beau s'est sur-tout étendu sur les vertus sociales de ce magistrat, sur cette aménité qu'il n'avoit pas peu contribué à répandre parmi nos auteurs, & spécialement sur ces assemblées agréables & choisies que son opulence le mettoit à même de tenir, & où il façonnoit aux graces les académiciens ses confreres, jusques-là durs & agrestes. Au surplus, cet éloge n'est qu'une paraphrase étendue & détaillée du texte donné il y a long-temps par M. de Voltaire, dans sa charmante épître au président, qui commence par ces vers :

> Haynault fameux par vos soupers,
> Et par votre chronologie,
> Par des vers au bon coin frappés, &c.

Le discours du secretaire a paru au public un des meilleurs & des plus intéressants qu'il ait produit depuis qu'il est en fonction. On n'y a point remarqué, comme dans le plus grand nombre de les autres panégyriques, ce luxe d'esprit, ces phrases recherchées, soit qu'il en ait été plus sobre cette fois, ou plutôt que ce genre d'écrit convenant mieux au récit de la vie d'un homme du grand monde, d'un magistrat galant & poli, d'un auteur plein de graces & d'enjouement, soit moins disparate ou plus naturel que dans l'éloge d'un lourd commentateur, d'un dissertateur obscur, d'un antiquaire hérissé de grec, en un mot, d'un savant en *us*.

M. de Sigrais a continué ensuite de faire part au public de ses mémoires sur le génie militaire des Gaulois. Dans celui-ci, qui est le quatrieme, il a prouvé comment il s'étoit affoibli insensiblement, il avoit dégénéré, & s'étoit engourdi chez cette nation pendant quelques siecles. César, en faisant périr deux millions d'hommes des Gaulois en huit campagnes, avoit déja porté une rude atteinte à sa population. Si l'on y ajoute le soin qu'il avoit eu de diviser ces peuples entr'eux, d'en avoir toujours une partie nombreuse dans ses troupes, on aura déja une cause immédiate de sa foiblesse. Auguste n'avoit pas peu contribué à l'augmenter, en suivant les errements de son prédécesseur, en énervant encore plus les arts par le luxe, par les lettres qu'il chercha à introduire chez eux. L'habitude qu'ils prirent de se soudoyer à toutes les puissances étrangeres qui voulurent acheter leur sang, ne concourut pas moins à leur ruine; &, en laissant à ceux que leur génie guerrier emportoit, la liberté de le satisfaire, cet usage enlevoit à leurs compatriotes des défenseurs utiles, & aux Romains des hommes factieux, des génies turbulents, propres à tirer les nationaux de la servitude où ils étoient plongés.

C'est ainsi qu'après avoir joué un très-grand rôle, finit l'auteur; les Gaulois cesserent d'être quelque chose pendant quelque temps. Ce mémoire, extrêmement intéressant, sur-tout pour nous, donne la plus grande envie de voir l'ouvrage imprimé en entier, & réuni sous un seul point de vue.

La similitude de la philosophie des Chinois, dix ou onze siecles avant l'ere chrétienne, mais sur-tout du temps de Confucius, un des héros de la secte des lettrés, vivant vers l'an 550 avant J. C., avec celle des Egyptiens & de Pythagore principalement, a fourni à M. de Guignes la matiere d'un mémoire, où il développe avec quelque détail cette conformité qu'il n'est pas possible de ne pas reconnoître; & il en conclut la communication qu'il doit y avoir eu de toute nécessité entre des peuples aussi ressemblants. Ce mémoire, plus savant que celui de M. Sigrais, mais moins intéressant, n'est qu'une esquisse très-imparfaite de toute l'érudition que l'auteur doit répandre sur sa matiere, & dont il prétend soutenir son système.

M. Gaillard, qui semble se vouer plus particuliérement à l'histoire, a terminé la séance par la lecture d'une digression sur une bulle arbitrale du pape Boniface VIII, rendue le 27 juin 1298, entre Philippe le Bel, roi de France, & Edouard I, roi d'Angleterre. Son objet est de discuter un passage de ladite bulle, sur lequel tous les historiens se trouvent d'accord, & qu'il assure pourtant n'y pas être. Sous cette apparence d'érudition, qui ne peut guere servir qu'à étendre le pyrrhonisme en fait d'histoire, on voit une affectation de l'auteur d s'élever avec amertume contre la hauteur de ce pape, & de fronder l'asservissement que toutes les puissances du temps avoient alors pour la tiare.

10 *Avril* 1771. *Vues pacifiques sur l'état actuel du parlement.* Tel est un imprimé en date du 4 mars, répandu depuis peu, où l'on démontre que le raccommodement entre la cour & le parlement tient à peu de chose, depuis que le roi, dans l'édit de création des conseils, déclare son impuissance de changer les loix fondamentales, &c. Ce petit écrit est fort sage. Après avoir fait le tableau effrayant de nos malheurs, il indique le remede, qui n'est autre chose que le rappel des magistrats, l'abolition du fatal édit de décembre, & le retour à la regle & aux vrais principes. Sans rien dire de nouveau, cet ouvrage est un de ceux qu'on ne sauroit trop multiplier, afin de faire pénétrer l'instruction & la vérité chez les gens les moins instruits, & dans les provinces du royaume les plus reculées. Au moyen de cette fécondité de lumieres, la nation connoîtra enfin ses vrais intérêts, & poussera un cri unanime vers le souverain, si nécessaire pour éveiller l'engourdissement dans lequel le plongent les ministres qui l'obsedent.

10 *Avril.* L'académie royale des sciences a tenu aujourd'hui son assemblée publique, à laquelle a présidé le comte de *Maillebois*. Le sieur de *Fouchy*, secretaire perpétuel, a annoncé que le prix *sur la mesure du temps en mer*, & le prix extraordinaire de 1,200 livres, *pour la perfection du flint-glass*, ou crystal blanc *d'Angleterre*, étoient tous deux remis à 1773. Il a dit ensuite que l'académie avoit publié depuis pâque

1770 la description de cinq arts; savoir, de l'art du *facteur d'orgues*, 2e. & 3e. parties, par dom Bedos; de l'art du *menuisier*, 2e. partie, par le sieur Roubo, fils; de l'art de l'*indigotier*, par le sieur de Beauvais Raseau; de l'art du *brodeur*, par le sieur de St. Aubin ; & de l'art de faire les différentes especes de colle, par le sieur Duhamel. Après quoi le sieur de Fouchy a lu l'éloge du sieur Rouelle. Le sieur Vaucanson a lu la description d'un nouveau four à tirer la soie. Le sieur Cassini, fils, a lu la *relation du voyage de feu l'abbé Chappe*. Le sieur Messier, astronome de la marine, a lu l'annonce de l'apparition d'une nouvelle comete, qu'il avoit observée de l'observatoire de la marine le 1er. de ce mois. Le sieur Cadet, ancien apothicaire-major des armées du roi, a terminé la séance par une *analyse chymique* d'une liqueur sortie en abondance du sein d'une jeune personne qui se porte bien, à laquelle il a joint des observations sur quelques phénomenes semblables.

11 *Avril* 1771. Parmi les différents édits bursaux, il y en a deux qui concernent le papier. Une déclaration contenant augmentation de près du double sur les droits d'entrée de cette marchandise, & un édit ordonnant un impôt nouveau, au moyen d'un timbre à imprimer sur toute espece de papier quelconque, depuis le papier à sucre jusqu'au papier à poulet, à raison de 5 deniers par feuille, de 4 & de 3, suivant les diverses especes. Les imprimeurs & libraires, alarmés de cette inquisition, qui devoit avoir un effet rétroactif sur tous les effets en marchandise de leurs magasins, ont dressé un mémoire, où ils représentent les inconvénients d'un impôt qui, en paroissant fait

pour augmenter les revenus du roi, doit au contraire les diminuer, par le découragement dans les manufactures, & parmi les artistes que ces vexations obligeront d'émigrer chez l'étranger, & d'y porter leur industrie. Ils ont aussi cherché à s'étayer de réclamations des agents-généraux du clergé, & des secretaires des diverses académies & autres corps littéraires, ainsi que cela s'est pratiqué il y a nombre d'années, qu'il avoit été question d'un semblable projet, que les inconvénients firent abandonner alors. M. le chancelier & M. le contrôleur-général n'ont donné aucune solution à ce mémoire.

12 *Avril* 1771. Le sieur Linguet, avocat de monsieur le duc d'Aiguillon, n'ayant pas osé répondre pour ce pair en sa qualité, dans la cessation générale de son ordre, a pris la tournure d'écrire comme auteur, & il a répandu depuis quelques jours un mémoire pour son client, sous le titre d'*Observations sur l'imprimé, intitulé : Réponse des états de Bretagne, au mémoire du duc d'Aiguillon, par Simon-Henri-Nicolas Linguet*. On en parlera plus amplement une autre fois.

13 *Avril* 1771. L'ouvrage du sieur Linguet est précédé d'un avertissement, où il dit que ce n'est plus l'ancien commandant de Bretagne, que c'est lui-même qu'il défend ; que le roi, pour cette fois, a révoqué la défense de parler désormais des affaires de Bretagne, & lui a permis de justifier la *justification* de M. le duc d'Aiguillon. Ensuite, à l'ombre de l'arrêt du conseil du 2 janvier, qui a proscrit la réponse des états, dont il se couvre comme d'une égide qui le rend invul-

nérable, il ose provoquer à la fois, & les états & le parlement de Rennes, qui, d'après un compte rendu, a brûlé son mémoire par arrêt du 14 août 1770. Le ton impudent dont toute cette espece de préface est écrite, ne peut que révolter les lecteurs honnêtes, & les indisposer d'avance contre l'auteur.

Le reste est un volume aussi gros qu'ennuyeux, à deux colonnes, dont l'une contient le mémoire des états, l'autre les observations de l'écrivain. Du premier il résulte que M. le duc d'Aiguillon avoit ébranlé la constitution nationale jusque dans ses fondements, avoit jeté la division dans les familles, laissé les finances de la province dans le plus grand désordre, le patrimoine de ses villes dissipé, le crédit du public anéanti; qu'il avoit armé contre lui les loix, le parlement, la nation; qu'il étoit le fléau d'un million d'hommes....

Suivant les *observations*, au contraire, le commandant accusé a respecté les privileges de la Bretagne avec plus de scrupule qu'aucun de ses prédécesseurs. Il a trouvé le secret difficile de concilier les intérêts du prince avec ceux des peuples, & la contribution indispensable aux besoins de l'état avec le soulagement des particuliers. Il a fixé sur les côtes de cette province la victoire, qui abandonnoit les armes Françoises par-tout ailleurs, & a donné lieu aux Bretons d'applaudir à des triomphes, tandis que tout le reste du royaume pleuroit sur des désastres. Il a rétabli, sans frais, les communications entre les villes, & multiplié les débouchés du commerce par la multiplication des chemins, sans manquer aux égards dus à l'indigence, dont il falloit employer les bras pour s'ouvrir ces sortes de richesses. Il a maîtrisé la mer, en réparant presque tous les ports de Bretagne, dégradés par impuissance ou par inattention; les rivieres, en augmentant par des travaux aussi simples que solides leur profondeur, & par conséquent leur utilité; les sables mêmes de l'Océan, en leur arrachant de vastes terreins qu'ils avoient déja submergés, & une ville entiere (St. Paul de Léon) qu'ils menaçoient d'ensevelir bientôt. Il a, en négociant & faisant réussir l'acquisition des contrôles désormais réunis au domaine de la province, fait succéder en Bretagne une régie douce & juste à une perception que l'on accusoit d'être abusive & tyrannique: opération doublement avantageuse, en ce qu'elle a procuré d'une part des soulagements aux particuliers, & de l'autre un profit certain aux états. Il a sacrifié les prérogatives de sa place pour augmenter celles des états, & ses revenus pour prévenir la diminution des leurs. Il a favorisé l'embellissement des villes, en remédiant à la dissipation de leur patrimoine. Il a fait tout ce qu'il falloit, sinon pour relever entiérement le crédit public (ce qu'assurément les circonstances ne permettoient pas), du moins pour en empêcher la chûte totale. Il n'a armé contre lui que les ennemis de l'ordre & des loix. Il a mérité l'approbation du souverain, des ministres & de tous ceux des sujets que la haine n'a point aveuglés, que le fanatisme d'un parti qui les joue n'a point entraînés. . . . .

Mais, d'une part, c'est la province entiere, sous le nom des états, qui parle, comme on doit le croire, par cette piece qui termine le mémoire.

Extrait des regiſtres du greffe des états de Bretagne, tenus par autorité du roi en la ville de Rennes. Du vendredi 21 décembre 1770, à 9 heures du matin.

Monſeigneur l'évêque de Rennes, monſeigneur le marquis de Pyré, monſieur le ſénéchal de Vannes.

Sur le mémoire fait par la commiſſion nommée pour examiner celui ſigné *Linguet*, & y répondre, les états ont adoptés & adoptent ledit mémoire fait par la commiſſion : ordonnent en conſéquence qu'il en ſera inceſſamment imprimé 3,000 exemplaires, pour être diſtribués en la préſente tenue, & que la même commiſſion, de laquelle M. de la Bedoyere a été nommé à la place de M. Du Sel des Monts, veillera à ce que l'impreſſion en ſoit faite avec autant d'exactitude que de célérité.

(La minute ſignée :)

F. R. Evêque   G. de Romyvinen,
de Rennes.   marquis de Pyré.

Borie.

Que peut conclure de deux réſultats auſſi contradictoires, ſoutenus de part & d'autre de faits cités & rejetés tour-à-tour comme faux, un lecteur impartial, hors d'état de ſe faire adminiſtrer les pieces juridiques ?

Qu'en conclura la poſtérité, pour qui ce fameux procès ſera peut-être encore plus problématique, ſinon qu'il eſt tout auſſi impoſſible que d'après une réclamation auſſi conſtante que nombreufe, auffi articulée, de la plus grande partie de la province, monfieur d'Aiguillon ne paffe pour un grand & un très-grand coupable ? Que dans la fomentation d'une haine auffi générale, de tant d'animofités particulieres, il ne fe foit néceffairement gliffé dans les accufations beaucoup d'erreurs, de fauffetés, de calomnies atroces ?

14 *Avril* 1771. La gazette de Bruxelles, ainfi que celle de Berne, viennent d'être profcrites dans ce pays-ci. L'introduction en France en eft défendue au bureau des gazettes étrangeres. On prétend qu'elles ont déplu pour s'exprimer trop librement fur les affaires du gouvernement.

15 *Avril* 1771. Ces jours derniers un cercle de femmes étoit chez monfieur le chancelier, & ce chef de la magiftrature plein de fel & d'enjouement en fociété, malgré fes importantes occupations, plaifantoit les dames fur l'acharnement avec lequel elles déclamoient contre fon nouveau fyftême. Il leur reprochoit d'embarraffer fes opérations, de les retarder par leurs criailleries, par l'afcendant qu'elles prenoient fur leurs maris, &c.; il ajoutoit qu'il trouvoit cela d'autant plus étrange qu'elles n'étoient point au fait de la politique, que cette matiere leur étoit interdite par leur fexe, leur éducation & leurs organes; qu'en un mot, elles n'y entendoient pas plus que des oies...... *Eh ! ne favez-vous pas*, M. *le chancelier*, lui repartit avec vivacité madame Pelletier de Beaupré, *que ce font les oies qui ont fauvé le capitole ?*

16 *Avril* 1771. Deux nouveaux écrits fe répandent en faveur des opérations de M. le chan-

echer, ou pour décrier ceux composés par le parti adverse. L'un a pour titre : *la Tête leur tourne* ; l'autre : *Remontrances du grenier à sel.*

16 *Avril* 1771. M. l'abbé Arnaud, de l'académie des inscriptions, & l'un des rédacteurs de la gazette de France, a été élu membre de l'académie Françoise le 11 de ce mois, à la place de M. de Mairan.

17 *Avril* 1771. Les ouvrages en faveur du système de M. le chancelier pullulent de toutes parts. Il en paroît encore un tout récemment, intitulé : *Réponse à la lettre d'un ancien magistrat à un duc & pair.* On ne peut qu'annoncer le titre de tant de brochures, qui, en général ne font que plaisanter, ou s'écartent absolument des vrais principes, lorsque la matiere y est discutée sérieusement.

18 *Avril*. Le colisée, ce magnifique édifice qui doit faire époque dans ce siecle, commence à présenter un développement imposant & auguste. On ne peut qu'admirer le génie de l'architecte qui en a tracé le plan, en plaignant ceux qui ont fait les avances du bâtiment. Il coûte plus de deux millions, à ce qu'on assure, & il exigera des frais journaliers, qu'il n'est pas vraisemblable qu'on puisse retirer sur les curieux. On croit toujours que la ville sera chargée de cette dépense.

On offre déja à louer aux amateurs de petites maisons ou des boudoirs qu'on a pratiqués dans cette vaste enceinte, & qui seront très-commodes pour les voluptueux qui voudront y ménager des tête a-tête. On peut regarder ce bâtiment comme une premiere esquisse du *Parthenion*, décrit dans le singulier livre du *Pornographe*, répandu avec l'aveu du gouvernement.

19 *Avril* 1771. Il paroît une *complainte* sur l'air *des pendus*. On imagine aisément que c'est une satire en forme de cantique contre M. le chancelier, où l'on retrace en bref sa naissance, sa vie, & où l'on prémature sa fin sinistre. Il faut joindre cet ouvrage aux affreuses odes déja répandues sur cette matiere, & que la police recherche avec la plus grande vigilance; ce qui donne à ces pieces beaucoup plus de vogue qu'elles n'en auroient par leur mérite intrinseque, très-médiocre.

20 *Avril* 1771. *Les Représentations des honnêtes gens*, sont un petit écrit très-impartial, où, en conséquence des torts du parlement, on s'éleve avec la même liberté contre l'illégalité de sa destitution, & la fausseté des prétextes qu'on met en avant pour autoriser un semblable despotisme. On fait voir que cette compagnie a toujours, ou presque toujours, été l'esclave des ministres; qu'outre plusieurs actes d'injustice particuliers, comme *l'expulsion des jésuites*, *la condamnation de M. de Lally*, &c. commis pour leur plaire, elle a, avec eux, consommé la ruine de l'état, en ne sévissant pas contre les déprédateurs des finances, ou en se prêtant aux impôts énormes dont les ministres tirés de son sein ont surchargé le peuple, &c.

20 *Avril*. Les comédiens Italiens ordinaires du roi ont donné jeudi dernier la premiere représentation de *l'Amoureux de quinze ans, ou la double Fête*, comédie en trois actes & en prose, mêlés d'ariettes, & suivie d'un divertissement. Les paroles sont du sieur Laujon, secretaire des

commandements de fon A. S. monfeigneur le comte de Clermont, déja connu par plufieurs ouvrages galants dans le même genre; & la mufique eft d'un amateur, le fieur Martini, officier dans le régiment de Chamborand. Cette piece eft une allégorie compofée à l'occafion du mariage de monfieur le duc de Bourbon avec mademoifelle, & devoit s'exécuter à Chantilly, lorfque ces deux époux feroient réunis ensemble. Le prince de Condé voyant que les circonftances actuelles ne fe prêtoient pas à donner des fpectacles chez lui, a permis aux auteurs de faire part au public de celui-ci.

La difproportion d'âge d'un jeune homme à peine forti du college, avec une jeune perfonne plus âgée que lui de quelques années, fait la bafe de l'intrigue de cette comédie, dont le premier acte a paru avoir des longueurs de détails qu'il eft aifé de retrancher. Les deux autres ont été trouvés charmants. Cependant, comme la mufique eft foible, il ne feroit pas étonnant que la piece n'eût pas le fuccès qu'elle mérite. D'ailleurs, elle fournit à beaucoup de jeux de théatre, à une infinité d'incidents galants, & à une variété de décorations, très-propres à amufer les yeux & à piquer la curiofité.

21 *Avril* 1771. Il paroît une *réponfe au Citoyen qui a publié des Réflexions.* Cet écrit, plein de nerf & de raifon, détruit tout ce qui eft dit dans l'autre pamphlet, & foutient fes arguments de l'autorité des plus grands écrivains fur l'adminiftration & le gouvernement des états, & combat fouvent fon adverfaire par fes propres paroles.

22 *Avril* 1771. Il court un quatrain sur les circonstances présentes :

>France, tel est donc ton destin,
>D'être soumise à la femelle !
>Ton salut vint de la pucelle,
>Tu périras par la catin.

22 *Avril.* On rapporte que madame la comtesse Dubarri ayant rencontré M. le duc de Nivernois, un des protestants au lit de justice l'avoit arrêté, & lui avoit dit : *M. le Duc, il faut espérer que vous vous départirez de votre opposition, car vous l'avez entendu, le roi a dit* qu'il ne changeroit jamais...... *Oui, Madame, mais il vous regardoit.*

24 *Avril* 1771. Les spectacles de la cour pour les fêtes à l'occasion du mariage de M. le comte de Provence, devoient consister en deux représentations de *la reine de Golconde*, opéra déja très-connu ; la tragédie d'*Œdipe*, avec les chœurs, de monsieur de Voltaire ; deux représentations de *la fée Urgelle*, nouvel opéra-comique, & deux représentations de *Linus*, opéra, fait il y a plusieurs années par le sieur la Bruere, mais qui n'avoit pas encore été mis en musique.

On prétend, du reste, que les fêtes extérieures n'auront pas lieu, quoiqu'annoncées ; c'est-à-dire les bals, les feux d'artifice, les illuminations, soit à Versailles, soit à Marly, &c. On attribue ce retranchement au défaut d'argent, les fournisseurs ne voulant rien faire à crédit.

25 *Avril* 1771. Les comédiens François ont donné hier la premiere repréſentation de *Gaſton & Bayard*, tragédie du ſieur de Belloy, imprimée depuis long-temps, & même jouée en quelques endroits. Malgré la magie de la repréſentation & du jeu du ſieur le Kain, les connoiſſeurs n'ont pu s'y faire illuſion ſur l'intrigue abſurde, ſans enſemble, ſans intérêt, & ſur le galimatias du ſtyle, tantôt dur & bourſouflé, tantôt fade & proſaïque. Quelques ſituations, mal amenées, ont pourtant fait effet, & ſans doute en auroient produit davantage, ſi le ſpectateur, détrompé par la lecture de la piece, n'eût été déja mal prévenu en ſa faveur.

28 *Avril* 1771. Madame la ducheſſe de Durfort, belle-fille de M. le duc de Duras, que tout le monde ſait ne point vivre avec ſon mari, eſt devenue groſſe & eſt accouchée; M. le chevalier de Boufflers a fait la chanſon ſuivante à cette occaſion. Il faut ſavoir qu'elle a pour nom de baptême *Marie*.

   Votre patrone
 Fit un enfant ſans ſon mari :
 Bel exemple qu'elle vous donne !
 N'imitez donc pas à demi
   Votre patrone.

   Pour cette affaire,
 Savez-vous comme elle s'y prit ?
 Comme vous, n'en pouvant pas faire,
 Elle eut recours au Saint-Eſprit
   Pour cette affaire.

La renommée
Vanta par-tout ce trait galant :
Elle n'en est que mieux famée.
Ne craignez pas en l'imitant,
. La renommée.

Beau comme un ange
Sans doute Gabriël étoit ;
Vous ne devez pas perdre au change ;
L'objet qui plaît est en effet
Beau comme un ange.

Belle Marie !
Si j'étois l'archange amoureux
Destiné pour cette œuvre pie,
Que je vous offrirois des vœux,
Belle Marie !

29 *Avril* 1771. Les protestations des princes, en date du 4 avril, commencent à se répandre manuscrites & occasionent le plus grand effet. Il n'est pas possible de croire qu'un seul homme ait pu oser persister à vouloir changer la face de tout un royaume, contre la réclamation aussi forte, aussi raisonnée des princes réunis. Ils y exposent de la façon la plus énergique l'obsession constante du trône, & inculpent le chancelier spécialement, ainsi qu'on le voit dans le petit extrait qui court de cette piece précieuse à la nation, & le gage certain de l'intérêt vif & tendre qu'y prennent ces chefs respectables & adorés.

2 *Mai* 1771. Le 28 du mois dernier est mort le sieur de Bachaumont, âgé de 81 ans. C'étoit un

de ces pareſſeux aimables, tels qu'en a fourni beaucoup le dernier ſiecle. Il a écrit ſur les arts avec le goût d'un homme du monde inſtruit. Il vivoit chez madame Doublet, cette virtuoſe ſi connue, dont la maiſon a été long-temps célebre par la réunion de tout ce qu'il y avoit de plus illuſtres perſonnages dans tous les genres. Cette dame, qui vit encore, a eu la douleur de ſurvivre à tous ſes anciens amis. Elle eſt âgée aujourd'hui de 94 ans.

3 Mai 1771. Le nouveau code, ou code *Maupeou*, préſenté à MM. du conſeil, lorſqu'ils ont tenu le parlement, a été porté au nouveau tribunal. Il a été nommé des commiſſaires pour l'examiner. Au ſurplus, celui-ci ne roule encore que ſur la forme & les procédures. Il eſt queſtion d'un autre, beaucoup plus conſidérable, qui embraſſera toute la juriſprudence.

6 Mai. Le ſieur Guibert de Préval, médecin de la faculté de Paris, homme à ſyſtême, a prétendu avoir perfectionné un remede venant d'Ecoſſe, ſpécifique ſûr, à ce qu'il dit, avec lequel on peut, ſans rien craindre, ſe livrer aux embraſſements amoureux, avec quelque perſonne que ce ſoit. En conſéquence, il y a quelque temps, qu'en préſence de M. le duc de Chartres & de monſieur le prince de Condé, il s'eſt fait préſenter une fille publique, la plus hideuſement affectée du mal immonde, & s'étant, comme les anciens lutteurs, frotté de ſon huile miraculeuſe, il s'eſt livré à pluſieurs repriſes aux actes les plus voluptueux & les plus laſcifs que la paſſion puiſſe ſuggérer. Il eſt ſorti ſain & ſauf de ce combat valeureux, & a prétendu n'en avoir éprouvé depuis aucune ſuite funeste. M. le lieutenant-général de police, qui regarderoit cette découverte pour très-utile à son administration, a ordonné aussi des essais, qui ont réussis. Mais ce n'est qu'avec beaucoup de temps qu'on peut prononcer sur un antidote, qu'il seroit peut-être à souhaiter, pour l'honnêteté des mœurs, qu'on ne connût jamais.

9 *Mai* 1771. La comédie Italienne, c'est-à-dire, l'opéra comique, est à la veille de faire une très-grande perte en la personne du sieur Caillot, qui se retire. Cet acteur, extrêmement goûté du public, & le premier coryphée du spectacle en question, à une voix mixte, tenant de la haute-contre, de la taille & de la basse-taille, se modulant sur tous les tons, joignoit une intelligence singuliere & une facilité merveilleuse. Sa figure secondoit à prodige son jeu très-naturel, & l'on désespere de remplacer de long-temps un pareil sujet.

10 *Mai* 1771. On ne peut détailler les écrits, presqu'innombrables déja, que M. le chancelier fait éclorre sans interruption, des différentes presses, qui gémissent en faveur de son système. Quand ce torrent sera arrêté, on en fixera le catalogue, avec des notes, qui en caractériseront le mérite & l'espece, article par article.

11 *Mai* 1771. L'ouvrage de monsieur de Voltaire annoncé depuis un an, en forme de dictionnaire, paroît en partie. On en voit déja trois volumes, sous le titre de *Questions sur l'Encyclopédie, par des amateurs.* On parlera plus amplement de cet ouvrage quand il aura été discuté. En général, on peut dire que c'est une rapsodie, où l'auteur met indistinctement tout ce qui lui passe par la tête, & vuide les restes impurs de son porte-feuille,

12 *Mai* 1771. Le gouvernement, toujours attentif à ce qui peut intéresser les plaisirs du public, a cru devoir permettre qu'on rassurât les inquiétudes des amateurs du colisée sur ce monument, sujet à tant de variations depuis son origine, & dont on vouloit faire craindre la destruction avant qu'il fût achevé. En conséquence, on a mis des affiches où l'on annonce qu'il s'ouvrira incessamment, ce qui soutient l'espoir des curieux, & leur fait attendre avec impatience le jour heureux de cette ouverture. Mais cette satisfaction ne sera pas encore entiere : on sait que toutes les parties de ce vaste édifice ne seront pas finies, & qu'on n'offrira cette année à la multitude des spectateurs que le sallon & la piece d'eau sur laquelle doivent s'exécuter le joûtes.

14 *Mai* 1771. Monsieur l'abbé Arnauld, élu membre de l'académie Françoise, il y a quelque temps, a été reçu hier dans cette compagnie, avec l'appareil ordinaire & cette affluence de curieux qui augmente chaque année. Son discours, plus analogue au lieu & aux circonstances que la plupart de ceux qui se prononcent en pareille occasion, a roulé principalement sur la langue. Il a établi un parallele entre la langue grecque & la langue françoise, ou plutôt, dissertant sur les deux, il a prouvé qu'elles ne se ressembloient en rien. Il s'est étendu avec complaisance sur la premiere, pour laquelle on connoît son enthousiasme; mais sentant l'indécence qu'il y auroit à déprifer la seconde devant les grands maîtres établis pour l'épurer, la perfectioner & la conserver, il lui a trouvé des beautés particulieres, analogues à la nation, au gouvernement & au siecle. En un mot, il a démontré que l'une étoit la langue des

paſſions & de l'imagination, l'autre celle de l'eſprit & de la raiſon : que celle-là étoit plus propre à des républicains, celle-ci à un état monarchique : qu'un rithme harmonieux, une proſodie marquée, une mélodie continue, convenoient mieux à Athenes, où il falloit ſubjuguer les oreilles ſuberbes d'un peuple délicat, qu'à Paris, où, au contraire, l'ordre, la netteté, la préciſion du diſcours étoient plus eſſentiels aux détails des arts, au ſang-froid de la philoſophie, au commerce de la ſociété, les objets principaux auxquels on puiſſe y appliquer le langage. L'orateur a enrichi cette digreſſion de beaucoup d'images & de figures, qui annoncent qu'il ſait à merveille lier les deux langues, & tranſporter dans la ſeconde les beautés de la premiere, malgré l'antipathie qu'il leur ſuppoſe.

M. de Châteaubrun, élu directeur par le ſort pour répondre à M. l'abbé Arnaud, s'étant trouvé incommodé, n'a pu ſe rendre à l'aſſemblée. C'eſt M. le maréchal de Richelieu qui a préſidé à ſa place, & M. d'Alembert a lu le diſcours de l'académicien abſent. L'orateur octogénaire y a fait l'éloge de monſieur de Mairan, qu'a remplacé monſieur l'abbé Arnaud, d'un façon légere & délicate. Il a ſaiſi tous les traits propres à particulariſer le héros académique dont il parloit, & les touches de ſon pinceau ne ſe ſont reſſenties en rien de la main octogénaire qui le manioit.

On ne ſavoit, vu les défenſes qu'avoient meſſieurs les académiciens de parler, depuis l'incartade de M. Thomas, s'il y auroit quelqu'autre lecture. On a été ſurpris agréablement quand M. Saurin a fait lire une *épître en vers ſur les inconvénients de la vieillesse.* On y a trouvé de la force, de l'onction & de très-belles images.

M. Thomas a fermé la séance par une longue & ennuyeuse dissertation, où il a résumé tout ce qui a été écrit sur la question si frivole & si agitée dans le seizieme siecle, de savoir *quel des deux sexes l'emporte sur l'autre?* Il a fait à cette occasion un parallele si plein de divisions & de sous-divisions; il est entré dans un détail si immense & si minutieux de la plus fine métaphysique, que la plupart des auditeurs n'ont pu le suivre. Cet ouvrage, spécialement fait pour plaire aux femmes, n'atteindra point le but de l'auteur. Les avantages qu'il leur accorde sont tellement tirés à l'alambic, qu'ils pourroient aisément se réduire à rien. Monsieur Thomas, après avoir bien établi sa balance, finit par dire que pour prononcer sur une semblable question, il faudroit être assez malheureux pour n'être d'aucun sexe.

15 *Mai* 1771. Il paroît constant que M. de Voltaire a adressé une lettre à M. le chancelier, où il félicite ce chef de la magistrature de l'heureux succès de ses projets; il en exalte l'étendue, l'importance & la vaste combinaison; il loue l'éloquence de ses discours & préambules d'édits, où il trouve, dit-il, l'élégance de Racine & la sublimité de Corneille; il finit par observer que le cardinal de Fleury a, par un traité, ajouté la Lorraine à la France; que M. le duc de Choiseul nous a conquis la Corse; mais que M. de Maupeou, supérieur à ces deux grands ministres, rend au roi la France entiere.

16 *Mai* 1771. Madame Doublet est morte ces jours-ci âgée de 94 ans. C'étoit une virtuose; dont madame Geoffrin n'est qu'une foible copie. Depuis

Depuis 60 ans elle rassembloit dans sa maison la meilleure compagnie de la cour & de la ville, & passoit sa vie à former un journal bien supérieur à celui de l'étoile & autres ouvrages du même genre. La politique, les belles-lettres, les arts, les détails de société, tout étoit de son ressort. Elle s'abaissoit du cedre jusqu'à l'hysope. Tous les jours on élaboroit chez elle les nouvelles courantes, on en rassembloit les circonstances, on en pesoit les probabilités, on les passoit, autant qu'on pouvoit, à la filiere du sens & de la raison ; on les rédigeoit ensuite, & elles acquéroient un caractere de vérité si connu, que, lorsqu'on vouloit s'assurer de la certitude d'une narration, on se demandoit : « Cela sort-il de chez » madame Doublet ? » Au reste, sa réputation avoit un peu dégénéré de ce côté : en vieillissant elle avoit perdu beaucoup de ses amis du premier mérite, & avoit survécu à toute sa société habituelle. M. de Bachaumont est le dernier philosophe qu'elle ait vu mourir.

Il est difficile qu'au milieu de ce savant tourbillon qui l'entouroit, madame Doublet ne passât pas pour être un peu entichée de déisme, de mathérialisme & même d'athéisme. Elle avoit bravé jusques-là l'opinion publique & les clameurs des dévôts. Depuis le carême dernier, la tête de cette dame s'affoiblissant, M. le curé de St. Eustache avoit cru qu'il étoit temps de convertir sa paroissienne. Celle-ci n'étoit plus en état d'argumenter contre lui, &, avec le secours de la grace, le pasteur s'étoit flatté d'avoir réussi. En effet, elle avoit reçu le bon dieu la semaine sainte, pratique de religion que personne de sa connoissance ne se rappelloit lui avoir vu faire. On conçoit aisément qu'avec de pareils préparatifs, elle n'a pu qu'éprouver une mort très-édifiante & s'endormir dans le seigneur.

19 *Mai* 1771. M. le comte de Provence paroît enchanté de sa nouvelle conquête. Elle n'est pourtant pas jolie : l'annonce favorable qui en étoit venu de Lyon, n'est point exacte. Cette princesse est très-brune : elle a d'assez beaux yeux, mais ombragés de sourcils très-épais ; un front petit ; un nez long & retroussé ; un duvet déja très-marqué aux moustaches, & une tournure de visage qui ne présente rien d'auguste ni d'imposant. Quoi qu'il en soit, elle plaît au prince, & le lendemain il annonça au roi qu'il avoit été quatre fois heureux.

Madame la comtesse de Provence répond de son côté à merveille aux caresses du prince, & l'un & l'autre promettent de vivre dans la meilleure intelligence. On raconte quelques anecdotes qui font beaucoup d'honneur au dernier. Le lendemain du mariage, on dit que M. le comte d'Artois dit à son frere : « M. le comte de Provence, vous aviez la voix bien forte hier, vous avez crié bien haut votre *oui* ! — *C'est que j'aurois voulu qu'il eût été entendu jusqu'à Turin*, » répartit soudain l'époux enflammé.

On ajoute que ce même jour M. le comte de Provence demanda à M. le Dauphin comment il avoit trouvé sa belle-sœur ? Ce prince, très-naïf, lui répondit : « *Pas trop bien. Je ne me serois pas soucié de l'avoir pour ma femme...* Je suis fort aise que vous soyez tombé plus à votre goût. Nous sommes contents tous deux, car la mienne me plaît infiniment. »

Au surplus, madame la comtesse de Provence, quoique plus âgée que son mari, a encore toute la candeur aimable de cet âge, & les petites gentillesses qui lui sont naturelles. Elle est encore toute neuve pour l'étiquette, & a l'air assez gauche en tout ce qui est cérémonial. Le lendemain de son mariage, quand madame de Valentinois, sa dame d'atours, voulut lui mettre du rouge, la princesse a fait beaucoup de façon, & avoit une grande répugnance à se faire peindre ainsi le visage. Il a fallu que M. le comte de Provence lui demandât de se conformer à l'usage de la cour, lui assurant qu'elle lui feroit grand plaisir, & qu'elle en seroit infiniment mieux à ses yeux.... » *Allons, madame de Valentinois, mettez-moi du rouge & beaucoup, puisque j'en plairai davantage à mon mari.* »

20 *Mai* 1771. M. de Belloy vient d'avoir 1,500 livres de pension, pour récompense de sa dure & boursouflée tragédie de *Gaston & Bayard*, mais où il prêche le dévouement passif & absolu au monarque, d'une façon très-édifiante pour le ministere.

21 *Mai* 1771. On cite une gentillesse de madame la dauphine vis-à-vis monsieur le comte de Provence, qui mérite d'être rapportée. Ce prince disoit qu'il aimoit beaucoup mieux l'hiver qu'une autre saison, parce qu'on étoit à son aise au coin du feu avec sa moitié, les pieds sur les chenets, &c. La princesse a fait faire un dessin qui représente en effet monsieur le comte de Provence & sa femme, dans l'attitude qu'il regarde

M 2

comme une des plus délicieuses, & elle l'a envoyé dans cet état à ce couple fortuné.

24 *Mai* 1771. Hier, le fameux colisée s'est ouvert. Il y avoit eu la nuit ce qu'on appelle la répétition des ministres, c'est-à-dire, une exécution de l'illumination la plus complete, qui n'a commencé qu'à minuit. On n'y entroit qu'avec des billets. Nosseigneurs du conseil ont trouvé cela très-beau. C'est M. le duc de la Vrilliere, comme ayant le département de Paris & comme s'intéressant infiniment aux plaisirs de la capitale, qui a fait parcourir les beautés du lieu à ses collegues.

Madame la marquise de Langeac, non moins intéressée aux progrès des arts, a reçu les dames de la cour, & a fait les honneurs du lieu.

Le public ne s'y est pas rendu hier avec l'affluence qu'espéroient les entrepreneurs. Il faudroit 40,000 spectateurs pour garnir cet immense labyrinthe, dont les portiques & les péristiles annoncent plus un temple qu'un lieu de fêtes & de volupté. Au surplus, tout n'est pas fini, & il n'y a encore que le grand sallon en rotonde d'achevé dans les édifices. On ne peut qu'admirer la folie des auteurs d'un pareil projet, & la folie plus grande de ceux qui ont fourni des fonds pour l'exécution. Il n'en coûte que trente sous pour y entrer.

29 *Mai* 1771. Monsieur l'abbé de la Ville, premier commis des affaires étrangeres, & celui qui est à la tête de ce département depuis qu'il n'y a point de ministre en chef, est nommé secretaire des commandements de monsieur le dauphin. Il est chargé en outre de l'instruire des

intérêts des princes, & de l'initier aux myſteres de la politique d'Europe. On ne pouvoit faire choix d'un meilleur inſtituteur en cette matiere. On ſait qu'il eſt membre de l'académie Françoiſe.

30 *Mai* 1771. On a donné hier à la cour la premiere repréſentation d'un ſpectacle nouveau, ayant pour titre : *Les projets de l'Amour*, ballet héroïque en trois actes. L'annonce ſemble indiquer que les paroles ſont du Sr. de Mondonville, ainſi que la muſique; mais perſonne n'ignore que ce muſicien, qui a la manie de paſſer auſſi pour poëte, eſt incapable de cette tâche, & n'eſt que le prête-nom de l'abbé Voiſenon. Ce n'eſt pas que le poëme ſoit merveilleux; il eſt généralement aſſez plat; & dans les endroits où l'auteur a voulu mettre de la délicateſſe, on n'y trouve que de l'afféterie, du faux eſprit, du forcé, &c. du maniéré, en un mot, dans le vrai genre de l'académicien en queſtion.

2 *Juin* 1771. Il vient d'arriver deux nouveaux volumes des *Queſtions ſur l'Encyclopédie* de monſieur de Voltaire. Les trois premiers ne vont qu'au mot *ciel*. Ce titre eſt un point de ralliement commode pris par cet auteur, pour réunir un fatras d'articles rebattus dans ſes divers ouvrages. C'eſt une ſorte de dictionnaire philoſophique, ſous une autre dénomination. On y reconnoît la même manie de vouloir faire un étalage d'érudition capable d'en impoſer à ceux qui ſont hors d'état d'approfondir ces matieres, & l'affectation de monſieur de Voltaire de choiſir certains articles les plus propres à lui fournir ſujet à ſes blaſphêmes effroyables contre la religion, ou à ſes

farcasmes habituels. Ceux-mêmes qui paroissent les moins susceptibles de pareils écarts, s'y trouvent ramenés par les transitions plus ou moins adroites qu'il se ménage. En un mot, très-peu de rapport de ces articles avec ceux de l'encyclopédie, presqu'aucune discussion : c'est une superfétation de cet énorme dictionnaire, que ses compilateurs n'adopteront pas vraisemblablement. Du reste, c'est encore un répertoire d'injures de tout genre, sur lesquelles M. de Voltaire est intarissable contre la multitude de ses ennemis, qui grossit journellement, par la raison que tout homme qui prend la liberté de critiquer ses ouvrages, est à l'instant réputé infame, abominable, exécrable, &c.

6 Juin 1771. On annonce une nouvelle expérience fameuse que le docteur Guibert de Préval doit faire de son spécifique anti-vénérien en présence du comte de la Marche; & nos jeunes seigneurs, avides de ce spectacle, plus dégoûtant toutefois que lubrique, briguent auprès de S. A. l'honneur d'y être admis.

8 Juin 1771. Le Sr. Pigal continue à finir dans son attelier le superbe mausolée du maréchal de Saxe, & le public ne se lasse point de le voir. Les curieux y découvrent incessamment de nouvelles beautés.

On assure que ce mausolée ne doit plus être élevé dans le temple de St. Thomas à Strasbourg, & qu'on a décidé de le placer à l'école militaire, où l'on doit construire un lieu propre à le recevoir. On trouve d'ailleurs qu'il y remplira bien mieux son objet parmi les jeunes héros qu'on y éleve, & produira plus efficacement l'émulation à laquelle de semblables trophées sont destinés.

10 *Juin* 1771. Le St. Guibert de Préval, ce médecin dont on a parlé, comme ayant un préservatif pour se garantir du virus vénétien au milieu de l'acte même, & jusques dans la fange de la débauche, a réitéré encore son expérience devant le chirurgien de monsieur le comte de la Marche, qui en a rendu compte à S. A. S. Cet esculape lui a administré une fille gangrenée de la peste vérolique jusques dans la moëlle des os. Le docteur, après s'être frotté de son essence anti-vérolique en présence de ce commissaire, s'est livré à tout ce que la lubricité peut inspirer de plus excessif. Il est sorti sain & sauf du combat; il a de nouveau plongé sa verge dans la même liqueur, & depuis lors il s'est soumis neuf jours de suite à la visite la plus exacte du chirurgien en question, qui n'a rien trouvé & a fait son rapport en conséquence.

14 *Juin* 1771. On a parlé, il y a plus d'un an, des difficultés que le St. Palissot avoit éprouvées à Paris, pour faire imprimer la suite de sa *Dunciade*, & de l'orage qui s'étoit élevé contre lui. Cet auteur, ne pouvant résister à sa rage de mordre, a mieux aimé s'expatrier. Il est allé en pays étranger, & là il a répandu à loisir au jour son élucubration, qui vient d'arriver en cette ville, en dix chants, ainsi que *l'homme dangereux*, comédie du même poëte, que les François devoient jouer, & qui a été arrêtée aussi à la veille de la représentation. On parlera plus amplement de ces ouvrages, fameux par le scandale qu'ils doivent occasioner, s'ils en valent

la peine, & s'ils font réellement le bruit que s'en promet le Sr. Palissot.

16 *Juin* 1771. M. de Voltaire, qui rumine en cent façons la même idée, vient de reproduire ses belles maximes sur *la Tolérance* dans une facétie ayant pour titre : *Sermon du Pape Nicolas Charisteski, prononcé dans l'Eglise de Sainte Toléranski, village de Lithuanie, le jour de Sainte Epiphanie.*

17 *Juin* 1771. M. le comte de Clermont est mort avec le même courage qu'il avoit montré dans tout le cours de la longue & douloureuse maladie qui l'a conduit au tombeau. Il étoit membre de l'académie Françoise, où il laisse une place vacante.

18 *Juin* 1770. Les comédiens Italiens ont donné hier la premiere représentation d'un intermede italien, intitulé *la Buona Figliola*. Cette piece jouée à Rome pour la premiere fois, qui a couru toute l'Italie, l'Allemagne & l'Angleterre, &c. a paru mériter d'être traduite dans notre langue. L'original est du Sr Goldoni, & la traduction du Sr. Cailhava d'Estandoux. On a fait peu de changements à la musique du sieur Piccini, un des premiers coryphées de son art.

Le Sr. Carlin, l'arlequin, aimé du public, a profité du ton familier que lui permet la nature de son personnage pour faire un compliment original, dans lequel il a donné la filiation du drame qu'on alloit jouer, éclos depuis dix ans, très-ressemblant à *Nanine*, & paroissant sortir, ainsi que celle-ci, du roman de *Pamela*.

Cette piece est en effet dans un genre romanesque, mais triste. La traduction est mal faite, & le poëte paroît avoir l'oreille peu délicate.

Malgré ces disparates, la musique a produit un grand effet, & les oreilles françoises, habituées depuis quelques années à un genre qui leur répugnoit d'abord, ont reçu celle-ci avec la plus délicieuse sensation. On a remarqué dans l'auteur cette belle unité, essentielle en harmonie, comme dans les autres arts, ces transitions heureuses du grave au doux, du dolent au gai, du naïf au sublime. Les accompagnements sur-tout ont paru travaillés avec un art infini, & prêter merveilleusement à la phrase musicale.

21 *Juin* 1771. Il passe pour constant que le vendredi où M. le comte de Clermont a reçu le viatique, le célébrant lui ayant demandé à haute voix, suivant l'usage, dans le cours du discours ordinaire, s'il pardonnoit à ses ennemis? S. A. S. répondit avec beaucoup de fermeté & de sang-froid, qu'elle ne croyoit pas en avoir; qu'au surplus elle leur pardonnoit à tous, même au chancelier, qu'elle regardoit moins comme son ennemi personnel que comme celui du roi & de l'état.

M. le comte de Clermont étoit dans la grande dévotion depuis quelques années, & la continuité de ses liaisons avec madame de Tourvoi, ci-devant mademoiselle le Duc, sa maîtresse, aussi livrée à la haute piété, faisoit présumer qu'il y avoit un mariage de conscience entr'eux. On assure qu'elle n'a point disparu de son appartement pendant la cérémonie de la réception des sacrements; ce qui confirmeroit le bruit général.

Ce prince tenoit tous ses biens du roi, & ne laisse qu'environ 30,000 livres de rentes en fonds, dont il a distribué l'usufruit par un testament à toute sa maison.

M. le chancelier, qui avoit extrêmement à cœur de faire faire un acte de ressort par son parlement dans la maison de ce prince, s'est donné beaucoup de soins pour faire requérir la mise des scellés par quelque créancier; mais aucun n'a voulu se prêter à ses vues, ce qui a évité le tapage qu'auroit occasioné la descente des commissaires du nouveau tribunal.

On ajoute à l'égard de M. le comte de Clermont, qu'après avoir témoigné aux princes combien il étoit sensible à leur attachement & aux marques plus particulieres d'amitié qu'ils lui donnoient dans ses derniers moments, il les a exhortés à rester toujours unis entr'eux & à vivre dans la plus parfaite intimité.

Les princes étant exclus de la présence du roi, M. le prince de Condé n'a pu satisfaire à son devoir & aller notifier lui-même au roi la mort de son oncle. On prétend que M. le comte de la Marche, assidu à se faire instruire de ce qui se passoit, est parti sur le champ pour Marly.

23 *Juin* 1771. Le Sr. Trial, l'un des directeurs de l'opéra, est mort subitement cette nuit. Il avoit du talent; il a fait quelques petits morceaux de musique assez agréables. On donne actuellement l'*Acte de Flore*, de sa composition, mais où les connoisseurs trouvent qu'il n'avoit pas assez de vigueur pour travailler en grand & former cet ensemble qui constitue le vrai génie.

24 *Juin* 1771. M. le comte de Clermont, ayant désiré par ses dernieres volontés d'être enterré sans pompe, il n'y a eu aucun cérémonial pour ses obsèques. Il n'y a point eu de chapelle ar-

dente. On n'a point invité les cours à venir donner l'eau bénite, suivant l'usage. On a voulu éviter la rixe que le cérémonial auroit occasioné entre la chambre des comptes & le nouveau tribunal. Son corps a été transporté mercredi à Montmorency, où est la sépulture des Condé. Les pleurs des pauvres, auxquels ce prince faisoit des aumônes abondantes, ceux de tous ses domestiques fondant en larmes, ainsi que des princes extrêmement touchés de sa perte, ont été, ce qu'on a remarqué, davantage à son enterrement.

Le roi a indiqué le deuil de ce prince pour le samedi 21, & l'a fixé de onze jours seulement, quoiqu'il soit de l'étiquette depuis quelque temps de porter douze jours le deuil des princes du sang, pour le distinguer d'avec le deuil des princes étrangers, qui est aussi de onze jours.

1 *Juillet* 1771. Les quatre & cinq volumes des *Questions sur l'Encyclopédie* de M. de Voltaire, n'offrent rien de mieux que les précédents. Ils finissent à l'E. Mêmes écarts, même bavardage, même affectation de se citer, même égoïsme, même acharnement de ramener à la religion les sujets les plus simples & qui en paroissent les plus éloignés, pour renouveller ses affreux blasphêmes ou ses ironies insultantes.

3 *Juillet* 1771. Le public va voir par curiosité le nouvel hôtel que se fait construire M. l'abbé Terrai, contrôleur-général. C'est le Sr. Carpentier, architecte, qui conduit le bâtiment. On sait à quel point on a poussé aujourd'hui les détails de cet art. Bien des gens critiquent cependant l'édifice en question, & trouvent en général que notre

architecture a perdu en majesté ce qu'elle gagne en élégance.

5 Juillet 1771. Il paroît tout récemment une brochure, intitulée : *Correspondance secrete & familiere de M. de Maupeou avec M. Sorhouet, conseiller du nouveau parlement*. Cet écrit mérite une attention particuliere & sera discuté plus au long.

9 Juillet 1771. La *Correspondance secrete & familiere de M. de Mau*** & M. de Sor****, est en forme de lettres. Ce dernier, disposé à être le chevalier du chancelier, lui déclare ingénument tous les divers griefs dont on l'accuse dans le monde, & lui demande quelles sont les réponses qu'il doit y donner. L'autre lui dévoile en conséquence sa façon de penser, détaille les motifs de sa conduite, & fournit toutes les armes nécessaires pour sa défense. Il paroît que l'auteur a choisi pour modele de cet ouvrage les *Lettres Provinciales*. Il est écrit en style socratique, c'est-à-dire, avec cette ironie fine & soutenue, qui étoit la figure favorite du philosophe grec. Le développement du génie du chef de la magistrature est fait avec une adresse & une vérité singuliere. On y fouille jusques dans les replis de son ame. L'affaire de M. le duc d'Aiguillon & la destruction du parlement sont les deux points principaux sur lesquels roule son apologie. Pour l'appuyer, M. de Mau**** remonte jusqu'aux principes de sa morale, qui n'est pas toujours la vraie & la saine, celle des honnêtes gens. Au reste, l'écrivain, avec la même impartialité, lui fait porter contre le parlement les accusations les plus graves, les reproches les mieux fondés, sous prétexte de faire voir le tort de cette compagnie, d'avoir imaginé, ou voulu faire accroire que ses membres étoient les représentants de la nation, & qu'elle pouvoit suppléer aux assemblées d'états; il en prouve la nécessité, & que tout ce qui a été fait sans ce concours est une infraction des droits des Francs. On termine la brochure par une lettre de monsieur Sor✱✱✱✱✱ à un ancien conseiller du grand-conseil, où, d'après les lumieres qu'il a reçues sur la marche de l'administration de M. de Mau✱✱✱✱, il l'exhorte à bénir avec lui *cet excellent citoyen, ce Chan✱✱✱✱✱✱ si vertueux, si sage, si attentif au bien de la patrie & à la conservation de ses droits*, &c. La derniere piece est un court billet de M. de Mau✱✱✱✱. Ce chef de la magistrature, fondé sur les principes qu'on lui a fait établir pour opérer la condamnation du parlement & sa destruction, promet *de ne jamais sceller d'edit d'impôt, qu'il ne lui ait apparu préalablement du libre consentement de la nation, légitimement assemblée*. C'est ainsi, que par une supposition fictive, on lui montre ce qu'il devoit faire, & on lui suggere les grands torts, les griefs essentiels du parlement, qui ne sont pas d'avoir assimilé sa puissance à celle du souverain, mais au contraire d'avoir osé enchaîner avec lui la nation, en la laissant écraser sous cette multitude énorme d'édits ruineux, au point que, par sa facilité à tout enrégistrer, il se trouve que Louis le Bien-Aimé a mis à lui seul plus d'impôts sur ses peuples que ses soixante-cinq prédécesseurs pris collectivement. C'est une des assertions du livre, qui sans doute a été vérifiée.

Quoique cette *correspondance* soit absolument

imaginaire, M. le Chan✶✶✶✶✶✶ & son panégyriste y sont si bien dépeints, elle est soutenue d'anecdotes si sûres & si vraies, le ton même des interlocuteurs est si bien observé, qu'on doit regarder l'ouvrage en question comme le plus propre à désoler les personnages qu'on y traduit en ridicule, en les dévouant en même temps à l'exécration publique.

Ce *Sorhouet* est désigné sous le nom du *grand racoleur* dans la liste du parlement, comme un des principaux séducteurs de ses confreres du grand-conseil.

10 *Juillet* 1771. Samedi dernier les comédiens François ont donné une piece nouvelle en prose & en trois actes, ayant pour titre : *les Amants sans le savoir*. Cette comédie, assez bien écrite, est un tissu de dialogues & de tracasseries, où l'on a enchâssé quelques portraits & quelques détails faits avec esprit. Il y a par fois des saillies & de la finesse, mais le total de l'ouvrage est extrêmement foible, quant à la partie de l'intrigue & la texture du fonds. La galanterie du public pour l'auteur femelle a empêché que la nouveauté en question ne fût plus mal reçue. Le Sr. Deformeaux, historien connu, l'a présentée aux comédiens, en déclarant pourtant qu'elle ne lui appartenoit pas. On est parfaitement instruit que c'est une composition de Mad. la marquise de St. Chamont, ci-devant Mlle. Mazarelli, fille non moins connue par ses aventures romanesques que par son goût pour la littérature. On sait qu'elle a concouru plusieurs fois pour les prix de l'académie Françoise. Mais il y a loin de ce genre au genre comique.

11 *Juillet* 1771. On a élevé depuis peu à

St. Eustache, paroisse où M. de Chevert est enterré, un monument à son honneur, mais dans une simplicité convenable à ce grand homme. Il consiste en son médaillon, sans aucun ornement. Au bas est une pierre noire, sur laquelle est inscrite l'épitaphe suivante :

Ci-gît François de Chevert, Commandeur, Grand-Croix de l'Ordre Royal & Militaire de St. Louis, Chevalier de l'Aigle Blanc de Pologne.

Gouverneur de Givert & Charlemont, Lieutenant-général des Armées du Roi. Sans Aïeux, sans fortune & sans appui. Orphelin dès l'enfance.

Il entra au service à l'âge de 11 ans. Il s'est élevé malgré l'envie, à force de mérite. Chaque grade a été le prix d'une action d'éclat. Le seul titre de Maréchal de France a manqué, non pas à sa gloire, mais à l'exemple de ceux qui voudront le prendre pour modèle.
Il étoit né à Verdun sur Meuse le 2 février 1695. Il mourut à Paris le 24 janvier 1769.

Priez Dieu pour le repos de son Ame.

On voit avec plaisir que cette épitaphe ait été composée en françois, pour que tout le monde puisse la lire, & accorder à cet illustre guerrier la reconnoissance que lui doit tout bon citoyen.

13 *Juillet* 1771. Par une suite du projet du ministre ayant le département de Paris, de procurer au colisée toutes les ressources qui dépendent de son ministere, il a été arrêté que la foire S. Ovide, depuis quelques années établie à la

place de Vendôme, auroit lieu celle-ci à la place de Louis XV. Les directeurs du nouvel établissement esperent que le public se portera de-là plus facilement chez eux. Mais les marchands réclament fort contre le nouvel emplacement, où ils sont menacés d'être inondés de poussiere s'il fait beau, & submergés de boue, s'il fait mauvais temps.

14 *Juillet* 1771. M. le duc de la Vrilliere & madame la marquise de Langeac continuent à couvrir de la protection la plus éclatante les entrepreneurs du colisée, ou à retarder leur ruine absolue autant qu'il sera possible. Ils viennent d'employer toute leur autorité pour leur procurer une ressource, qui sera très-grande pour le moment, mais ne peut durer long-temps. Ils ont engagé la fameuse *le Maure* à chanter au concert du lundi 15 de ce mois. On se rappelle que cette actrice a eu la plus belle voix de l'Europe, & a fait autrefois les délices de toute la France; mais, 1°. elle a aujourd'hui près de 70 ans; 2°. elle est retirée du théatre depuis 28 ans; 3°. elle n'est point au courant de la musique moderne; 4°. le vaisseau énorme où elle doit chanter, affoiblira nécessairement sa voix, eût-elle le volume qu'elle a toujours eu. Par toutes ces considérations on doute que la virtuose en question soutienne son antique réputation. Malgré cette défiance générale, les amateurs & les curieux se disposent à se rendre en foule pour voir une pareille rareté. On assure que Mlle. *le Maure*, dont on ne connoît, ou dont on ne peut connoître les caprices étonnants, a mis à son marché les conditions les plus plaisantes. Du reste, on veut qu'elle se soit essayée dans le lieu où elle

doit chanter, & que sa voix y ait en un jeu merveilleux.

14 Juillet 1771. Le sieur Boutin, receveur-général des finances, frere de l'intendant des finances, si fameux dans l'histoire de la compagnie des Indes, fait beaucoup parler de lui aujourd'hui, mais d'une façon plus glorieuse que le dernier. C'est un virtuose renommé par son goût pour les arts. Il a entrepris de créer dans un fauxbourg de Paris un jardin singulier, où il rassemblera tout ce que la nature agreste & cultivée peut fournir de productions & de spectacles en quelque genre que ce soit. Il a nommé le lieu *Tivoli*; & quoique l'entreprise de ce chef-d'œuvre ne soit pas à son point de perfection, on en parle avec emphase : la curiosité l'exalte; on se presse de l'aller voir, mais on n'y peut entrer que par billet. On veut que M. Boutin ait déja répandu un million dans l'établissement dont on parle.

15 Juillet 1771. Les partisans de M. de Voltaire annoncent son retour en cette capitale comme certain. Ils prétendent que c'est monsieur le chancelier qui a engagé madame la comtesse Dubarri à obtenir du roi une faveur desirée depuis long-temps par ce poëte. Ils ajoutent que le chef de la magistrature n'a pu se refuser au zele que l'illustre proscrit a montré pour la bonne cause, qu'il a jugé par les petits échantillons que l'on connoît de lui sur cette matiere, de quelle utilité il lui pourroit être pour subjuguer les esprits; & que de son côté le philosophe de Ferney a promis de renoncer à écrire contre la religion, & de s'attacher uniquement aux objets politiques, sur lesquels on veut qu'il s'exerce. Toute la littérature est dans l'attente d'un tel événement. Ses amis s'en réjouissent, & ses ennemis en tremblent. Le Sr. Freron craint fort l'interruption de ses feuilles.

16 *Juillet* 1771. La *Dunciade*, qui n'avoit d'abord paru en 1764 qu'en trois chants, est aujourd'hui en dix. On ne peut nier que l'auteur n'ait beaucoup de facilité, que son poëme ne soit rempli d'images, & que ses critiques ne soient justes à bien des égards. Malgré cela, la lecture en devient fastidieuse nécessairement, par le retour continuel de quelques noms dévoués par l'auteur au ridicule & au mépris. Les sieurs Diderot, Marmontel & Freron sont les principaux héros de son poëme. Au surplus, il y a très-peu de mérite à avoir fait un pareil pamphlet, & il y a une audace & une présomption impardonnable à s'afficher ainsi pour le vengeur du goût. L'ouvrage, toujours censé publié par des éditeurs, est accompagné avant & après de quantité de préfaces, de lettres, d'avertissements, de vers, de notes relatifs au poëme, dont on conçoit aisément que le grand nombre a été dicté par l'auteur. On y voit avec plaisir plusieurs lettres de M. de Voltaire, qui par son inconséquence ordinaire, en réprimandant le sieur Palissot de ridiculiser quelques personnages, amis du philosophe de Ferney, se déchaîne avec une fureur sans égale contre les écrivains, plastrons habituels de ses épigrammes ; qui blâme la satire, & se permet en même temps les injures les plus atroces.

Le Sr. Palissot est aujourd'hui à Argenteuil, & n'est point expatrié comme on l'avoit dit. On ne remarque pas que son libelle contre les gens de lettres, ſes confreres, excite le grand ſcandale qu'il s'en promettoit; & cette nouvelle édition tombera bientôt dans l'oubli, comme la premiere, & groſſira la foule des écrits obſcurs qu'il reproduit en lumiere pour l'inſtant.

17 *Juillet* 1771. Mlle. *le Maure* a effectivement paru lundi dernier au coliſée. La foule des ſpectateurs étoit immenſe, & cette actrice eſt convenue avoir été intimidée d'une pareille aſſemblée. Elle a chanté le monologue de l'acte du *Sylphe*, & a joué la ſcene avec le ſieur le Gros. Son début en a ſinguliérement impoſé, & le ſilence univerſel qui s'eſt formé, annonçoit la ſenſation qu'elle a faite par la ſublimité de ſon chant. Malheureuſement il ne s'eſt pas ſoutenu, & dans le dialogue avec l'acteur, le ſieur le Gros a abſolument couvert ſa voix & l'a écraſée; en ſorte que ceux qui ont autrefois entendu mademoiſelle le Maure, n'ont plus trouvé que les reſtes du plus bel organe; & ceux qui n'ont jamais eu ce plaiſir, n'ont pu juger qu'imparfaitement & n'ont point été émerveillés. Au ſurplus, on lui a prodigué les applaudiſſements les plus longs & les plus ſoutenus. On comptoit qu'elle chanteroit un ſecond morceau, mais elle s'eſt trouvée trop fatiguée.

Le nombre des curieux s'eſt monté à 5,200 payants, outre environ 300 *gratis*, ce qui formoit une multitude de 5,500 ſpectateurs.

20 *Juillet* 1771. Mercredi au ſoir, à dix heures trois quarts environ, un feu s'eſt manifeſté dans la partie du nord, en forme de globe, ſuivant le plus grand nombre de rapports, & a

paru se précipiter vers le Sud. Sa clarté a été si vive, que beaucoup de gens ont cru en être atteints. Elle a été suivie d'une légere explosion peu après, semblable à un coup de tonnerre sourd & éloigné. Ce phénomene a causé une grande rumeur dans Paris, & a donné lieu, comme de coutume, à mille contes populaires. Suivant les lettres qu'on a reçues depuis, il a été vu dans le meme temps à Compiegne, à Rouen & même à Tours. Les physiciens estiment assez vraisemblablement que ce météore n'est autre chose qu'une vapeur occasionée par les exhalaisons de la terre dans les grandes chaleurs, & qui, suivant les circonstances & la réunion des matieres, se modifie sous différentes formes, mais occasione fréquemment dans l'été ces feux légers qui traversent une partie du ciel, & font dire à de bonnes gens : *voilà une étoile qui file*. Au surplus, il faisoit très-chaud ce soir-là ; il ne souffloit aucun vent ; le ciel étoit serein & brillant d'étoiles.

21 *Juillet* 1771. M. le duc de Pecquigny, fils de feu M. le duc de Chaulmes, a hérité du goût de son pere pour les arts & les sciences. Ce seigneur, qui semble avoir renoncé au séjour de la cour, aux grades & aux honneurs dont il pourroit être susceptible par sa naissance & par son mérite, se livre tout entier aujourd'hui à l'histoire naturelle, & sur-tout aux expériences de physique. L'électricité est la partie à laquelle il travaille le plus, & il a poussé les recherches fort loin à cet égard. Il est parvenu à faire un cerf-volant très-grand, & de taffetas vert, dont la principale baguette est de fer électrisé. Cette machine élevée dans l'athmosphere à

une très-grande distance, y rassemble & réunit toutes les parties homogenes qui sont dans la région supérieure. Elles se condensent autour du rayon conducteur, & il en résulte des éclairs, des foudres artificiels très-curieux. Le public, témoin depuis quelque temps de ce jeu savant de M. de Pecquigny, a voulu le faire passer pour auteur du dernier phénomene ; mais le phénomene en lui-même, ses suites & son étendue, sont, au gré des physiciens, au dessus des efforts de celui-ci. D'ailleurs il est constaté à la police par les faits, qu'on ne peut attribuer le météore en question à l'art d'aucun faiseur d'expériences.

23 *Juillet* 1771. A la suite de la *Dunciade*, le sieur Palissot a fait imprimer un volume ayant pour titre : *Mémoires pour servir à l'histoire de notre littérature, depuis François premier jusqu'à nos jours.* Ils embrassent 187 notices. Il paroît que l'auteur a pris pour modele le petit catalogue mis par M. de Voltaire à la fin de son *Siecle de Louis XIV*; mais il n'a pu imiter le goût, la légéreté & la concision de ce grand maître. Il y regne d'ailleurs une partialité bien sensible ; & parcourant ce Panthéon littéraire, où parmi les auteurs vivants, les sieurs *de la Harpe*, *le Brun* & *Poinsinet de Sivry* sont désignés comme autant de grands hommes du jour; l'auteur ne s'est pas oublié non plus, & il s'y place avec une impudence suffisante pour démentir tout le bien qu'il dit de lui-même, & dont il a rempli ces trois volumes nouveaux de ses œuvres. Ils ne tarderont pas à aller rejoindre les autres dans la poussiere où elles sont ensevelies.

24 *Juillet* 1771. Mlle. le Maure n'ayant point voulu chanter lundi dernier, il n'y a pas eu de concert ni de colisée. Il faut connoître jusqu'où vont les caprices de cette fille-là, pour croire les conditions plaisantes qu'elle a imposées & leur bizarrerie. Au reste, elle n'a pas voulu qu'il fût question d'honoraires : elle a refusé tout marché à cet égard. Elle est si mécontente du sieur le Gros, qu'elle a exigé qu'il ne chanteroit plus avec elle & qu'elle paroîtroit seule. Madame la marquise de Langeac & M. le duc de la Vrilliere font depuis lors aux petits soins auprès d'elle, & lui font une cour très-servile.

Au surplus les entrepreneurs du colisée sentant bien que cette ressource ne peut être que momentanée, & que le public, après avoir satisfait sa curiosité, ne suivra pas cette chanteuse long-temps, ont imaginé un nouveau genre de spectacle. Ils sont décidés, dit-on, à faire venir des coqs d'Angleterre, & à donner des combats de ces animaux, si courus dans le pays. Mais on doute qu'un pareil genre de plaisir en fasse beaucoup à Paris : les femmes y sont d'un caractere plus susceptible d'émotions vives; l'effusion du sang leur répugne trop : elles se refuseront à coup sûr à ce spectacle; & l'on sait qu'ici les hommes ne vont point où il n'y a pas de femmes.

25 *Juillet* 1771. Après l'affaire du parlement, le colisée est ce qui occupe le plus Paris, & comme beaucoup de gens même sont assez indifférents sur le premier objet, on peut dire que le dernier est proprement l'histoire du jour. Les spéculateurs, qui soumettent tout au calcul, dé-

montrent, comme arithmétiquement impossible, que le nouvel établissement subsiste : 1º. La mise dehors, à ce qu'ils assurent, est de 1,800,000 liv., dont l'intérêt à cinq pour cent, forme une rente de 90,000 livres ; à quoi ils ajoutent : 2º. environ 10,000 livres à prélever encore annuellement pour gratifications, pensions, & autres sommes à donner à gens qui ne font pas de fonds, mais qui accordent leurs talents ou leur protection : 3º. environ 3,000 livres de frais par chaque représentation : 4º. enfin 180,000 livres qu'il faudroit retirer aussi par an, pour se rembourser du capital & des réparations que la bâtisse doit coûter annuellement ; objet qui ne peut guere se porter à moins d'un dixieme. On conclura qu'il s'en faudra cette année de près de 200,000 livres que les entrepreneurs soient au pair de ce qu'ils devroient être, non pour faire une bonne affaire, mais pour n'en pas faire une ruineuse.

17 *Juillet* 1771. C'est une Mad. de Vaudoncour qui a fait élever à ses frais le monument dont on a parlé, en l'honneur de M. de Chevert. Cette femme vivoit depuis long-temps avec lui dans l'union la plus intime & la plus respectable ; elle faisoit la consolation de sa vieillesse, & il l'avoit instituée sa légataire universelle, d'où il résultoit un bien-être d'environ 25,000 livres de rentes. Mais elle n'a pu le voir achever, & elle n'a pas survécu long-temps à la perte de son bienfaiteur. L'épitaphe a été composée par monsieur l'abbé Tricot, l'homme de confiance & l'ami de cœur de M. de Chevert. C'est lui qui a suivi l'entreprise & a eu le bonheur de la voir terminer

En sorte qu'on peut dire que l'amour & l'amitié y ont éga'ement concouru. Le médaillon est de la composition du Sr. Vassé, un de nos plus fameux sculpteurs. Il est rendu dans toute la simplicité dont on l'a annoncé, & a la qualité la plus essentielle, c'est-à-dire, une grande vérité & une parfaite ressemblance.

28 *Juillet* 1771. Outre les arts qui se sont perfectionnés dans ce siecle, celui de la filouterie est le plus remarquable par ses progrès & par les ressources toujours nouvelles. Des chevaliers d'industrie, passés maîtres dans cette science, avoient imaginé depuis peu de contrefaire sur des bijoux d'un métal factice la marque d'or dont doivent être empreints tous les ouvrages de semblable matiere. Ensuite ils alloient chez des usuriers, sous prétexte de leur emprunter de l'argent, & ils mettoient ces bijoux en gage. Cette supercherie, excusable, si elle pouvoit l'être, vis-à-vis de *Fesse-Mathieux* d'une telle espece, a enfin été découverte, & l'on a arrêté ces merveilleux escrocs.

31 *Juillet* 1771. Lundi dernier, Mlle. le Maure a reparu au concert du colisée. Elle y a chanté plusieurs morceaux, mais seule. Elle a été reçue avec des transports bien capables d'encouriger son amour-propre. Sa voix a fait beaucoup plus d'impression que la premiere fois. Cependant par un de ces caprices qui lui sont ordinaires, au moment où une partie de l'orchestre avoit déja défilé, où les spectateurs se retiroient, ayant voulu régaler encore le public d'un autre morceau, on s'est apperçu qu'elle foiblissoit sensiblement, & que pour son honneur elle auroit dû se refuser à cet excès de zele. On ne lui en a pas moins su gré,
&

& l'on a tâché, par des applaudissements réitérés, de lui dérober l'humiliation d'une disgrace.

Au surplus, on décore son triomphe de tout l'appareil extérieur qu'on accorde aux gens de la premiere distinction, ou aux orateurs les plus éminents. Un Suisse va la chercher à son appartement, tandis que d'autres font faire le passage & bordent la haie ; le premier la précede jusqu'à l'orchestre : un écuyer lui donne la main ; elle a deux ou trois femmes de suite : on la reconduit de même. Le premier jour, cette muse du chant avoit paru en couleur de rose ; cette fois-ci, elle étoit en blanc.

Quoique le spectacle fut très-garni, on prétend que la recette a diminué de beaucoup, & il est à craindre que cette ressource ne devienne bientôt nulle pour les entrepreneurs.

1 *Août* 1771. Le sieur Prépaud, ministre de l'évêque de Spire à la cour de France, vient de mourir. Il est question de faire conférer cette place à l'abbé de Voisenon. Celui-ci avoit deux mille écus de pension sur les affaires étrangeres, que lui avoient ménagé les ducs de Choiseul & de Praslin. Il les a perdus à la disgrace de ces deux ministres. Mais comme cet abbé, uniquement voué à l'amusement des grands seigneurs, n'épouse aucun parti, ne s'attache à personne & suit le vent de la faveur, il a profité de son accès auprès de M. le duc de Richelieu pour capter la bienveillance du nouveau ministre des affaires étrangeres ; & M. le duc d'Aiguillon, pour lui assurer quelque chose de plus solide, cherche à le faire nommer par l'évêque de Spire, à la place que la mort du sieur Prépaud laisse vacante.

C'est à l'occasion de son entrée future dans le corps diplomatique, que M. Duclos, secrétaire de l'académie Françoise, lui a dit ce joli mot si fin & si juste: *Je vous félicite, mon cher confrere; vous allez donc enfin avoir un caractere.*

3 *Août* 1771. Il y a déja du temps qu'on a rendu compte de l'envoi fait en France par l'empereur de la Chine, des dessins des batailles qu'il a livrées & où il a triomphé, avec ordre de les faire graver par nos plus habiles artistes, comme aussi de lui adresser les planches. Le roi informé que la compagnie des Indes étoit chargée de cette commission, a voulu en faire les frais, & a enjoint à M. le marquis de Marigny de veiller à l'exécution de l'ouvrage. Plusieurs planches faites, on en a envoyé des épreuves, on y a joint des représentations sur le projet de sa majesté impériale de faire venir les planches originales; on lui annonçoit qu'elles pourroient se gâter dans le transport. Mais on a appris par les dépêches écrites de Canton sur les derniers vaisseaux arrivés, que l'empereur insistoit pour avoir ces planches. Elles sont au nombre de 14.

4 *Août* 1771. Mercredi 31 du mois passé, l'académie royale de musique, en profitant de la faveur spéciale qu'elle a de n'être point sous les censures ecclésiastiques, a fait célébrer un service pour le repos de l'ame du sieur Trial, l'un de ses directeurs, mort subitement, ainsi qu'on l'a annoncé, & sans recevoir les secours spirituels. Cette cérémonie s'est exécutée dans le plus grand appareil à Saint-Germain-l'Auxerrois. On a chanté la messe de Gilles, très-célèbre dans le genre de musique funéraire: elle a été suivie du *De pro-*

fundis de d'Auvergne, morceau très-analogue au premier. Tout l'opéra a coopéré à cette exécution. Les demoiselles de ce spectacle n'ont pas manqué de s'y rendre, ainsi que les filles les plus galantes de Paris. Il y avoit aussi beaucoup de femmes comme il faut, & une multitude prodigieuse d'hommes. Cette fête lugubre a été égayée par une quantité de jolis minois, & aussi édifiante que le pouvoit permettre la sorte de spectateurs dont elle étoit composée. On n'entroit que par billets.

4 *Août* 1771. Extrait d'une lettre de Rennes, du 30 juillet 1771..... Enfin notre parlement a rendu son arrêt contre les deux écrits, l'un intitulé : *Observations sur l'imprimé intitulé, Réponse des états de Bretagne au mémoire du duc d'Aiguillon*; l'autre : *Procédures faites en Bretagne & devant la cour des pairs, en 1770, avec des observations*. Vous connoissez le premier ouvrage dont on a affecté de supprimer du titre : *par Simon-Henri-Nicolas Linguet*. L'autre est un gros in-4°. très-ennuyeux, & qu'on a voulu rendre plus piquant par des notes calomnieuses contre les témoins.

Cet arrêt, en date du 27 juillet, a souffert beaucoup de discussions. Vous verrez d'abord par le réquisitoire, ou plutôt le compte rendu des commissaires, combien on a eu soin d'écarter tout ce qui pouvoit choquer directement le duc d'Aiguillon, & qu'on n'a pas voulu même compromettre son défenseur, contre lequel il étoit difficile de ne pas sévir en ce moment. Ce réquisitoire, très-mal fait, s'établit uniquement sur la supposition absurde du parlement, que l'auteur, en déclarant qu'il étoit autorisé par le gouvernement à faire imprimer la brochure en question, ne l'étoit pas, quoiqu'elle soit revêtue de toutes les formalités prescrites, & porte la plus grande authenticité. Du reste, nul développement, nulle réfutation, & jamais on n'a dit à plus juste titre que *brûler n'est pas répondre*. On voit sensiblement que messieurs ont été gênés : mais il valoit mieux laisser ces écrits dans l'oubli, que d'annoncer autant de ménagement & de foiblesse.

7 *Août* 1771. On parle beaucoup d'une aventure arrivée au couvent de Bon-secours. Ce monastere est l'asyle de quantité de jolies femmes séparées de leurs maris, & l'on conçoit quel assemblage il en doit résulter; c'est-à-dire, qu'il est le centre de la galanterie. Il y a en outre des demoiselles pensionnaires, dont les mœurs, malgré leur jeunesse, se ressentent bientôt d'une telle contagion. Une demoiselle Mimi, extrêmement jolie, brilloit entre tant de beautés. Un mousquetaire noir, très-bel homme, âgé de 23 ans, alloit souvent voir dans ce couvent deux parentes qu'il y avoit, avec un de ses amis qui avoit pris du goût pour l'une des deux. Il eut occasion de connoître Mlle. Mimi, d'en devenir amoureux; & celle-ci facilement d'intelligence, il se forma bientôt une partie carrée, au moyen d'une petite maison louée dans les environs. La plus grande des pensionnaires & Mlle. Mimi escaladoient le soir les murs du jardin, & se rendoient au lieu convenu. On prétend que l'abbesse, amoureuse pour sa part du même cavalier, conçut de la jalousie de Mlle. Mimi, se douta d'une intrigue secrete; & la nuit, étant venue brusquement dans la chambre de cette demoiselle, ne la trouva point; que s'étant rendue ensuite dans

celle des deux cousines, il n'y vit que la petite; que l'ayant interrogée, elle découvrit ce qui en étoit, fit sur le champ assembler la communauté, & se transporta au pied de l'échelle avec ses religieuses pour y recevoir les deux transfuges. On se doute du coup de théatre qui en résulta. L'aventure a été contée au roi. S. M. en a ri beaucoup; mais comme elle est très-sévere sur l'article des mœurs, elle a ordonné que le mousquetaire seroit mis à Vincennes; ce qui a été exécuté.

8 *Août* 1771. M. de Mairan, pendant sa longue carriere, avoit fait une collection précieuse de morceaux d'histoire naturelle. Sa bibliotheque étoit renommée pour son choix & pour sa rareté. Ces richesses littéraires appartenoient à madame Geoffrin, qu'il a par son testament institué sa légataire universelle. On ne sait pourquoi la virtuose en question a jugé à propos de les transformer en richesses plus solides. Quoi qu'il en soit, la vente de ces deux objets étoit annoncée & devoit se faire à l'encan. Un prince d'Allemagne s'est présenté depuis pour acquérir le tout, & sauvera à madame Geoffrin le déshonneur d'avilir ainsi le don de l'estime & de l'amitié que son opulence la mettoit en état de conserver dans son entier.

9 *Août* 1771. On sait actuellement que c'est M. de la Harpe qui a remporté les deux prix de l'académie Françoise, dont la distribution se fera le jour de la fête de Saint Louis prochaine. Le sujet de celui de prose étoit *l'éloge de Fenelon*. Celui de vers étoit libre, & le poëte a pris pour son texte : *L'influence des talents sur la société & les sciences*. On regarde cet événement comme

très-singulier, & M. de la Harpe est le premier candidat qu'on ait vu ceindre ainsi son front de la double couronne.

10 *Août* 1771. Un nouvel ouvrage clandestin attire la curiosité des amateurs; il a pour titre: *Le Gazetier cuirassé.* C'est un pamphlet allégorique, satirique & licentieux, comme l'annonce assez son titre.

11 *Août* 1771. M. Dyonis du Séjour, conseiller au parlement, n'est pas moins renommé par ses connoissances en astronomie qu'en jurisprudence. Il est membre de l'académie des sciences. Comme le lieu de son exil est très-rapproché de Paris, & qu'il est à St. Maur, à deux petites lieues d'ici, l'académie des sciences a fait une députation auprès de M. le chancelier, pour obtenir à ce confrere la permission de venir aux séances les jours d'assemblées, & lui communiquer ses lumieres. Mais le chancelier, qui se reproche journellement d'avoir adouci l'exil de tant de conseillers, avant de leur avoir fait faire leur liquidation & donner leur démission, a dit qu'il ne tenoit qu'à M. du Séjour de revenir sur le champ dans le sein de ses amis, en se soumettant à ce qu'exigeoit le roi. Mais ce digne magistrat n'a pas cru que son honneur & sa conscience lui permissent de donner un si funeste exemple.

12 *Août* 1771. Le mousquetaire noir dont on a parlé, & qui a causé un si grand scandale dans le couvent de Bon-secours, se nomme M. le chevalier *de la Porquerie*. C'est le plus bel homme de la compagnie. Il a plus de six pieds, est corsé à proportion, & annonce tous les talents d'un vrai *débrideur de nonnes*. Il est reconnu

que madame du Saillant, abbesse de Bon-secours, avoit des vues sur lui qu'il n'avoit jamais voulu remplir, & que c'est par vengeance qu'elle a écrit au roi.

La demoiselle Mimi avoit appartenu à M. le duc de Choiseul, & même avoit été au *Parc-aux-cerfs*, à ce qu'on prétend. Le ministre l'avoit ensuite mariée à un sieur Dupin, Américain, qui, dès la premiere nuit de ses noces, s'appercevant qu'il étoit dupe, avoit fait un vacarme du diable, & avoit laissé sa femme, qui s'étoit retirée en un couvent. C'est ainsi qu'après bien des recherches, les curieux d'anecdotes galantes ont éclairci les caracteres des personnages de celle-ci, & ont constaté toutes les circonstances.

13 *Août* 1771. La demoiselle Arnoux, si célebre au théatre par ses talents, & dans le monde par ses bons mots, après s'être égayée aux dépens de tant d'autres, vient de fournir matiere aux rieurs par le mariage le plus c... Elle a épousé, suivant la rumeur publique, un jeune directeur des menus, sans mérité, & dont le talent consiste à avoir eu l'adresse d'enlacer à ce point une actrice, coryphée de la scene lyrique, & qui d'ailleurs a une fortune assurée.

14 *Août* 1771. Hier l'académie royale de musique a donné pour la premiere fois sur son théatre, *la Cinquantaine*, pastorale en trois actes, annoncée depuis long-temps. Les paroles sont du sieur Desfontaines, & la musique du sieur la Borde. Les unes ont paru aussi détestables que l'autre. Nul intérêt, nul incident dans l'action, nulle élégance, nul esprit, nul sentiment dans

le poëme; rien de frappant dans l'harmonie; ni ensemble ni liaison dans le tout; point de caractere dans le chant. A un *duo* près, du second acte, tout a paru monotone, triste, ennuyeux, &c. Les ballets seuls ont un peu réveillé les spectateurs; & sans la danse qui y est prodiguée heureusement, le public n'auroit pu tenir à cette lamentable fête. Outre plusieurs huées, dont différents morceaux ont été accueillis, l'opéra a fini par un chorus général d'un rire bouffon.

On a été indigné d'apprendre que le sieur le Gros ayant voulu se refuser au rôle qu'il y joue, comme à un chef-d'œuvre d'ineptie & de mauvais goût, le sieur de la Borde l'a fait menacer de passer une *cinquantaine* au Fort-l'évêque, s'il ne surmontoit cette répugnance, & il a été obligé de chanter.

15 *Août* 1771. Extrait d'une lettre de Londres, du 7 août 1771........ *Le Gazetier cuirassé* est attribué ici à un nommé *Morando*, qui ne s'en cache pas, dit-on. C'est bien un livre à renier cependant, par les dangers que doit courir son auteur, s'attaquant au roi même, à madame la comtesse Dubarri, à M. le chancelier, à M. le duc de la Vrilliere, à M. le duc d'Aiguillon, à M. Bourgeois de Boynes, à M. l'abbé Terrai, &c. Pour égayer davantage les matieres politiques qu'il traite déja très-lestement, il y a joint des notices de quantité de filles d'opéra; ce qui forme une rapsodie très-informe & fort méchante, dans le goût du *Colpolteur*. Les anecdotes, vraies ou fausses, en sont quelquefois très-récentes, & il en est qui ne remontent pas à plus de trois ou

quatre mois avant la naissance de la brochure imprimée il y a environ un mois. Du reste, elle est fort chere, même ici, où elle coûte une guinée.

Le livre est précédé d'une estampe, qui représente le gazetier, vêtu en espece de hussard, un petit bonnet pointu sur la tête, le visage animé d'un rire sardonique, & dirigeant de droite & de gauche les canons, les bombes & toute l'artillerie dont il est environné.

16 *Août* 1771. Il paroît un nouveau livre sous le titre baroque de *l'An Deux Mille Quatre Cent-Quarante, rêve s'il en fût jamais*, avec cette égrigraphe: *Le temps présent est gros de l'avenir.* LEIBNITZ. La préface est écrite d'un ton fier & sublime. Le reste est une espece d'Apocalypse, qui demande beaucoup de discussion.

17 *Août* 1771. Le pere Neuville, jésuite fameux par ses sermons, a eu depuis quelque temps la permission de se retirer à St. Germain-en-Laye, retraite qu'il a toujours affectionnée à raison d'une quantité de dévotes qu'il y avoit sous sa direction, & chez lesquelles il présidoit. Cet illustre prédicateur vient d'obtenir mille écus de pension sur l'évêché de Beziers.

18 *Août* 1771. Le sieur Luneau de Boisjermain, cet irréconciliable ennemi des libraires, dans un de ses mémoires dont on a parlé dans le temps, a prétendu avoir à faire contre les entrepreneurs du dictionnaire encyclopédique une répétition de la somme de 174 livres 8 sous, comme perçue injustement. Il a ajouté que chaque souscripteur ayant à réclamer contre la même

extorsion, le total de ladite restitution générale monteroit au capital de 1,948,052 livres. Ces entrepreneurs étoient les sieurs *Briasson, le Breton*, feu *David* & *Durand*. M. Briasson prenant fait & cause pour ses confreres, a rendu chez un commissaire plainte de cette calomnie, articulée au mémoire de son adversaire, & dont l'inculpation étoit développée dans un tableau y joint. Il a obtenu un décret d'ajournement personnel contre le sieur Luneau. Celui-ci en a appellé, & l'affaire se trouve aujourd'hui pendante au nouveau tribunal. L'accusé n'ayant pas une grande confiance aux avocats du barreau moderne, a sollicité la permission de plaider son procès lui-même. Cette faveur s'accorde assez difficilement; mais les juges ayant conçu que cette nouveauté leur attireroit beaucoup de monde, & donneroit à la cause une célébrité qui rejailliroit sur le tribunal, y ont consenti. Le jour est indiqué au mercredi 21, & l'orateur, qui se sent apparemment les forces nécessaires pour jouer son personnage, fait courir des billets, portant invitation de se trouver à la chancellerie du palais à huit heures du matin, où sera le spectacle qu'il annonce.

Il fait savoir aussi qu'il a composé un mémoire très-profond, plein de recherches savantes & de détails curieux sur la naissance & la formation du dictionnaire encyclopédique.

23 *Août* 1771. Le mémoire de M. Luneau de Boisjermain qu'on vient d'annoncer, porte pour titre: *Mémoire pour Pierre-Joseph-François Luneau de Boisjermain, souscripteur de l'encyclopédie, dans lequel il démontre que sur les 737 liv. qu'il a payées pour la souscription de cet ouvrage,*

dont il est propriétaire, les libraires associés pour l'imprimer en 1750, doivent restituer à lui & à chaque souscripteur, 154 livres par exemplaire; ce qui fera, pour la totalité des souscripteurs, une restitution, de 1,948,052 livres, lesquelles, jointes aux 682 341 livres 6 sous 2 deniers de bénéfice qu'ils auront fait après cette restitution, sur l'argent des souscripteurs, feront, avec les 1,158,958 livres 3 sous 6 deniers dépensés pour l'impression de tout cet ouvrage, les 3,789,352 liv. qui auront été payées par les souscripteurs aux sieurs Briasson & le Breton, pour les vingt-six volumes de l'encyclopédie, après la distribution des deux derniers volumes de planches.

Ce mémoire est fort sec, mais très-savant sur la manutention de l'imprimerie, sur le méchanisme de cet art, sur l'industrie des imprimeurs. L'auteur le divise en deux parties.

Dans la premiere, il établit que les sieurs *Briasson*, *le Breton* & leurs associés, ont surpris, de dessein prémédité, tous les souscripteurs de l'encyclopédie, sans qu'ils aient pu ni dû s'en défier, en imprimant cet ouvrage en un plus grand nombre de volumes qu'ils ne l'auroient dû.

Dans la seconde, qu'ils les ont également surpris, en leur faisant payer leurs volumes à un prix différent de celui auquel ils les avoient offerts.

D'où il résulte deux vérités.

L'une que l'encyclopédie n'a point été imprimée comme elle devoit l'être.

L'autre que l'encyclopédie n'a point été livrée aux souscripteurs au prix auquel elle avoit été promise.

Il est inutile de suivre l'auteur dans la multitude de sous-divisions par lesquelles il développe ses propositions : il suffira de remarquer que ceux qui voudront se mettre au fait de l'imprimerie, ne sauroient choisir un traité de cet art plus détaillé, plus clair & plus profond.

14 *Août* 1771. Une notice abrégée de l'origine & de la formation de l'encyclopédie, est ce qu'on peut tirer de plus agréable du mémoire de M. Luneau, cité ci-dessus, & de plus curieux pour toutes sortes de lecteurs.

En 1743, le sieurs *Mills*, gentilhomme Anglois, entreprit la traduction de *Chambers* (dictionnaire encyclopédique Anglois); il s'associa pour ce travail M. *Sellius*, natif de Dantzig. Ils eurent besoin d'un imprimeur, & s'adressèrent au sieur *le Breton*. Ils ne connoissoient pas les formalités par lesquelles il faut passer en France pour mettre un ouvrage sous la presse. L'imprimeur se chargea de les remplir toutes, & de solliciter en leur nom un privilege; mais il ne le fit expédier qu'au sien.

On fit connoître à *Mills* cette supercherie. L'Anglois se plaignit si amérement & avec tant d'éclat de l'infidélité de *le Breton*, que celui-ci, dans une reconnoissance en forme de cession, déclara que *le privilege du dictionnaire de Chambers*, quoique scellé au nom de *le Breton*, *appartenoit en toute propriété à Jean Mills*.

Mais ce titre même devint bientôt invalide, par un défaut de formalité à laquelle il auroit dû être soumis, & dont *le Breton* ne prévint pas le traducteur en question.

Par un arrangement subséquent, *Mills*, doué

de beaucoup de candeur céda à celui-ci une partie de son privilege.

Alors le sieur *le Breton* proposa à son associé d'annoncer par souscription *l'Encyclopédie de Chambers*, & dans cette publication il omit les formalités ordonnées, en publiant un *Prospectus*: formalités qu'il auroit dû connoître; ce qui fit croire cette réticence volontaire.

Le concours des souscripteurs fut considérable. *Mills* crut pouvoir profiter de ces secours, & il écrivit une lettre à l'imprimeur pour demander un à-compte. Pour réponse, le sieur le Breton vint chez l'Anglois à 9 heures du soir, lui suscita une rixe, &, dans un mouvement de violence, *lui appliqua deux coups de canne sur la tête, dont il fut terrassé, & un coup de poing dans l'estomac*. Du moins ce sont les faits énoncés par le plaignant dans un *sommaire* qu'il distribua dans le temps, après avoir rendu plainte chez un commissaire & intenté un procès criminel au sieur *le Breton*. L'accusé fut simplement décrété d'assigné pour être oui au châtelet; *Mills* appella au parlement de ce décret, *à cause de la modicité*.

Pendant ce temps le Breton se prévalut du défaut de formalités pour faire révoquer le premier privilege, & il en obtint un autre en son nom, qui fut exécuté le 21 janvier 1746, pour l'Encyclopédie de MM. *Diderot* & *d'Alembert*.

C'est ainsi que *Mills* fut dépouillé d'un ouvrage, dont l'idée, le plan, la marche & la première exécution lui appartenoient, sans avoir fait d'autre faute que d'avoir contrevenu, sans le savoir, à des réglements qu'il ne connoissoit pas, & pour avoir été induit à erreur par le sieur *le Breton*, son imprimeur, qui devoit le diriger ; & n'a reçu de ce dernier pour récompense que les coups de canne & les coups de poing, dont on a parlé. Cet auteur, malheureux en France, fut obligé de repasser en Angleterre; & son coopérateur *Sellius*, ancien professeur à *Halle*, est mort à l'hôtel-dieu de Paris.

Tout le monde sait les autres contrariétés qu'a essuyées le fameux dictionnaire de l'Encyclopédie: Mais on doit à M. Luneau le développement de son origine fort embrouillée, & qui paroît ainsi bien constatée par pieces originales & authentiques. Elles sont toutes à la suite du mémoire.

25 *Août* 1771. Les morceaux de peinture pour le concours au prix sont exposés d'hier. Le sujet est le *Combat de Minerve & d'Achille en présence des dieux*. Il y a trois tableaux assez bons qui balancent les suffrages. On y remarque dans tous les trois de la composition, de l'expression, du dessin & de la couleur.

Les bas-reliefs pour le prix de sculpture sont inférieurs à ceux de l'année derniere. Il y en a pourtant un qui mérite beaucoup d'attention. Le sujet est *Moïse qui frappe le rocher, d'où jaillissent les eaux miraculeuses*. L'œil se fixe d'abord sur un grouppe, composé d'une femme qui allaite son enfant, & à qui un soldat présente un vase plein d'eau; qu'elle avale avec avidité, & une fille qui s'empresse à faire boire son pere mourant. Ce grouppe produit un très-bel effet. On y remarque un juif qui se précipite, lui & ses habits, dans le ruisseau pour y étancher plus promptement sa soif. De l'autre côté, un soldat gravir sur le rocher, afin de s'approcher de la source. Un de ses camarades sonne de la trompette, comme s'il appelloit les juifs pour témoins & participants du miracle. Le caractere distinctif de cette composition est une grande unité; & à l'exception de quelques figures à droite, oisives & surchargeant le spectacle, tous les personnages fortifient le sujet principal.

Dans les salles de l'académie d'architecture on a exposé les ouvrages qui ont concouru au grand prix. Le sujet est *un hôpital sur le bord d'une riviere*. Dans quelques-uns on remarque du dessin & point d'exécution : dans d'autres, ni dessin, ni exécution. Il faut distinguer dans le nombre le morceau de monsieur Regnard. Son projet d'hôpital est de la plus belle distribution. La simplicité est jointe à la noblesse & à l'élégance, l'économie à la grandeur & à la majesté. Les édifices sont séparés les uns des autres, & forment pourtant une masse totale. Tout annonce le raisonnement, le goût, l'utilité & l'effet. Le bâtiment des malades est isolé. Le logement des prêtres, celui des sœurs, celui de l'apothicairerie & celui des garde-meubles, cuisines, &c. sont autant de corps de logis à part, qui, sans se nuire, se communiquent par des galeries qui les raccordent ensemble. Le premier n'étant entouré de rien, est rafraîchi sans cesse, du côté du jardin des simples & de la riviere, du côté du préau des convalescents, du côté de la piece d'eau pour les bains, & du côté du lavoir. De sorte que cet édifice principal se trouve ventilé de toutes parts. Les bassins d'eau se répandent ensuite pour nettoyer toute la maison. De plus, la coupe, l'élévation & tous les détails de cet édifice femblent rendre l'ouvrage en queftion bien fupérieur aux autres (*a*).

26 *Août* 1771. La féance publique de l'académie Françoife a eu lieu hier fuivant l'ufage. Monfieur d'Alembert, au lieu de M. Duclos, qui lui-même étoit à la place de deux autres, a fait les fonctions de directeur, dont monfieur Duclos avoit pourtant pris le fauteuil. Il a lu une efpece de préface pour le difcours dont l'auteur a été couronné. Il a averti le public des regles que les académiciens fe font impofées pour l'examen des pieces qui concourent, pour le choix de ces pieces, & enfin pour la préférence accordée à celles qui remportent le prix.

Il a lu enfuite le difcours en queftion, dont le fujet étoit l'*Eloge de M. de Fenelon*. On y a trouvé de très-belles chofes, mais il n'eft pas fans défauts. L'orateur, qui fait lire, en a fait paffer de bien médiocres & de bien mal-adroites. Quand fa poitrine eft fatiguée, il n'a qu'à terminer la phrafe où il s'arrête par une certaine inflexion de voix, auffi-tôt les auditeurs émerveillés applaudiffent à la ronde, & lui donnent le temps de reprendre haleine. Il a fait halte à la feconde partie, & s'eft fait donner une bouteille de la liqueur philofophique. Le géometre a bu un verre de fon élément, & il eft arrivé très-heureufement à la fin.

―――――――――――

(*a*) On renvoie à un recueil féparé le détail de l'expofition de cette année, trop étendu & qui, joint à ceux des fallons de 1767, 1769 & fuivants, formeront comme un cours de cet art.

On savoit d'avance que c'étoit M. de la Harpe qui avoit obtenu le prix. M. Thomas a fait part ensuite au public des extraits du discours de l'abbé Maury, qui a eu l'*accessit*, & quelques morceaux des autres discours qui ont concouru, où il y avoit des choses assez libres pour les circonstances présentes & que le lecteur a très-bien fait sentir.

Autre préface de M. d'Alembert, où il venge la philosophie & la géométrie, du reproche qu'on leur fait d'occasioner le dégoût des vers, tandis que c'est aux mauvais poëtes qu'il faut s'en prendre. Il a annoncé que l'académie préférera pour le choix de ses nouveaux mémoires ceux qui auront remporté les couronnes académiques.

Au surplus, éloges de monsieur de Voltaire, de M. le duc de Nivernois, du roi de Prusse, &c. Récit historique du nombre des pieces de poésie du concours, (80 & tant) dont la seule qui se soit soutenue a été celle de monsieur de la Harpe, qui pourtant est très-froide & ne vaut pas la médaille. Il en a été fait lecture, & la séance a fini de la sorte.

Il est remarquable que cette fois-ci M. Duclos, sur les représentations qui lui ont été faites, que la séance étant publique ne souffroit point d'exception, a crié d'une voix éteinte d'ouvrir la porte à tous ceux qui se présenteroient, avant le commencement de la lecture, & d'en laisser entrer tant qu'il en tiendroit dans la salle. Le suisse, qui est sourd, n'a obéi qu'à moitié. Il a ouvert seulement la porte de la salle d'assemblée, & a tenu fermée celle de la premiere entrée. On a attendu assez long-temps que le public arrivât, mais comme ce public & les suisses, qui le repoussoient, n'étoient pas prévenus, il n'est arrivé des curieux que pour interrompre la lecture.

On a observé que M. le prince de Beauveau étoit à cette séance.

Le sujet du prix de poésie pour l'année prochaine est libre. Celui de prose pour 1773 est l'*éloge de J. B. Colbert*.

27 *Août* 1771. Le mercredi 21, M. Luneau de Boisjermain s'est présenté à la tournelle pour plaider sa cause, suivant la permission qu'il en avoit reçue. Le public s'étoit rendu en foule à l'audience. Le sieur Perrin, avocat aux conseils, un de ceux qui s'est attaché au nouveau tribunal, chargé de la défense des imprimeurs, a voulu s'opposer à cette innovation. Il a mis dans son procédé une chaleur qui a indisposé le public contre lui, & n'a fait que rendre l'orateur plus agréable. M. de Châteaugiron, président, a imposé silence au sieur Perrin. Son adversaire a commencé son plaidoyer avec beaucoup de succès. Il l'a lu : il a débuté par des éloges adroitement distribués aux juges, (*jesuitico more* ; M. Luneau a été jésuite) pour le bien de sa cause, & ceux-ci en ont été attendris jusqu'aux larmes.

28 *Août* 1771. Le sieur Rouelle, chymiste aussi renommé que son frere mort l'année derniere, a fait dernièrement, en présence de tout ce qu'il y a de plus instruit dans son art, une expérience aussi curieuse que chere. Il étoit question de dissoudre dans un creuset des pierres de diamant. Il a parfaitement réussi. Elles n'ont laissé après elles aucune matiere quelconque, le tout s'étant évaporé, sans nulle trace de fusion ni de calcination.

30 *Août* 1771. Depuis qu'on écrit sur la grande

question qui divise la nation d'avec son roi, & qui sembleroit vouloir les distinguer l'un de l'autre, on est surpris de voir encore une nouvelle maniere de la traiter, & l'on ne peut cependant disconvenir que la *lettre sur l'état actuel du crédit du gouvernement en France, en date du* 20 *juin* 1771, ne contienne des choses très-neuves, ou qui du moins n'ont été qu'effleurées ou touchées indirectement par les parlements & les politiques qui l'on agitée.

L'auteur demande, 1°. si c'est un bien que le gouvernement ait du crédit ? 2°. S'il en aura autant par les opérations nouvelles, qu'il en avoit ou pouvoit en avoir auparavant?

Quant à la premiere question, il est démontré que par la position respective où sont les puissances en Europe, il faut que la France, non-seulement puisse satisfaire à son administration intérieure, mais encore au rôle important qu'elle doit jouer, & qu'elle ne peut suffire à l'une & à l'autre que par deux agents puissants, dont le premier est l'argent, & le second, le crédit, quelquefois plus utile que l'autre.

La seconde se résout par la définition même du mot *crédit*, qui n'est autre chose que l'opinion établie de la solvabilité de l'emprunteur, & la certitude qu'il ne pourra se refuser au remboursement. Or, l'une & l'autre se trouvent anéanties par la destruction des principes constitutifs de la monarchie & des corps qui en étoient dépositaires...

Il paroît impossible de voir les choses plus en homme d'état. L'auteur est certainement un homme de génie, qui sait embrasser d'un coup d'œil une idée vaste, & la développer sous ses diverses faces. Tout lecteur de bon sens ne peut se refuser à l'évidence de ses axiômes, & à la sûreté de ses conséquences. Fasse le ciel que cette nation, rivale de la nôtre, ne profite pas des avantages, malheureusement trop sensibles, qu'elle pourroit tirer de notre état convulsif, ou plutôt que le ministere ouvre les yeux sur les suites funestes & inévitables de ses opérations.

Au surplus, l'ouvrage est fait avec tant de sagesse & de modération, que l'écrivain auroit pu adresser lui-même sa lettre à M. le chancelier, sans exciter de sa part d'autre humeur que celle de ne pouvoir y répondre.

30 *Août* 1771. La *Cinquantaine* a donné lieu à une épigramme, qui sans être bien aiguisée par la pointe, est d'une belle simplicité grecque, & fait anecdote. Il faut savoir que l'auteur de la musique est un des entreteneurs de mademoiselle Guimard.

> Après Rameau paroît la Borde.
> Quel compagnon! miséricorde!
> Laissez notre oreille en repos:
> De vos talents faites-nous grace;
> De la *Guimard* allez compter les os,
> Monsieur l'auteur, on vous le passe.

31 *Août* 1771. Les entrepreneurs du colisée ont cherché à réveiller le public par des choses extraordinaires. Ils ont donné le mercredi 28 de ce mois un concert avec écho. Ce n'est autre chose que des violons placés dans l'éloignement en haut, & qui répetent les finales des modulations de la voix. Ce genre de spectacle, exécuté déja

pour la première fois le lundi 19, n'a pas eu plus de succès la seconde fois que la première.

Un homme marchant sur l'eau par le secours d'un *scaphandre* ou casaque de liege dont il est vétu, n'a pas attiré plus de monde le dimanche 25. On a déja vu cette expérience exécutée plusieurs fois par l'abbé de la Chapelle, & ce n'est plus une nouveauté.

31 *Août* 1771. Le sieur Luneau de Boisjermain, après trois séances, a fini hier son plaidoyer contre les libraires. Depuis long-temps on n'avoit vu au palais une affluence de monde aussi prodigieuse. Le public a paru très-content de l'orateur, qui à la beauté de la diction a réuni l'élocution la plus pittoresque. Il y a mis ce *pathos* qui fait toujours un grand effet, & qui, rendu d'une voix cassée & presqu'éteinte, a produit une sensation étonnante sur les spectateurs & a fait pleurer les juges. On assure avoir surpris des larmes à quelques libraires, moins prévenus sans doute que leurs confreres, adversaires de l'orateur. Enfin on s'accorde généralement à convenir que peu d'avocats de l'ancien barreau eussent aussi bien, & qu'aucun n'eût certainement mieux plaidé que cet accusé.

Le sieur Perrein, ci-devant avocat aux conseils, doit parler pour les libraires, mercredi prochain. Le sieur Luneau a demandé la réplique, & elle lui a été accordée.

Ce même jour on a jugé à la tournelle une cause du parlement ancien, qui avoit déja produit deux mémoires très-plaisants de la part des sieurs Cocquelcy de Chauffepierre & de Lort. Le sujet étoit un chat trouvé mort dans une cave du sieur Guy, libraire associé de la veuve Duchesne. Cet animal appartenoit au sieur Boyer, agrégé en droit, qui accusoit la femme de Guy d'avoir tué son chat; en conséquence l'avoit maltraitée de parole & injuriée, au point que le mari avoit rendu plainte, &c. Ce sujet, bien digne d'occuper une scene dans la comédie des Plaideurs, & très-propre à faire voir jusqu'où va le délire de leur engeance, avoit donné lieu aux deux avocats ci-dessus nommés de s'égayer. Le nouveau tribunal qui n'aime point qu'on rie d'une chose aussi grave que la justice, a supprimé ces deux mémoires anciens, a déclaré la procédure du sieur Guy injurieuse, l'a condamné aux dépens & à 10 liv. d'amende envers le sieur Boyer.

3 Septembre 1771. Les comédiens Italiens donnent depuis quelque temps *les deux Miliciens*, comédie en un acte, mêlée d'ariettes, de la composition du sieur Frizieri, quant à la musique. Cet auteur est aveugle depuis trois ans.

4 Septembre 1771. On a imprimé depuis peu une petite feuille datée de l'hôtel de Sauvigny, le 18 août 1771, intitulée, *Anecdote du Jour*. On y trouve l'extrait suivant d'une lettre de M. le chancelier à madame de Sauvigny.

« J'ai de grandes graces à rendre au ciel de me porter aussi bien, & de conserver ma tête dans un travail aussi pénible que celui qui m'occupe tous les jours. Me voilà enfin au courant: je finirai à la saint Martin tout ce qui n'est encore que commencé. »

Le reste n'est qu'une plaisanterie grossiere sur un dîné fait chez M. le premier président Sauvigny le 17 août, en commémoration de l'heureux événement de la procession du 15, & sur un souper au même lieu, indiqué au 18, où M. le maréchal de Richelieu avoit été invité & ne se rendit point; ce qui alarma les convives.

5 *Septembre* 1771. Le portrait de M. l'abbé Terrai, contrôleur-général, devoit être exposé au sallon, mais ce ministre s'en est défendu sous prétexte qu'on parloit assez de lui.

6 *Septembre* 1771. Les libraires associés à l'Encyclopédie se sont hâtés de publier un mémoire contre le sieur Luneau de Boisjermain, où ils reprennent encore les cinq objets de discussion de leur adversaire. Celui-ci est signé de Briasson, le Breton, & de Me. de Jonquieres, avocat du barreau moderne. Ils ont jugé à propos de l'étayer d'un ancien mémoire à consulter dont on a déja parlé, ainsi que d'une consultation en date du 7 janvier 1770, souscrite de quelques avocats célebres. Ce dernier mémoire, en fortifiant la cause, attenue prodigieusement l'éloquence de l'orateur actuel. Il n'y a ni ordre, ni clarté, ni style dans son écrit, d'ailleurs assaisonné de beaucoup d'injures, qui se sentent encore de l'ancien état de ce procureur métamorphosé en avocat.

La piece la plus curieuse est une lettre du sieur Diderot, datée du 31 août 1771, qui sert comme d'épilogue à tout ce bavardage. Ce grand philosophe prétend devoir intervenir dans la cause, comme ayant été le directeur de cette entreprise littéraire. On est fâché de le voir se compromettre & s'exposer au soupçon de passer pour le suppôt & le gagiste de ces libraires. On ne voit pas quel autre motif raisonnable a pû le déterminer à se donner ainsi en spectacle & à jouer un personnage, dont il ne peut résulter qu'un grand ridicule pour lui dans le public.

7 Septembre 1771. Peu de temps après le mémoire des libraires, M. Luneau n'a pas manqué de répandre un précis; en résumant le plaidoyer de ses adversaires, il le réduit à deux questions, & il prouve, 1°. qu'il a dit vrai, en disant que les sieurs Briasson & le Breton lui ont fait payer 174 l. 8 sous de trop.

2°. Qu'il a eu intérêt de dire tout ce qu'il a dit dans son troisieme mémoire & dans le tableau.

C'est donc mal-à-propos que les libraires lui ont intenté un procès criminel à cet égard.

D'après le détail des vexations & des pertes auxquelles ce procès a donné lieu, le sieur Luneau conclut à 100,000 livres de dommages & intérêts.

Ensuite il répond à M. Diderot, & dans une lettre en date du 1 septembre, commente celle de cet auteur, & le couvre du plus grand ridicule. Il décele d'ailleurs de sa part une mauvaise foi peu philosophique, en déclarant que c'est de M. Diderot qu'il tient tout ce qu'il sait sur l'Encyclopédie; que l'an passé cet homme célebre applaudissoit au courage de l'infatigable ennemi des libraires, lui inspiroit une nouvelle ardeur, lui donnoit des conseils sur la marche qu'il devoit tenir, &c.

M. Luneau, pour plus grand éclaircissement, fait répandre aujourd'hui une feuille servant d'addition au précis, & qui ne mérite aucun détail particulier.

8 Septembre 1771. Les parlements de province depuis long-temps frappés de consternation, sembloient dans un silence pusillanime, du moins on ignoroit qu'ils fissent quelque chose pour leur défense; cependant il transpire dans le public des remontrances

trances du parlement de Rennes, en date du 16 juillet. Elles portent non-seulement sur l'état actuel du parlement de Paris, mais encore sur les maux dont l'état est attaqué.

8 Septembre 1771. Par arrêt rendu sur délibéré en la tournelle, & sur les conclusions de monsieur de Vaucresson, avocat-général, le 7 septembre 1771, les parties sur l'extraordinaire ont été mises hors de cour. La demande des libraires en suppression des mémoires du Sr. Luneau, jointe à l'affaire civile, faisant droit sur les conclusions du ministere public, donne acte aux libraires de la déclaration par eux faite du 10 septembre dernier. En conséquence les libraires condamnés à remettre dans un mois entre les mains de M. le procureur-général, le mémoire & les pieces justificatives, relatives à l'impression & distribution de l'encyclopédie, pour ce fait, être ordonné ce qu'il appartiendra. Les libraires condamnés envers le sieur Luneau en tous les dépens pour tous dommages & intérêts.

Tel est le prononcé de l'arrêt intervenu hier à la tournelle, dans le procès entre les libraires associés de l'encyclopédie & le sieur Luneau de Boisjermain. L'affluence avoit redoublé : tous les imprimeurs de la rue St. Jacques y étoient, & beaucoup de gens de lettres. Les plaidoyers du sieur Perrin, avocat des premiers, n'ont approché en rien de la beauté de ceux de M. Luneau, qui a encore écrasé ses adversaires par une derniere réplique.

Les conclusions de monsieur de Vergès, avocat-général, étoient absolument contre M. Luneau. Il concluoit même à la suppression de ses mémoires. Elles n'ont pas été suivies, comme on voit; & quoique l'arrêt ne soit pas aussi favorable qu'on l'auroit voulu, les libraires sont mortifiés ; ce qui ne donne pas peu de satisfaction aux auteurs de cette capitale.

10 *Septembre* 1771. *Tableau de la constitution françoise, ou autorité des rois de France, dans les différents âges de la monarchie.* Cette brochure n'est autre chose que le développement de l'extrait du *droit public de la France*, par M. le comte de Lauraguais, dont on a parlé ; mais développement fait avec un ordre, une netteté, un enchaînement de preuves & de raisonnements, qui est poussé jusqu'à la conviction.

Ces âges de la monarchie, suivant l'auteur, sont au nombre de trois.

Il remonte dans le premier jusqu'à l'origine de la constitution françoise, jusqu'à ces assemblées ou parlements qui étendoient leur autorité sur toutes les parties de l'administration, sur l'élection de leurs rois, & qui partageoient avec le souverain la puissance législative. De-là, la réfutation de cette phrase du préambule de l'édit de 1770.... *Nous ne tenons notre couronne que de Dieu*...... de cette autre, du discours du roi au parlement de Paris, le 3 mars 1766..... *C'est à moi seul qu'appartient le pouvoir législatif, sans dépendance & sans partage....* L'auteur fait voir comment le parlement, tel qu'il existe aujourd'hui, a été substitué à l'ancien parlement, à l'assemblée générale de la nation, & comment la nation a laissé éclipser le droit *imprescriptible* qu'elle avoit de tout temps de concourir à l'administration politique du royaume & à la puissance législative ; droit qu'elle ne tenoit que d'elle-même, & que nos rois ne lui avoient pas donné.

Le second âge est celui de la formation des loix. Malgré les empiétements des rois, la nation conservoit encore le droit d'y concourir nécessairement : droit qui malgré les divers changements qu'il a subis, n'est pas moins certain, incontestable, imprescriptible; droit qu'elle ne tient pas de ses rois, mais de l'essence de sa constitution, qui fait partie des loix fondamentales de l'état François, & dont le parlement doit jouir avec la même étendue & la même plénitude d'autorité que la nation en jouiroit elle-même, si elle s'assembloit encore, & que les loix fussent délibérées dans son sein.

Enfin le troisieme âge est celui de la vérification des loix, qui n'est pas une formalité de vain cérémonial, puisqu'elle dérive du droit du corps entier de la nation de concourir à la puissance législative; droit qui prend naissance du contrat primordial entr'elle & le souverain, & par lequel elle a déterminé la maniere dont elle vouloit être gouvernée. Et c'est ainsi qu'il faut entendre l'assertion que le parlement la représentoit en cette partie, puisqu'il étoit le seul corps qui fit cette vérification, que les souverains lui avoient déférée & que les peuples sembloient approuver par leur consentement tacite.

Toutes les preuves de ce savant ouvrage sont renvoyées dans des notes, en sorte que rien n'arrête la rapidité du style & n'embarrasse la chaîne des raisonnements.

14 *Septembre* 1771. Des bruits sinistres s'étoient répandus sur le compte de l'auteur de la *Correspondance secrete entre M. de Maupeou & monsieur de Sorhouet*. Mais une suite de cet ouvrage qui paroît depuis huit jours, atteste heureusement son

existence & sa liberté. Elle contient 12 lettres, & embrasse un espace d'environ six semaines, depuis le 9 juin jusqu'au 25 juillet, date de la derniere épître. Cette seconde partie n'est point indigne de la premiere. Elle lui est même supérieure, par une plus grande quantité de faits & par une réponse fictive de l'ancien conseiller au grand-conseil, à qui M. de Sor***** avoit adressé l'apologie du Chan****** dans une lettre précédente. Ce magistrat indigné repousse avec vigueur toutes les offres de son confrere : il réfute ses raisonnemens : il démasque l'hypocrisie & du héros & du panégyriste. Il trace d'un pinceau aussi rapide qu'énergique, le portrait & la vie du premier. C'est un Demosthene qui tonne, qui foudroie, qui écrase, qui pulvérise. Son éloquence fougueuse tranche merveilleusement avec le style ironique du reste de l'ouvrage, & forme un contraste où l'on reconnoît l'art d'un très-grand écrivain. L'adresse avec laquelle il a enchâssé dans cette *Correspondance* une multitude d'anecdotes amenées naturellement & sans le moindre effort, produit le double effet d'enrichir cette dissertation, & de couvrir d'un ridicule ineffaçable le chef & les suppôts de son système, ou plutôt de soulever contr'eux l'indignation générale.

Au surplus, l'auteur continue à y ménager extrêmement M. le duc d'Ai******* & tout son parti, comme s'il espéroit qu'il dût un jour détruire celui de monsieur le chancelier. Il affecte même de rappeller plusieurs anecdotes qui tendroient à semer la division entre ces deux chefs. Quel qu'il soit, c'est un homme très-bien instruit, qui a fouillé dans les secrets de la famille des Mau*****, au point d'en dévoiler qui ne peuvent être sus que de gens qui lui tiennent de très-près : ce qui fait soupçonner des magistrats du premier ordre, soit comme fabricateurs, soit comme instigateurs de l'ouvrage.

Dans le fait, on est dans la plus profonde ignorance à cet égard. Lorsque la premiere partie de cet ouvrage parut, monsieur de Sorhouet assura qu'il en connoissoit l'auteur, parce qu'il s'y trouvoit des phrases entieres qu'il avouoit pour siennes, & dont un seul homme avoit été participant. Il ajouta qu'il auroit la générosité de ne pas le nommer. Le courage avec lequel l'anonyme continue sa *Correspondance*, la suite qu'il annonce encore, doivent mettre en défaut les conjectures de ce magistrat, & prouvent qu'il s'est trompé.

17 *Septembre* 1771. L'auteur d'un ouvrage qui a paru sur l'exposition des tableaux au Louvre en 1769, sous le titre de *Lettre de M. Raphaël à M. Jérôme*, & qui eut alors un succès prodigieux, se dispose à dire son avis dans un nouvel écrit sur l'exposition de cette année. Mais les peintres qu'on peut appeller, autant que les poëtes, *Genus irritabile*, se donnent beaucoup de mouvements pour prévenir cette censure très-redoutable à leur amour-propre. Heureusement il a mis le sieur Cochin dans ses intérêts, en prévenant ce secretaire de l'académie de peinture, & en soumettant son manuscrit à sa décision, en sorte que sous peu il espere que les obstacles seront levés.

18 *Septembre* 1771. Le buste de madame la dauphine par le sieur le Moine, ancien directeur & recteur de l'académie, &c. a été ex-

posé dimanche à Versailles aux regards de tous les courtisans, après avoir été vu de toute la famille royale, & de-là transporté au sallon, où ayant été placé sans aucune distinction & sans annonce, il a échappé à la curiosité du peuple, qui n'est instruit que par la renommée qu'il lui est enfin permis d'envisager la figure de cette auguste princesse. Ce chef-d'œuvre précieux plaît d'ailleurs aux connoisseurs par toutes les qualités qu'on peut desirer dans un ouvrage de cette espece.

19 Septembre 1771. La critique dont on a parlé sur l'exposition du sallon de cette année, a pour titre : *Lettre de M. Raphaël le jeune, éleve des écoles gratuites de dessin, neveu de feu monsieur Raphaël, peintre de l'académie de saint Luc, à un de ses amis, architecte à Rome*, &c.

L'auteur suppose que le suisse de la salle ayant entendu la nuit un grand bruit, accourt pour voir ce que c'est, mais qu'il est bien étonné de trouver les tableaux parlant & se chamaillant; qu'il dresse procès-verbal de tout, à telle fin que de raison.

C'est dans ce cadre aussi neuf que piquant que l'auteur a enchâssé une critique d'autant plus amusante qu'elle est plus vive par la tournure ingénieuse qu'il a choisie, & cependant moins injurieuse pour les artistes, par la supposition que la jalousie dans la bouche d'un rival affoiblit toujours les beautés & grossit les défauts. D'ailleurs elle est moins directe, les personnages ne se trouvent nommés qu'à l'explication du numéro, & comme du second bond.

L'auteur n'a point employé de ces mots tech-

www.ingramcontent.com/pod-product-compliance
Lightning Source LLC
Chambersburg PA
CBHW071256160426
43196CB00009B/1305